인조이 **스리랑카**

인조이 스리랑카

지은이 빛걸음따라, 김시온
펴낸이 임상진
펴낸곳 (주)넥서스

초판 1쇄 발행 2017년 7월 10일
초판 2쇄 발행 2017년 7월 15일

2판 1쇄 발행 2018년 2월 5일
2판 2쇄 발행 2018년 2월 10일

출판신고 1992년 4월 3일 제311-2002-2호
주소 10880 경기도 파주시 지목로 5
전화 (02)330-5500 팩스 (02)330-5555
ISBN 979-11-6165-235-1 13980

저자와 출판사의 허락 없이 내용의 일부를
인용하거나 발췌하는 것을 금합니다.
저자와의 협의에 따라서 인지는 붙이지 않습니다.

가격은 뒤표지에 있습니다.
잘못 만들어진 책은 구입처에서 바꾸어 드립니다.

www.nexusbook.com
넥서스BOOKS는 넥서스의 실용 전문 브랜드입니다.

여행을 즐기는 가장 빠른 방법

ENJOY TRAVEL

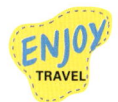

인조이 스리랑카

SRI LANKA

빛걸음따라 · 김시온 지음

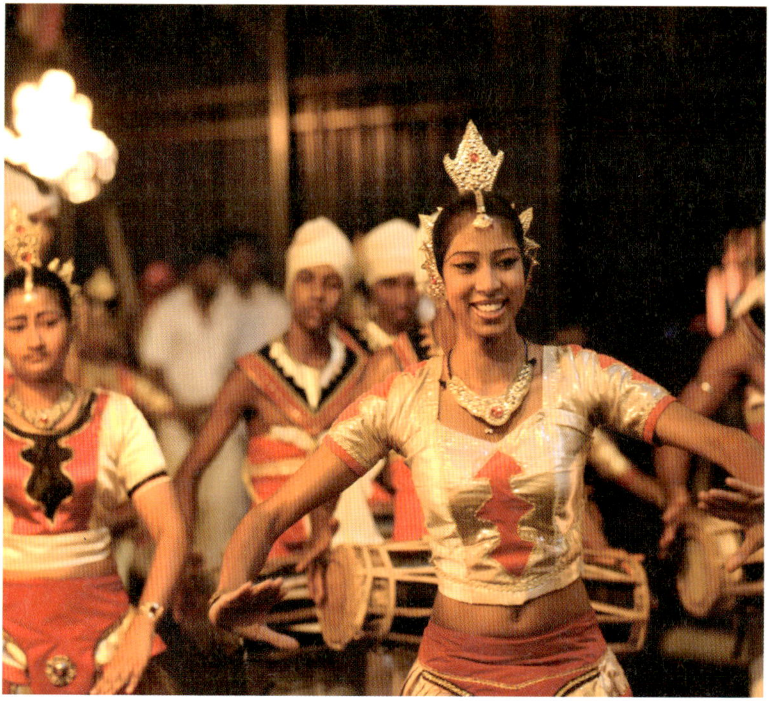

넥서스BOOKS

FALL IN LOVE SRI LANKA!

아유보완(Ayubowan)! 오랜만에 싱할라어로 인사를 하니, 문득 스리랑카는 안녕한지 그 안부가 궁금해집니다. 물방울처럼 귀엽게 생긴 인도양의 섬나라, 스리랑카. 천혜의 자연과 불교 문화유산이 은은하게 빛을 발하는 그곳에 첫발을 디딘 건 2016년 봄이었습니다. 그리고 첫날부터 스리랑카 사람들의 모습에 큰 자극을 받았습니다. 첫날의 메모에 그 내용이 담겨 있습니다.

"거리의 사람들이 웃는다. 길 가다 눈이 마주치면 그냥 웃는다. 손님을 태우지 못한 뚝뚝이 기사가 허연 이를 드러내면서 활짝 웃는다. 그들의 이유 없는, 순수한 그 미소에 왠지 내 속에선 눈물이 꾸역꾸역 올라왔다. 언제나 미소를 꺼낼 준비가 되어있는 사람들, 스리랑카가 좋아질 것 같은 예감이 든다."

취재를 위해 사십여 일간 스리랑카의 전국 곳곳을 돌아다녔습니다. 더운 날씨에 빡빡한 일정, 설렘으로 시작했지만 이따금 지치기도 했습니다. 그러나 지금 돌아보니 모든 것이 그리움입니다. 무단 침입한 작은 도마뱀 때문에 잠 못 이루던 밤, 공포감을 없애려 '삐삐'라는 이름을 붙이고 계속 말을 걸던 일, 아누라다푸라로 가는 외진 도로에서 마주친 늙은 코끼리의 눈에서 헤아릴 수 없는 심연을 본 뒤 숙연해졌던 일, 허름한 간이 카페에서 뜨겁고 진한 밀크티 한 잔으로 공복을 달래던 일, 새로운 경험을 한답시고 뿌왁을 씹는 살아서 지옥을 맛본 일 등. 스리랑카에서의 시간을 떠올리면, 빙긋이 미소가 지어집니다.

이 책이 한국과 스리랑카가 조금 더 가까워지는 데 도움이 되길 바랍니다. 2013년 스리랑카로 가는 하늘길이 열리면서, 대한항공에 스리랑카 직항노선(주 3일 운항)이 생겼습니다. 이젠 경유 없이 8시간이면 스리랑카에 닿을 수 있습니다. 마음만 먹으면, 배낭 하나 메고 어렵지 않게 갈 수 있는 곳이 된 것이지요. 그러나 여기서 한 가지, 스리랑카엔 가능하면 사랑하는 사람과 함께 가기를 권합니다. 경험한 바, 스리랑카의 아름다움을 사랑하는 사람과 함께 보지 못하면, 아쉬움이 남게 됩니다.

기획 단계부터 응원과 지원을 아끼지 않은 스리랑카 관광청 Madubhani Perera 국장님, 주한 스리랑카 대사관 Manisha Gunasekara 대사님, Jagath Abeywarna 공사참사관님, 마케팅 담당 Dilukshi Wickramasinhe님에게 깊은 감사를 드립니다. 특히 현지에서 우리의 안위를 매일 살피고, 집에 초대까지 해 준 Dilukshi, 당신 덕분에 스리랑카인의 삶에 한 발짝 더 다가설 수 있었습니다. 더불어 스리랑카의 여행 정보를 기꺼이 제공해 준 Nawamini Travels사의 Rasika 씨와 사십여 일간 우리와 함께 동고동락한 여러 운전기사님들, 그리고 책이 나오기까지 애써 주신 권근희 부장님을 비롯한 넥서스 관계자분들께 마음으로부터 감사함을 전합니다.

빛걸음따라 · 김시온

이 책의 구성

미리 만나는 스리랑카
스리랑카는 어떤 나라인지 기본적인 정보를 알아본다.
또한 스리랑카의 대표 관광지와 음식, 쇼핑 아이템, 액티비티를
사진으로 보면서 스리랑카 여행의 큰 그림을 그려 보자.

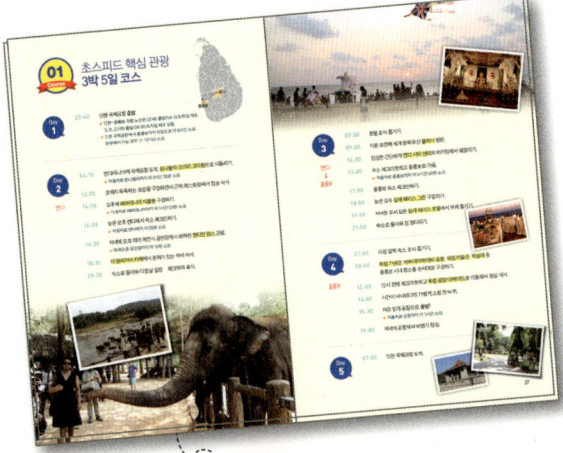

추천 코스
여행 전문가가 추천하는 스리랑카 여행 코스를
여행 스타일과 일정, 지역에 따라 다양하게 소개한다.
참고하여 자신에게 맞는 일정을 세워 보자.

지역 여행 스리랑카 전국 12개 지역을 구석구석 소개한다. 스리랑카를 찾는 여행자라면 꼭 가 봐야 할 관광 명소의 핵심 정보를 꼼꼼하게 담았다.

도시별 추천 코스와 교통편을 알려 준다.

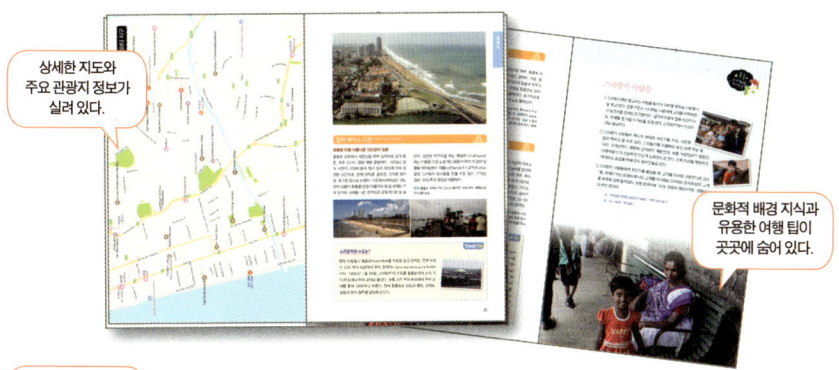

상세한 지도와 주요 관광지 정보가 실려 있다.

문화적 배경 지식과 유용한 여행 팁이 곳곳에 숨어 있다.

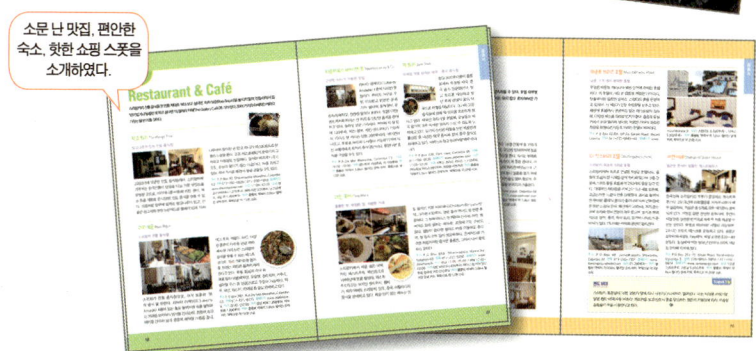

소문 난 맛집, 편안한 숙소, 핫한 쇼핑 스폿을 소개하였다.

테마 여행

스리랑카의 음식, 홍차, 과일, 축제, 아유르베다 등
스리랑카에서만 경험할 수 있는 특별한 테마를 소개한다.

여행 정보

여행 전 준비할 사항들부터 출입국 수속에 필요한 정보,
스리랑카에서의 교통 이용법 등, 여행 전에 알아 두어야 할 유용한 정보들을 담았다.

특별 부록 휴대용 여행 가이드북

Map Tour
각 지역의 지도가 담겨 있으며,
간단하게 손에 들고 다니며 볼 수 있다.

여행 회화
여행에 꼭 필요한
상황별 스리랑카어 회화를 정리했다.

지도에 사용된 기호

관광지 / 호텔 / 음식점 / 쇼핑몰 / 슈퍼마켓 / 불교 사원 / 교회 / 박물관 / 관공서 / 학교 / 힌두 사원
공항 / 기차역 / 버스 / 선착장 / 공원 / 놀이공원 / 역사 유적 / 스타디움 / 골프장 / 이벤트 홀 / 극장
영화관 / 우체국 / 병원 / 은행 / 경찰서 / 카지노 / 약국 / 산 / 기타

 이 책에 소개된 여행 정보는 2018년 1월 기준으로 작성되었습니다. 스리랑카의 최신 정보를 정확하고 자세하게 담고자 하였으나, 시시각각 변화하는 스리랑카의 특성상 현지 사정에 의해 정보가 달라질 수 있음을 사전에 알려 드립니다.

CONTENTS

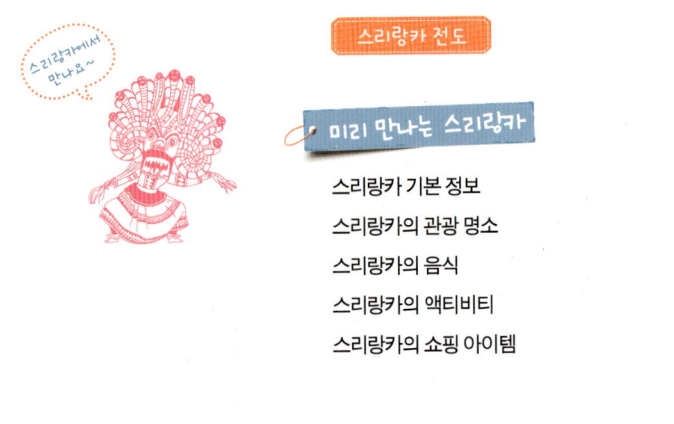

스리랑카 전도	14

미리 만나는 스리랑카

스리랑카 기본 정보	18
스리랑카의 관광 명소	22
스리랑카의 음식	27
스리랑카의 액티비티	30
스리랑카의 쇼핑 아이템	32

추천 코스

초스피드 핵심 관광 3박 5일 코스	36
역사 문화 탐방 6박 7일 코스	38
액티비티 마니아를 위한 7박 8일 코스	41
여행 전문가가 추천하는 8박 9일 코스	45

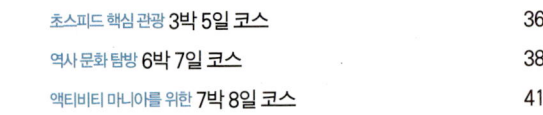

지역 여행

콜롬보
가는 방법	54
베스트 투어	59
관광지	65
쇼핑	84
레스토랑 & 카페	88
호텔 & 리조트	92

네곰보
가는 방법	96
베스트 투어	97
관광지	98
레스토랑 & 카페	101

아누라다푸라
가는 방법	104
베스트 투어	106
관광지	107
레스토랑 & 카페	118
호텔 & 리조트	120

폴론나루와
가는 방법	124
베스트 투어	126
관광지	127
레스토랑 & 카페	142
호텔 & 리조트	143

동부 해안
가는 방법	148
관광지	149
호텔 & 리조트	155

캔디
가는 방법	158
베스트 투어	161
관광지	162
쇼핑	171
레스토랑 & 카페	175
호텔 & 리조트	178

마히양가나야
가는 방법	184
베스트 투어	184
관광지	185

누와라 엘리야
가는 방법	190
베스트 투어	191
관광지	192
레스토랑 & 카페	199
호텔 & 리조트	201

라트나푸라
가는 방법	206
베스트 투어	207
관광지	208
호텔 & 리조트	213

카타라가마
가는 방법	216
베스트 투어	217
관광지	218
레스토랑 & 카페	225
호텔 & 리조트	226

갈레
가는 방법	230
베스트 투어	232
관광지	233
쇼핑	238
레스토랑 & 카페	240
호텔 & 리조트	244

남서부 해안
가는 방법	248
관광지	249
쇼핑	254
레스토랑 & 카페	256
호텔 & 리조트	261

테마 여행

이거 먹으러 스리랑카 간다! **스리랑카 미식 여행**	270
향기로운 실론티의 세계로! **홍차 체험 여행**	280
새콤달콤한 식신로드 **열대 과일의 천국**	288
스리랑카인들의 삶과 종교 속으로! **축제 100배 즐기기**	292
럭셔리한 힐링 마사지 **아유르베다**	296

여행 정보

여행 준비	302
한국 출국하기	309
스리랑카 입국하기	311
스리랑카의 교통	313
귀국하기	317
여행 안전 SOS	318

찾아보기	320

미리 만나는
스리랑카

- 스리랑카 기본 정보
- 스리랑카의 관광 명소
- 스리랑카의 음식
- 스리랑카의 액티비티
- 스리랑카의 쇼핑 아이템

스리랑카 기본 정보

SRI LANKA

국명	스리랑카 민주사회주의 공화국
수도	스리 자야 와르데네 푸라 코테 (행정 수도: 콜롬보)
면적	65,610km²
언어	싱할라어, 타밀어, 영어
인구	약 2205만 명
통화	스리랑카 루피(LKR)
종교	불교(69%), 힌두교(11%), 이슬람교(7.6%), 기독교(7.5%)
인종	싱할라족(74%), 타밀족(18%), 무어족(7%), 말레이족, 버거족

개요

인도의 남동쪽, 인도양에 위치한 섬나라다. 1948년 영국으로부터 독립하면서 국호를 '실론'에서 '스리랑카'로 바꾸었다. 국토의 생김새가 눈물 또는 진주처럼 생긴 데다 인도의 꼬리 쪽과 맞닿아 있어 '인도의 눈물' 또는 '인도의 진주'라는 별명을 갖고 있다. 쪽빛의 바다와 야자수의 녹음이 섬을 감싸고, 중앙 내륙에는 불교 역사가 살아 숨 쉬는 신성 도시가 자리해 휴양지와 종교 순례지로서의 매력을 동시에 품고 있는 나라다. 16세기 초부터 포르투갈, 네덜란드에 이어 영국까지, 오랜 기간 유럽 열강의 지배를 받았는데, 그 흔적을 지우기보다 오히려 기억하고 잘 다듬어 놓아 현재 세계인의 발길이 끊이지 않고 있다. 다민족 국가로 외국인에게 호의적인 나라, 열대성 기후로 달콤 상큼한 열대 과일이 많은 나라, 마살라 문화권으로 다양한 커리(Curry)를 맛볼 수 있는 나라, 바다로 둘러싸여 다이내믹한 수상 스포츠를 만끽할 수 있는 나라, 불교 유적이 잘 보존되어 석가모니의 설법이 가슴으로 전해지는 나라, 그곳이 바로 찬란하게 빛나는 섬 '스리랑카'다.

국기

노랑과 초록, 주황, 갈색이 어우러진 스리랑카 국기는 1972년에 제정됐다. 국기 안에 있는 갈색 직사각형의 각 모서리에는 금색 보리수 잎이, 그 가운데에는 오른쪽 앞발에 칼을 든 사자가 그려져 있는데, '보리수 잎'은 불교를, '사자'는 인구의 70% 이상을 차지하는 싱할라족이 사자의 자손임을 의미한다. 국기 왼편에 나란히 자리한 초록색과 주황색 직사각형은 각각 이슬람교를 믿는 무어족과 힌두교를 믿는 타밀족을 상징한다.

면적

스리랑카의 면적은 65,610km²로, 남한의 약 3분의 2에 해당한다. 남북의 길이는 약 437km, 동서의 길이는 약 225km에 달한다.

지역

스리랑카는 9개의 주와 25개의 지구로 나뉘어 있다. 9개의 주는 중부 주, 동부 주, 중북부 주, 북부 주, 북서부 주, 사바라가무와 주, 남부 주, 우바 주, 서부 주로 구성되어 있다. 콜롬보는 서부 주의 중심 도시다.

행정

1985년 1월 28일, 수도를 콜롬보에서 스리 자야 와르데네 푸라 코테(Sri Jaya Wardene Pura Kotte)로 옮겼지만, 스리랑카 행정의 중심은 아직 콜롬보 시에 있다. 수도인 스리 자야 와르데네 푸라 코테는 입법과 정치를 담당하고 있다.

기후

스리랑카는 열대성 몬순 기후로 일 년 내내 고온다습한 여름 날씨를 보인다. 연간 기온차가 거의 없는 대신 지역에 따른 기온차가 있다. 해안 지역과 고도가 낮은 지역의 연평균 기온은 27~28°C로 무덥고, 누와라 엘리야 같은 중앙 고원 지대는 연평균 기온 12~16°C로 아침저녁 서늘한 기운이 감돈다. 5월부터 9월까지는 남서 몬순기로 남서쪽 해안 지대에서 고원 지대까지 비가 내리고, 11월부터 3월까지는 동북 몬순기로 벵골만에 접해 있는 섬의 북동부 전체에 비가 내린다. 평균적으로 동북부 건조 지대에는 1,000mm 미만, 남서부 습지대에는 5,000mm 이상의 강우량을 보인다. 몬순의 시기와 영향권을 고려하면 5~9월에는 동북부로, 11~3월까지는 남서부와 중앙 고원으로 여행을 가는 게 좋다. 일 년 중 4월은 가장 무더운 시기이며, 최근에는 30°C 후반까지 기온이 오르기도 한다. 낮에는 햇빛이 매우 강하므로, 자외선 차단 지수가 높은 선크림이 필수이며, 선글라스와 모자, 아이스 스카프 등 더위에 견딜 단단한 준비가 필요하다.

시차

한국보다 3시간 30분 느리다. 한국이 정오일 때, 스리랑카는 오전 8시 30분이다.

인구와 언어

인구는 약 2205만 명이다. 아리안계의 싱할라족이 74%, 타밀족 18%, 스리랑카 무어인 7%, 말레이인 0.2%, 버거인 0.2%  이다. 언어는 싱할라어, 타밀어가 국어이고, 영어가 공용어로 함께 사용되고 있다. 관공서나 호텔, 레스토랑 등 외국인의 출입이 잦은 곳에서는 거의 영어가 일상화되어 있어서, 싱할라어와 타밀어를 몰라도 불편한 점은 별로 없다.

종교

영국으로부터 독립한 후 상좌부 불교를 국교로 정한 스리랑카는 국민 대다수가 불교 신자이며, 타밀에서 건너온 힌두교 신자가 그 다음을 잇는다. 종교 비율은 불교 69%, 힌두교 11%, 이슬람교 7.6%, 기독교 7.5% 순이다.

화폐

화폐는 스리랑카 루피(LKR, Sri Lanka Rupee)를 사용하며, 기호는 Rs이다. 1, 2, 5, 10루피는 동전이며, 10, 20, 50, 100, 500, 1000, 2000, 5000루피는 지폐를 사용하고 있다. 환율에 따른 변동이 있지만, 대략 1달러당 152~154루피 정도(2018년 기준)이다.

환전 및 신용카드

신용카드는 호텔, 레스토랑, 대형 상점에서만 사용이 가능하므로, 현금을 소지하고 있어야 한다. 달러도 사용할 수 있지만 환율이 낮게 적용되어 실질적으로 손해이니, 현지 화폐인 루피로 환전해 두는 것이 유리하다. 호텔에서 환전하면 환율이 낮게 적용되니 은행이나 전문 환전소에서 환전하는 것이 좋다. 콜롬보 공항에 은행 환전소가 있어, 입국 직후에 얼마간의 현금을 환전하기에 편리하다.

물가

현지 물가는 저렴한 편이지만, 관광객을 대상으로 하는 호텔, 레스토랑, 관광지 입장료 등은 매우 비싼 편이다. 특히 유명 관광지의 경우, 외국인의 입장료가 내국인에 비해 10배 정도 비싼 곳도 있다.

전기

전압은 230~240V, 50Hz이다. 한국의 전자 기기를 그대로 사용할 수 있는 콘센트가 있는 호텔도 있지만, 없는 곳도 있으므로 변압이 가능한 멀티 어댑터를 준비해가는 게 좋다. 만약 멀티어댑터가

없다면, 호텔 안내 데스크에서 빌리면 된다. 그도 여의치 않다면 볼펜이나 나뭇가지(또는 젓가락)로 세 개의 구멍 중 위의 가운데 구멍을 누른 상태에서 220V 플러그를 꽂으면 꽂힌다. 한두 번 해 보면 요령이 생긴다.

전화

스리랑카 현지의 유심 칩을 구매해 휴대폰에 끼우면 국제 전화를 저렴하게 이용할 수 있다. 물론 호텔 객실의 전화로도 국제 전화를 할 수 있지만, 요금이 매우 비싸니 가급적 사용하지 않는 것이 좋다. 한국으로 전화하는 방법은, 전화번호 앞에 001-82(한국의 국가 번호) - 0을 뺀 지역 번호 - 전화번호를 누르면 된다.

(예) 02-123-4567 ▶ 001-82-2-123-4567

무선 인터넷

호텔, 공공장소에 무료 와이파이가 있지만, 호텔의 경우 로비에서만 와이파이가 가능하거나 연결이 매끄럽지 않은 경우가 많다. 여행 중 인터넷을 자주 사용해야 한다면 데이터 로밍을 신청하는 방법도 있지만, 국내 통신사의 해외 데이터로밍 무제한 패키지 상품은 요금이 비싼 편이다. 가장 좋은 방법은 콜롬보 공항에서 현지 유심 칩을 구입해 휴대폰에 갈아 끼우는 것이다. 현지 유심 칩 사용 시, 인터넷 속도는 빠르다.

▶ **현지 유심 칩 구입 방법**

스리랑카의 주요 통신사로 Dialog, Mobitel, Airtel, Etisalat 등이 있는데, 이 중 현지인들이 가장 선호하는 회사는 Dialog로 스리랑카에서 가장 큰 통신회사다. 현지 선불요금제 유심 칩을 구입하고 싶다

면 일단 콜롬보 공항 내에 있는 통신사 부스로 가서, 원하는 음성 통화 및 데이터 패키지를 선택한 후 직원에게 여권과 휴대폰을 건네면, 패키지에 맞는 유심 칩을 갈아 끼워 준다. 만약 여행 도중에 충전 금액을 다 썼다면, 언제든 시내 편의점이나 통신 대리점에서 재충전이 가능하다.

▶ 현지 통신사 패키지 요금

패키지 요금	499루피	1,299루피
데이터	1G	3G
국내 통화	250루피	700루피
국제 통화	100루피	250루피

팁 문화

스리랑카에는 팁 문화가 있다. 호텔의 포터에게는 100루피 정도, 운전기사나 가이드에게는 1000루피 내외로 적당한 팁을 건네면 된다. 레스토랑의 경우 대부분 10% 정도의 서비스 비용이 포함되어 있어 팁을 따로 줄 필요는 없지만, 간혹 서비스 비용이 포함되어 있지 않거나 만족스러운 서비스를 받았을 경우 약간의 잔돈을 계산서 지갑 사이에 끼워 두고 나오면 된다.

공휴일

스리랑카는 공휴일이 많은 나라다. 공휴일은 양력이 아닌 스리랑카 달력을 기준으로 하므로, 매년 그 날짜가 바뀐다. 공휴일에는 공공 기관과 큰 상점들이 문을 닫는 경우가 많으므로, 여행 계획을 짤 때 참고해야 한다. 특히 스리랑카 달력으로 매월 15일은 포야 데이(Poya Day)라고 하여 국가에서 정한 공식적인 휴일이다. 불교도들이 몸을 정결히 하고 절에 가서 기도하는 날로, 레스토랑은 물론 호텔에서도 술을 팔지 않는다.

월	공휴일
1월	• 타밀 추수감사제(Tamil Thai Pongal Day) • 마호메드 탄신일(Milad-un-Nabi, 이슬람 축제)
2월	• 독립 기념일(National Day)
3월	• 마하 시바라트리(Maha Sivarathri, 힌두 축제) • 부활절 금요일(Good Friday)
4월	• 싱할라·타밀 새해(Sinhala & Tamil New Year)
5월	• 노동절(May Day)
8월	• 이둘 피트르(Idul Fitr, 이슬람 축제)
10월	• 이둘 아다(Idul Adha, 이슬람 축제)
11월	• 디파발리(Deepavali, 힌두 축제)
12월	• 성탄절(Christmas)
	• 포야 데이(Poya Day, 스리랑카 달력으로 매월 보름날, 보통 불교 축제 개최)

치안

2009년 정부군과 타밀 반군과의 내전이 종식되어, 현재 치안은 매우 안정적이다. 스리랑카 사람들은 외국인에게 매우 호의적이지만, 외진 곳으로나 밤에 혼자 돌아다니는 것은 피하는 것이 좋다.

식수

생수는 반드시 편의점이나 마트, 레스토랑에서 사 먹어야 한다. 간혹 길거리 행상들이 빈 통에 정수 처리가 되지 않은 물을 담아 팔기도 하므로 조심해야 한다.

PREVIEW
스리랑카의 관광 명소

한 마디로 표현할 수 없는 오묘한 매력을 느끼고 싶다면 스리랑카로 떠나자. 불교, 힌두교, 이슬람교, 기독교 등 다채로운 종교는 신선한 볼거리와 문화적 체험을 선사한다. 또한 지금은 많은 나라에서 사라지고 없는 원시 그대로의 바다와 호수, 고원, 열대 우림 등 놀랍고도 아름다운 보물들을 스리랑카 곳곳에서 만날 수 있다. 스치기만 해도 사무치는 진한 매력이 여기, 스리랑카에 있다.

갈레 페이스 그린
해안선을 따라 길게 뻗은 해변 공원이다. 푸른 잔디가 깔려 있고, 인도양의 일몰이 황홀할 만치 아름답다. 해 질 녘에는 가족 단위로 산책을 나온 현지인과 관광객들로 늘 붐빈다. p.65

켈라니야 사원
스리랑카를 세 번 방문한 석가모니의 마지막 방문지로, 붓다가 서로를 적대시하는 무리를 모아 놓고 다툼과 욕심의 무의함에 대해 설법한 역사적인 장소다. 매년 정월 대보름에는 붓다의 방문을 기념하는 축제, 두루투 페라헤라가 열린다. p.81

미힌탈레
스리랑카에 불교를 전파한 인도 아소카 왕의 아들 '마힌다' 스님이 스리랑카에 첫발을 디딘 곳으로, 6월 보름날에는 이를 기념하는 포손 축제가 열린다. 그가 하늘에서 내려와 머문 바위산과 석굴이 잘 보존되어 있다. p.114

담불라 석굴 사원

스리랑카에서 가장 규모가 크고 보존이 잘 된 사원으로, 1991년에 유네스코 세계 문화유산으로 등재됐다. 타밀의 침공을 피해 이곳에 몸을 숨겼던 발라감 바후 1세가 그에 대한 보답으로 15년 뒤에 조성한 석굴 사원이다. 붓다의 삶을 그린 거대한 프레스코 벽화가 유명하다. p.137

갈 비하라

거대한 화강암 바위 표면에 네 기의 불상을 조각해 놓은 사원으로, 폴론나루와 유적지의 백미(白眉)라고 할 수 있다. 12세기에 파라크라마 바후 1세가 체계적인 승가 교육을 위해 조성한 것으로 알려져 있다. p.134

시기리야

이복동생에게 왕위를 빼앗길까 두려운 나머지 부왕을 죽이고 왕이 된 카사파 1세가 동생의 보복을 피해 370m의 바위산 꼭대기에 지은 궁궐이다. 짧고 불안한 영화(榮華)를 상징하는 시기리야는 유네스코 세계 문화유산이자 세계 8대 불가사의 중 하나로 손꼽힌다. p.138

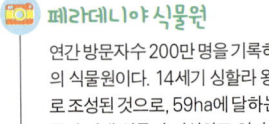
불치사

붓다의 다비 후 수습된 성스러운 치아 사리가 안치된 사원이다. 치아 사리는 인도 칼링가 왕의 딸인 헤마말라 공주가 외침을 피해 쪽머리에 숨겨 가져온 것으로, 이를 기념해 매년 7월에 열리는 '에살라 페라헤라'는 세계적인 불교 축제다. p.163

페라데니야 식물원

연간 방문자수 200만 명을 기록하는 스리랑카 최대의 식물원이다. 14세기 싱할라 왕조의 왕실 정원으로 조성된 것으로, 59ha에 달하는 면적에 4,000여 종의 열대 식물이 서식하고 있다. 자전거나 미니 전기차를 빌려 타고 돌아볼 수 있다. p.170

스리 파다

스리랑카의 모든 종교계가 거룩하게 여기는 성산(聖山)으로, 흔히 아담스 피크(Adam's Peak)라고 불린다. 해발 2,243m의 산 정상에 남겨진 18m 크기의 신성한 발자국을 불교에선 석가모니, 힌두교에선 시바, 이슬람교에선 아담, 천주교에선 성 토마스의 발자국이라고 믿는다. p.210

호튼 플레인스 국립 공원

스리랑카에서 세 번째로 높은 고원으로, 숲과 초원이 어우러져 있어 삼바사슴을 비롯한 다양하고도 희귀한 동식물의 중요한 서식지다. 2010년 유네스코 세계 자연유산으로 지정되었으며, 누와라 엘리야를 찾는 여행객들이 반드시 들르는 명소 중의 명소다. p.198

신하라자 포레스트 국립 공원

원시의 열대 우림이 잘 보존된 곳으로, 1988년 유네스코 세계 자연 유산으로 지정됐다. 동서로 21km, 남북으로 7km에 달하는 대지 위에 곤충, 조류, 파충류, 포유류 수백 종이 서식하고 있으며 '살아 있는 자연 학습장'이라고 할 수 있다. p.211

카타라가마 사원

두투가무누 왕이 영험한 힌두 신, 카타라가마에게 봉헌한 사원이다. 경내 한쪽에 보리수와 불탑이 함께 조성되어 있어 불교 신자에게도 신성시되는 곳이다. 매일 저녁 푸자(Puja, 기도 의식)가 화려하고 웅장하게 거행되며, 매년 7월에는 카타라가마 축제가 성대하게 치러진다. p.218

갈레 요새

유럽 열강에 의해 지어진 아시아에서 가장 큰 요새로, 1988년에 세계 문화유산으로 지정됐다. 아름다운 인도양의 일몰을 볼 수 있는 곳으로 유명하다. 갈레 포트 지구에 들어서면 네덜란드 시대에 지어진 건축물이 많아 마치 타임캡슐을 타고 17세기로 돌아간 느낌이 든다. p.235

PREVIEW
스리랑카의 음식

스리랑카의 음식은 매콤한 편이어서, 얼큰한 것을 좋아하는 우리 입맛에 의외로 잘 맞는다. 주식은 라이스 앤 커리이지만, 이 외에도 고뚜, 에그 호퍼, 데블드 치킨 등 식사 대용으로 먹을 만한 음식이 많다. 향신료가 들어가긴 하나 대개는 한국인들도 거부감 없이 먹을 수 있다. 간이 다소 세다는 게 단점이라면 단점이다.

라이스 앤 커리
스리랑카의 주식으로, 흰 쌀밥에 커리(Curry)와 밑반찬 몇 가지를 곁들여 먹는다. 커리는 매콤하고 짭짤한 편이며, 렌틸콩, 생선, 고기, 치킨, 해산물 등 다양한 식재료로 만들어진다.

미 키리
신선한 버팔로 우유를 응고시킨 것으로, 스리랑카 사람들이 즐겨 먹는 전통 디저트다. 되직하면서도 시큼한 플레인 요거트의 식감이며, 팜 시럽(Palm Syrup)을 뿌려서 먹는다.

호퍼
야자 술을 뿌려 발효시킨 묽은 쌀 반죽을, 뜨겁게 달군 둥근 주물 팬에 얇고 바삭하게 구워 낸 음식이다. 쌀 반죽만으로 구운 것은 플레인 호퍼(Plain Hopper), 가운데 계란을 하나 얹어 구운 것은 에그 호퍼(Egg Hopper)이다.

폴 삼볼
코코넛 과육과 고춧가루, 라임 주스, 양파를 한데 버무린 양념 겸 반찬이다. 주로 밥이나 호퍼와 함께 먹으며, 맛은 매콤하면서도 고소하다.

람프라이스

밥과 고기·가지 커리, 시니삼볼 등을 바나나 잎으로 한데 싸서 오븐에 구운 음식이다. 버거족의 영향을 받은 음식으로, 가족이나 친구들이 모이는 특별한 날에 많이 먹는다.

데블드 치킨

한입 크기로 자른 프라이드 치킨을 매콤한 소스로 버무린 스리랑카식 중국 요리다. 치킨 데블(Chicken Devil)이라고 하기도 하며, 한국의 양념통닭과 맛이 비슷하다.

고뚜

잘게 자른 로티와 야채, 고기, 계란 등 갖가지 재료를 향신료와 함께 볶은 철판 요리다. 스리랑카 사람들이 저녁 식사로 즐겨 먹는 음식으로, 입맛에 따라 커리(Curry)나 케첩을 뿌려 먹기도 한다.

하와이언 쿠키 & 마일로

스리랑카 사람들에게 오랫동안 사랑받고 있는 간식거리다. 하와이언 쿠키는 부드러운 코코넛의 풍미가 느껴지는 비스킷이고, 마일로는 초콜릿과 맥아를 주원료로 한 초코우유다. 스리랑카의 편의점 '푸드 시티(Food City)'에서 쉽게 구입할 수 있다.

와데

인도에서 전래된 야채 튀김 스낵으로, 렌틸콩 반죽에 감자, 고추, 새우, 향신료 등을 버무려 기름에 튀긴 것이다. 먹기 간편해서 기차나 버스에서 팔기도 한다.

진저 비어

맛은 맥주처럼 톡 쏘지만 알코올이 들어 있지 않은 무알콜 맥주로, 생강과 이스트, 설탕을 발효시켜 만든다. 스리랑카 남자들이 식사에 곁들여 매우 즐겨 마시는 음료다.

라이언 맥주

130여 년의 역사를 자랑하는 스리랑카의 대표 맥주다. 라거(Larger)와 스타우트(Stout) 종류가 있는데, 상대적으로 연하고 거품이 많은 라거가 인기가 더 좋다.

옥수수

거리에서 장작불을 지피고, 큰 솥에 옥수수를 삶는 현장이 포착되면 걸음을 멈춰야 한다. 스리랑카의 옥수수는 별미 중의 별미다. 푹 삶은 옥수수를 소금물에 살짝 담갔다가 건네주는데, 달큰하면서도 짭조름한 맛이 일품이다.

비리야니

인도에서 전해진 음식으로, 향신료를 넣어 지은 밥에 렌틸콩, 야채, 닭, 양고기 등의 재료를 첨가해 볶은 밥이다. 양고기·치킨 비리야니의 경우, 밥 속에 큼직한 고기가 들어 있어서 매우 푸짐하게 먹을 수 있다.

PREVIEW

스리랑카의
액티비티

스리랑카는 인도양의 섬나라답게 물에서 하는 스포츠가 발달했다. 해안가 어디를 가나 스쿠버 다이빙, 스노클링 등을 체험할 수 있는 수상 스포츠 센터가 포진해 있다. 특히 열대 습지를 헤치고 나아가는 보트 사파리는 쉽게 접할 수 없는 경험이므로, 적극 추천한다.

스쿠버 다이빙

물빛이 아름다운 인도양의 바닷속을 탐험할 수 있는 최고의 방법이다. 배를 타고 멀리 나가 바닷속으로 다이빙해 들어가면, 아름다운 산호와 신나게 노니는 바다거북과 열대어를 만날 수 있다. 운이 좋다면, 오래전에 난파된 보물선을 발견하게 될지도 모른다.

스노클링

세계적인 산호 서식지를 갖고 있는 스리랑카에선 스노클링이 보편화되어 있다. 스쿠버 다이빙처럼 특별한 교육을 받지 않아도, 간단한 장비만 있으면 스리랑카의 환상적인 바다 세계를 들여다볼 수 있다. 스리랑카 동부와 남서부의 거의 모든 해안에서 체험이 가능하다.

사파리

'야생 동물의 나라'이라고 할 만큼 야생 동물의 개체수가 많은 스리랑카. 지프를 타고 야생 동물 보호 구역으로 들어가면, 눈동자는 언제 어디서 마주칠지 모르는 야생 동물 찾기에 돌입한다. 스리랑카의 사파리는 위험하지 않으며, 원시 자연 속에서 살아가는 다양한 생명들과 짧게나마 교감할 수 있는 기회를 제공한다.

보트 사파리

보트 사파리는 열대 습지를 가진 나라에서만 즐길 수 있는 생소하면서 신선한 체험이다. 보트를 타고 미로 같은 맹그로브 습지를 구불구불 통과하다 보면 악어와 물도마뱀 같은 파충류와 다양한 물새들을 만나게 된다. 밀림의 사파리와는 사뭇 다른 아찔함을 느낄 수 있을 것이다.

코끼리 체험

스리랑카에서 코끼리는 예로부터 인간과 함께 어우러져 살아온 동물이다. 야생 코끼리를 직접 대면하는 것은 위험하지만, 코끼리 고아원에선 직접적인 접촉이 가능하다. 코끼리와 함께 사진을 찍고, 과일과 우유를 먹이는 체험을 할 수도 있으며, 코끼리들이 강가로 더위를 식히러 갈 때 동행할 수도 있다.

PREVIEW
스리랑카의 쇼핑 아이템

스리랑카에 갈 때, 반드시 큼지막한 쇼핑용 가방을 준비해 가자. 실론티만 해도 그 종류가 어마어마한데, 거기다 밀크티용 드라이 밀크(Dry Milk), 찻잔과 찻주전자까지 사면 가방은 터지기 일보 직전이 된다. 혹시 차 애호가가 아니더라도 실망할 필요는 없다. 아기자기한 기념품들이 많아 지갑이 저절로 열리는 마법을 경험할 것이다.

🧺 홍차

스리랑카는 세계 최대의 홍차 수출국으로, '실론티'라 불리는 양질의 홍차를 저렴하게 구입할 수 있다. 선물용으로 좋은 브랜드는 베질루르(Basilur)와 믈레즈나(Mlesna)다. 베질루르는 케이스가 독특하고 예쁜 것으로 유명하며, 특히 케이스를 돌리면 음악이 나오는 오르골 홍차가 인기가 좋다. 믈레즈나 홍차는 망고, 바나나, 파인애플 등 열대 과일 향차로 유명하다.

🧺 도자기 테이블웨어

단코투와(Dankotuwa) — 스리랑카의 고급 호텔에서 테이블웨어로 많이 사용하는 스리랑카의 도자기 브랜드. 노리다케에 비해 가격이 저렴하고, 세트가 아닌 단품이 많아 기념품으로 제격이다.

노리다케(Noritake) — 홍차 마니아들이 좋아하는 일본의 도자기 브랜드. 생산 공장이 스리랑카에 있어서 정상가의 60~70%만 주고도 구입이 가능하다. B급의 경우, 3분의 1 정도의 가격이다.

🧺 핸드메이드 직물 제품

남아시아 특유의 톡톡 튀는 컬러에, 원사 염색부터 직조까지 모두 수작업으로 이루어지는 직물 제품이다. 의류, 가방, 액세서리는 물론 테이블 매트, 러너, 쿠션 커버와 같은 인테리어 용품까지 다양한 제품이 생산된다. 대표적인 브랜드로 베어풋(Barefoot)과 코 랑카(Ko Lanka)가 있다.

베스무후누 가면

익살스러우면서도 무서운 표정을 한 스리랑카의 전통 가면. 과거에는 악을 물리치는 액막이 의식에 사용되었고, 현재는 축제나 연극 공연에 주로 쓰인다. 일부 가면의 경우, 집안에 걸어 두면 좋은 기운을 불러들인다고 알려져 있어 선물용으로 좋다.

고무 슬리퍼

무더운 열대의 나라이다 보니 발가락이 모두 개방된 고무 슬리퍼가 일찍부터 발달했다. 남녀노소 할 것 없이 스리랑카 사람들 거의 대부분이 고무 슬리퍼를 신고 생활한다. 스리랑카 고유 브랜드 디에스아이(DSI)와 체코 기업가가 만든 글로벌 브랜드 바타(Bata)의 고무 슬리퍼가 유명하다.

보석

'인도양의 보석 상자'라 불릴 만큼 보석 매장량이 많은 나라이다 보니, 흥정만 잘한다면 다양한 유색 보석을 비교적 저렴하게 구입할 수 있다. 또한 스리랑카 여인 대다수가 착용하고 있는 22K 금 귀걸이도 어머니에게 선물하기 매우 좋은 아이템이다.

추천 코스

- 초스피드 핵심 관광 3박 5일 코스
- 역사·문화 탐방 6박 7일 코스
- 액티비티 마니아를 위한 7박 8일 코스
- 여행 전문가가 추천하는 8박 9일 코스

초스피드 핵심 관광
3박 5일 코스

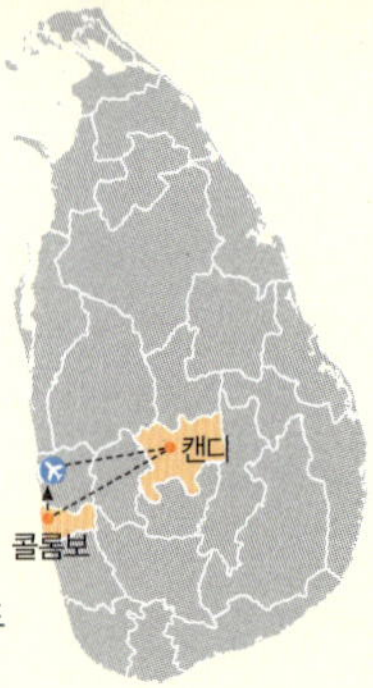

Day 1

22:40 인천 국제공항 출발.
- 인천-콜롬보 직항 노선은 22:40 출발/04:10 도착일 때도 있고, 23:50 출발/04:30 도착일 때도 있음.
- 인천 국제공항에서 콜롬보까지 직항으로 약 9시간 소요. 경유해서 가는 경우 11~12시간 소요.

Day 2 캔디

04:10 반다라나이케 국제공항 도착. 핀나왈라 코끼리 고아원으로 이동하기.
- 자동차로 핀나왈라까지 약 2시간 30분 소요.

12:00 코끼리 목욕하는 모습을 구경하면서 근처 레스토랑에서 점심 식사.

14:00 오후에 페라데니야 식물원 구경하기.
- 자동차로 페라데니야까지 약 1시간 20분 소요.

16:00 늦은 오후 캔디에서 숙소 체크인하기.
- 자동차로 캔디까지 약 25분 소요.

16:30 저녁에 오크 레이 레전시 공연장에서 화려한 캔디안 댄스 관람.
- 뚝뚝으로 공연장까지 약 10분 소요.

18:30 더 엠파이어 카페에서 분위기 있는 저녁 식사.

20:30 숙소로 돌아와 다음날 일정 체크하며 휴식.

Day 3 캔디 ↓ 콜롬보	07:30	호텔 조식 즐기기.
	09:00	이른 오전에 세계 문화유산 불치사 방문.
	12:00	점심은 간단하게 캔디 시티 센터의 버거킹에서 해결하기.
	13:00	숙소 체크아웃하고 콜롬보로 이동. ✔ 자동차로 콜롬보까지 약 3시간 30분 소요.
	17:00	콜롬보 숙소 체크인하기.
	18:00	늦은 오후 갈레 페이스 그린 구경하기.
	19:00	저녁은 유서 깊은 갈레 페이스 호텔에서 뷔페 즐기기.
	21:00	숙소로 돌아와 짐 정리하기.
Day 4 콜롬보	07:00	아침 일찍 숙소 조식 즐기기.
	08:00	독립 기념관, 비하라마하데비 공원, 국립 미술관, 락살라 등 콜롬보 시내 명소를 순서대로 구경하기.
	12:00	12시 전에 체크아웃하고 독립 광장 아케이드로 이동해서 점심 식사.
	14:00	시간이 넉넉하다면 가볍게 쇼핑 한 바퀴.
	15:30	여유 있게 공항으로 출발! ✔ 자동차로 공항까지 약 1시간 소요.
	19:00	저녁에 공항에서 비행기 탑승.
Day 5	07:00	인천 국제공항 도착.

02 Course 역사 · 문화 탐방 6박 7일 코스

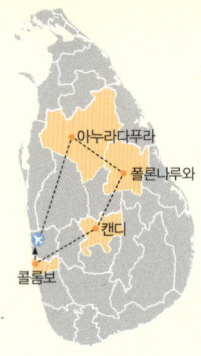

Day 1

22:40 인천 국제공항 출발.

✔ 인천 국제공항에서 콜롬보까지 직항으로 약 9시간 소요. 경유해서 가는 경우 11~12시간 소요.

Day 2

아누라다푸라

04:10 반다라나이케 국제공항 도착. 아누라다푸라로 이동.

✔ 자동차로 아누라다푸라까지 약 3시간 40분 소요.

10:30 아누라다푸라 숙소 체크인하고 휴식.

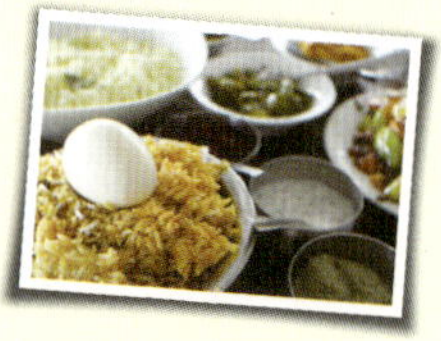

12:00 망고 망고에서 점심 식사 즐기기.

13:00 오후에 아누라다푸라 유적지 관광.
(스리 마하 보리수, 루완웰리세야 대탑, 미리사바티야 다고바, 이수루무니야 사원, 쿠탐 포쿠나, 아바야기리 다고바, 제타바나 다고바, 투파라마 다고바 등 13개 유적.)

✔ 유적 간의 거리가 떨어져 있어 이동 시간이 생각보다 많이 걸릴 수 있으니 감안하여 동선을 짜자.

19:30 숙소 레스토랑에서 저녁 식사.

21:00 다음날 일정 체크하며 휴식.

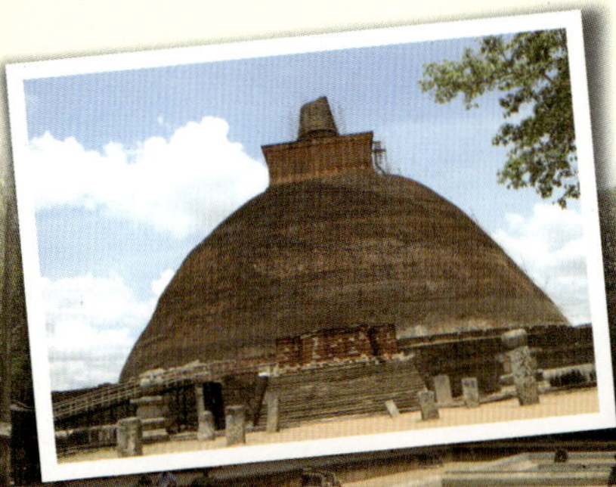

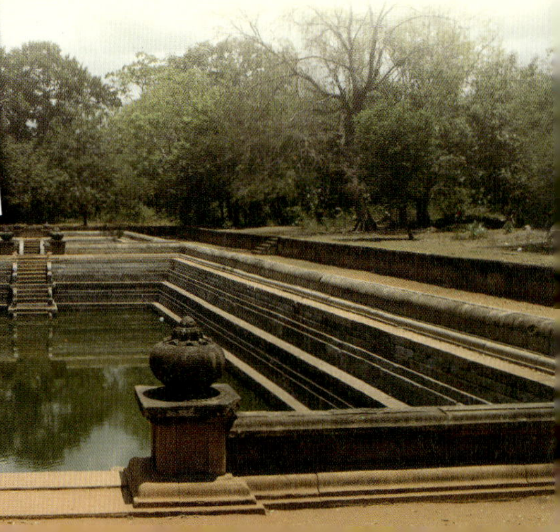

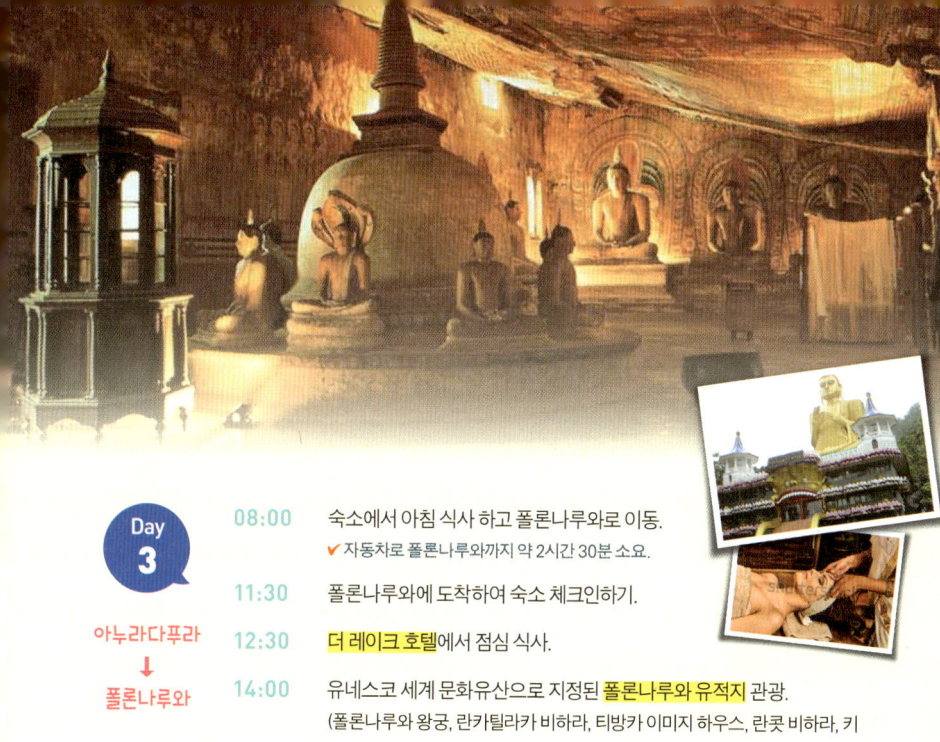

Day 3

아누라다푸라 → 폴론나루와

08:00	숙소에서 아침 식사 하고 폴론나루와로 이동.
	✔ 자동차로 폴론나루와까지 약 2시간 30분 소요.
11:30	폴론나루와에 도착하여 숙소 체크인하기.
12:30	더 레이크 호텔에서 점심 식사.
14:00	유네스코 세계 문화유산으로 지정된 폴론나루와 유적지 관광. (폴론나루와 왕궁, 란카틸라카 비하라, 티방카 이미지 하우스, 란콧 비하라, 키리 비하라, 갈 비하라, 폴론나루와 고고학 박물관 등 16개 유적.)
18:00	수두 아랄리야 호텔에서 전통 아유르베다 마사지로 피로 풀기.
19:30	수두 아랄리야 호텔에서 저녁 식사.
21:00	숙소로 돌아와 짐 정리하기.

Day 4

폴론나루와

07:00	호텔에서 아침 식사.
09:30	아침 일찍 담불라 석굴 사원 탐방하기.
	✔ 자동차로 담불라까지 약 1시간 40분 소요.
12:30	시기리야로 이동해서 숙소 체크인하기.
	✔ 자동차로 시기리야까지 약 20분 소요
13:00	숙소에서 점심 식사.
15:30	늦은 오후에 세계 8대 불가사의 시기리야 바위 방문.
18:30	스리랑카 전통 음식인 라이스 앤 커리로 저녁 식사.
20:00	숙소로 돌아와 다음날 일정 체크 후 일찍 잠들기.

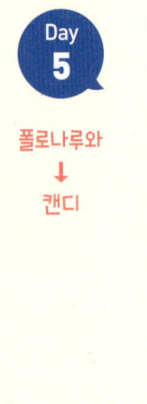

Day 5

폴로나루와
↓
캔디

08:00	숙소에서 아침 식사.
11:30	스리랑카 중부의 도시 캔디로 이동해서 체크인 후 휴식.
	✓ 캔디까지 약 2시간 50분 소요.
13:00	캔디 시내에 있는 화이트 하우스에서 인도 음식으로 푸짐한 점심 식사.
14:00	오후에 세계 문화유산 불치사와 세계 불교 박물관 방문.
17:00	늦은 오후에 캔디안 댄스 공연 관람.
18:30	저녁에 아름다운 캔디 호숫가에서 산책하기.
19:30	저녁 식사는 분위기 좋은 오조 호텔 레스토랑에서 즐기기.
21:00	숙소로 돌아와 짐 정리하고 다음날 스케줄 확인하기.

Day 6

캔디
↓
콜롬보

07:30	숙소에서 아침 식사 후, 일찍 콜롬보로 이동하기.
	✓ 자동차로 콜롬보까지 약 3시간 30분 소요.
11:30	독립 광장 아케이드로 이동하여 구경하면서 휴식 취하기.
12:30	아케이드에 위치한 버거킹에서 점심 식사.
13:30	국립 박물관 관람하기.
15:30	박물관에서 바로 반다라나이케 국제공항으로 출발.
	✓ 자동차로 공항까지 약 1시간 소요.
19:00	저녁에 공항에서 비행기 탑승.

Day 7

07:00	인천 국제공항 도착.

03 Course

액티비티 마니아를 위한 7박 8일 코스

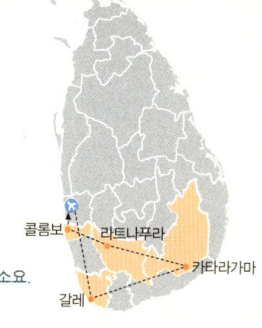

Day 1

22:40 인천 국제공항 출발.

✔ 인천 국제공항에서 콜롬보까지 직항으로 약 9시간 소요. 경유해서 가는 경우 11~12시간 소요.

Day 2

갈레

04:10 반다라나이케 국제공항 도착. 갈레 근교의 우나와투나 해변으로 이동하기.

✔ 자동차로 우나와투나까지 약 2시간 10분 소요.

12:30 숙소 체크인 후 근처 레스토랑에서 점심 식사.

14:00 오후에 해변에서 수상 스포츠를 즐기면서 편안한 시간 보내기.

18:30 저녁 식사로 시푸드 즐기기.

20:00 숙소로 돌아와 다음날 스케줄 체크 후 가벼운 마음으로 잠들기.

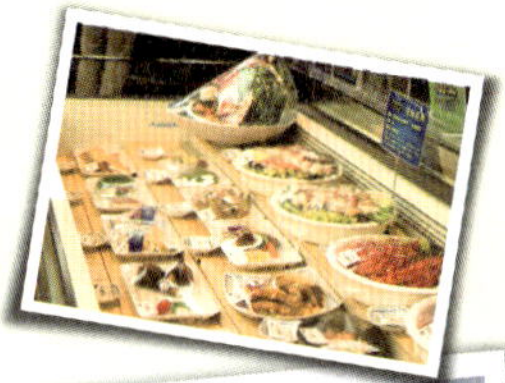

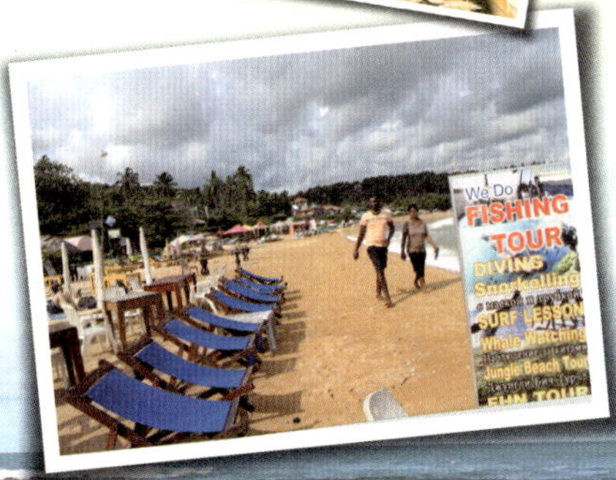

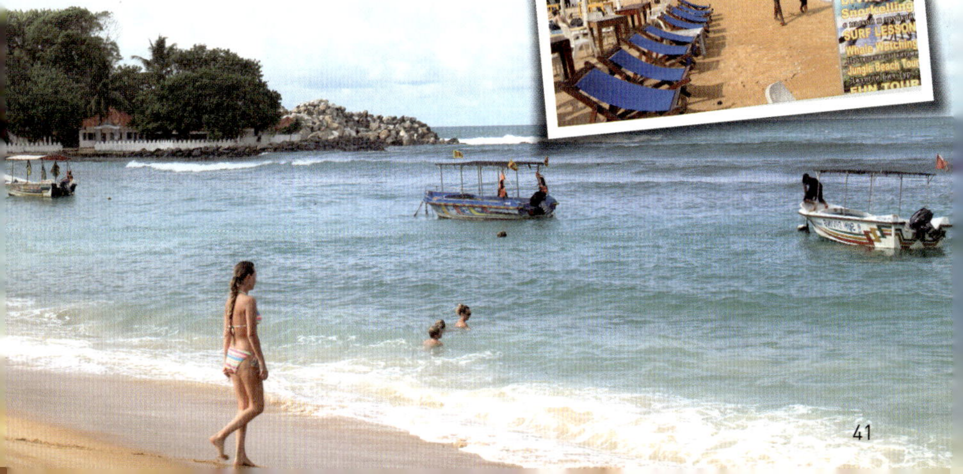

	06:00	고래 투어 보트에 탑승하러 미리싸 항으로 이동하기.
Day 3 갈레		✓ 자동차로 미리싸 항까지 약 1시간 소요.
	07:00	아침 식사는 투어에서 제공하는 샌드위치와 음료로 해결하고 고래 투어 즐기기.
	11:30	숙소로 돌아와 휴식 취하기.
	13:00	갈레 포트 지구로 이동하여 <mark>더 포트 프린터스</mark>에서 점심 식사.
	14:30	<mark>갈레 국립 박물관, 네덜란드 개신교회, 갈레 등대, 갈레 요새</mark> 등 여유롭게 둘러보기.
	17:00	날씨가 시원해지면 걸어서 천천히 <mark>페들러 거리</mark> 구경하기.
	18:30	오후 늦게 우나와투나 해변으로 돌아와 시원한 맥주를 마시면서 하루 마감하기.

	08:00	호텔에서 아침식사 후 체크아웃하고 바로 <mark>얄라 국립 공원</mark>으로 이동하기.
Day 4 갈레 ↓ 카타라가마		✓ 자동차로 얄라까지 약 3시간 30분 소요.
	13:30	호텔 대신 미리 예약한 얄라 국립 공원 캠핑장에 체크인하기.
	14:00	점심은 캠핑장에서 가볍게 해결한 후 캠핑장에서 짐 풀고 휴식.
	16:00	늦은 오후에 강가에서 시간 보내기.
	19:30	저녁에 캠핑장에서 <mark>바비큐 파티</mark> 즐기고 야생에서 하룻밤 보내기.

Day 5

카타라가마
↓
라트나푸라

05:30 　새벽에 지프 타고 사파리 하러 정글 속으로 출발!

07:30 　캠핑장에서 준비해 준 샌드위치와 음료로
　　　　즐거운 아침 식사.

12:30 　사파리 끝나고 다시 캠핑장으로 와서
　　　　짐 싸고 나오기.
　　　　✓ 시내까지 캠핑장 차량 이용.

13:00 　점심은 시내에서 가볍게 해결하고
　　　　곧바로 라트나푸라로 이동하기.
　　　　✓ 자동차로 라트나푸라까지 약 2시간 40분 소요.

16:30 　라트나푸라 숙소에 체크인하기.

18:30 　저녁 식사는 숙소에서 하고 시원한 맥주 한잔으로 하루의 피로 풀기.

Day 6

라트나푸라

08:00 　호텔 조식 즐기기.

09:30 　오전에 다자나 보석 박물관 관람하기
　　　　✓ 자동차로 박물관까지 약 30분 소요. 박물관은
　　　　　무료 관람, 보석을 구매하지 않아도 됨.

11:00 　시내의 보석 가게들 둘러보기.

12:30 　시내 레스토랑에서 런치 타임 보내기.

14:00 　히델라나 홍차 공장 및 차밭 체험 하기.
　　　　✓ 자동차로 홍차 공장까지 약 30분 소요.

17:30 　호텔 수영장에서 즐거운 시간 보내기.

20:00 　숙소에서 저녁 식사 마치고 짐 정리하기.

Day 7

라트나푸라
↓
콜롬보

07:30	호텔에서 아침 식사 후 일찍 콜롬보로 이동.
	✔ 자동차로 콜롬보까지 약 2시간 30분 소요.
11:00	콜롬보에 도착하여 독립 기념관 관람하기.
	✔ 독립 기념관의 홀 아래층에는 박물관도 있으니 둘러보자.(유료)
12:30	관람 끝나고 더치 호스피탈로 이동해서 세계적으로 유명한 미니스트리 오브 크랩에서 점심 식사 즐기기.
14:00	더치 호스피탈에 위치한 스파 실론 (Spa Ceylon)에서 발 마사지 받기.
14:30	간단히 마무리 쇼핑하기.
15:30	쇼핑 끝나고 여유 있게 반다라나이케 국제공항으로 출발.
	✔ 자동차로 공항까지 약 1시간 소요.
19:00	저녁에 공항에서 비행기 탑승.

Day 8

07:00	인천 국제공항 도착.

04 Course

여행 전문가가 추천하는 8박 9일 코스

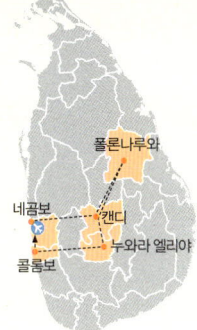

Day 1

22:40 인천 국제공항 출발.

✔ 인천 국제공항에서 콜롬보까지 직항으로 약 9시간 소요. 경유해서 가는 경우 11~12시간 소요.

Day 2

네곰보

04:10 반다라나이케 국제공항 도착. 네곰보로 이동해서 호텔에서 짐 풀기.

✔ 자동차로 네곰보까지 약 20분 소요.

12:00 숙소에서 점심으로 아시안 푸드 즐기기.

13:30 여유롭게 네곰보 해변 산책하기.

15:00 성 마리아 성당 구경하기.

16:00 뚝뚝을 타고 네곰보 어시장으로 이동.

18:00 숙소 레스토랑에서 시원한 맥주 마시면서 저녁 식사 즐기기.

20:30 숙소로 돌아와 다음날 일정 체크하고 휴식.

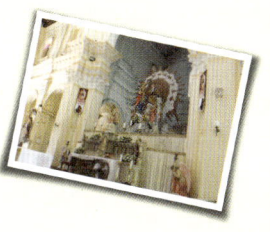

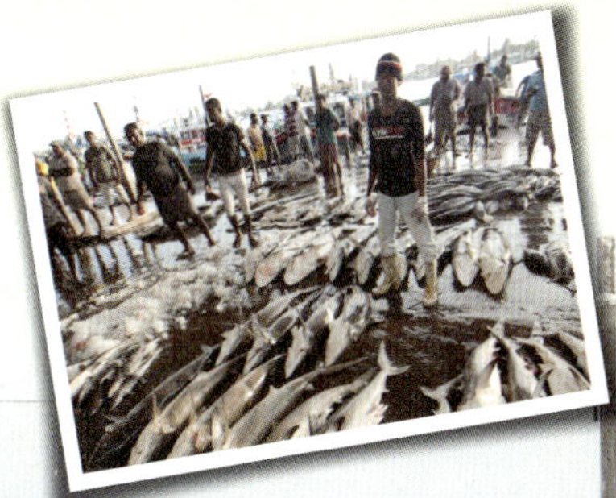

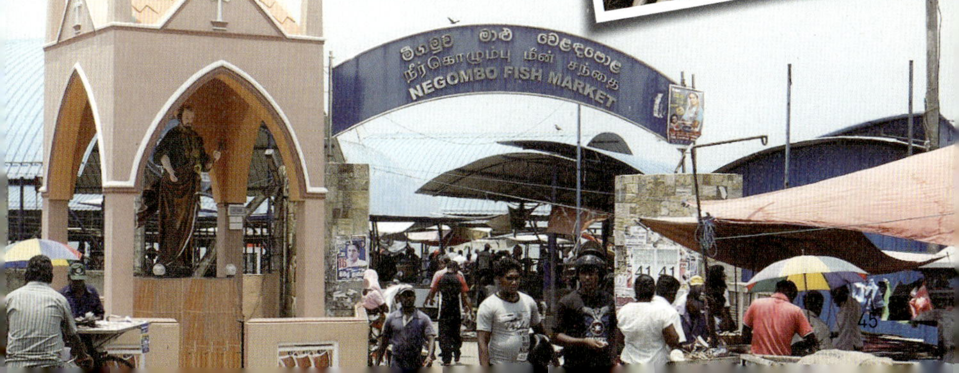

Day 3

네곰보
↓
캔디
↓
폴론나루와

07:00	일찍 일어나 숙소에서 아침 식사를 한 후 체크아웃.
11:00	핀나왈라 코끼리 고아원 방문하기. ✔ 자동차로 핀나왈라까지 약 2시간 10분 소요.
12:30	점심은 핀나왈라 근처에서 간단하게 먹기.
16:00	오후에 담불라 석굴 사원 구경 ✔ 자동차로 담불라까지 약 2시간 30분 소요.
18:00	담불라 근처 호텔에 체크인하기.
19:30	호텔에서 스리랑카 전통 음식인 라이스 앤 커리로 저녁 식사하기.

Day 4

폴론나루와 ↓
캔디

06:00	늦으면 안 되는 날. 빨리 일어나 시기리야 바위로 출발! ✔ 자동차로 시기리야까지 약 40분 소요.
07:00	아침 식사는 호텔에서 준비해 준 샌드위치로 간단하게. ✔ 샌드위치 준비는 전날 밤에 호텔 담당자에게 꼭 전달해 두기.
11:00	시기라야 근처의 레스토랑에서 점심 식사.
14:00	숙소로 돌아와 체크아웃한 후, 바로 캔디로 이동. ✔ 자동차로 캔디까지 약 2시간 30분 소요.
17:30	늦은 오후에 캔디에서 숙소 체크인.
18:30	캔디 시내의 마사지숍에서 피로를 완전히 날리기.
20:00	저녁 식사는 현지인처럼 길거리에서 해결하기.

Day 5

캔디

08:00	느긋하게 일어나 호텔 조식 즐기기.
09:30	오전에는 유명한 불치사 방문하기.
11:30	불치사 구경 끝나고 세계 불교 박물관, 불치사 박물관 등 방문하기.
14:00	늦은 점심은 캔디 시내에서 먹기. 시원한 캔디 시티 센터의 버커킹 추천! ✔ 자동차로 시내까지 약 10분 소요.
15:30	여유 있게 캔디 시내 둘러보기.
17:00	뚝뚝을 타고 캔디안 댄스 공연을 보러 가기.
18:30	사원 앞에 위치한 더 엠파이어 카페에서 저녁 식사 즐기기.
21:00	숙소로 돌아와 짐 정리하기.

47

Day 6

캔디
↓
누와라 엘리야

07:30	아침 일찍 일어나 식사 후 체크아웃.
08:30	캔디 역에서 나누오야까지 산악 구간 기차로 여행하기.
	✔ 기차로 나누오야까지 약 4시간 30분 소요.
13:00	나누오야에서 누와라 엘리야로 이동해서 숙소 체크인하기.
	✔ 누와라 엘리야까지 뚝뚝으로 약 20분 소요.
14:00	점심 식사는 분위기 있는 그랜드 타이에서 즐기기.
15:30	오후에 순서대로 누와라 엘리야 우체국, 빅토리아 공원, 그레고리 호수 등 구경하기.
19:00	시내에 위치한 레스토랑 밀라노에서 저렴하게 저녁 식사.
20:30	숙소로 돌아와 잠자리에 들기.

Day 7

누와라 엘리야
↓
콜롬보

08:00	숙소에서 조식을 먹고 콜롬보로 이동.
	✔ 자동차로 콜롬보까지 약 5시간 소요.
14:00	콜롬보에서 숙소 체크인.
14:30	점심 식사는 유명한 더 갤러리 카페에서 즐기기.
15:30	오후에 국립 박물관 관람.
17:30	박물관에서 나와 근처 강가라마야 사원 방문하기.
18:30	늦은 오후에 독립 광장 아케이드에서 쇼핑하고 간단한 기념품 등 구입하기.
20:00	아케이드 내에 위치한 고급 레스토랑에서 저녁 식사.
21:30	숙소로 돌아와 귀국 준비.

Day 8

콜롬보

07:30	숙소에서 아침 식사.
09:00	시내에 위치한 더치 호스피탈로 이동.
09:30	편하게 시간 보내며 배어풋(Barefoot), 스파 실론(Spa Ceylon) 등 매장 구경하기.
12:30	스리랑카에서의 마지막 점심 식사는 라자 보준에서 전통식으로.
16:00	숙소에 돌아와 체크아웃하고. 반다라나이케 국제공항으로 출발!
	✔ 자동차로 공항까지 약 1시간 소요.
19:00	저녁에 공항에서 비행기 탑승.

Day 9

07:00	인천 국제공항 도착.

지역 여행

- 콜롬보
- 네곰보
- 아누라다푸라
- 폴론나루와
- 동부 해안
- 캔디
- 마히양가나야
- 누와라엘리야
- 라트나푸라
- 카타라가마
- 갈레
- 남서부 해안

Colombo
콜롬보

매력적인 섬나라 스리랑카의 최대 도시

콜롬보는 스리랑카 남서쪽 해안의 항만 도시이다. 콜롬보를 스리랑카의 수도로 알고 있는 사람이 많지만, 정확히는 1985년 1월 이전까지만 수도였던 곳이다. 오랫동안 수도였던 만큼 스리랑카에서 가장 볼거리가 많은 도시이기 때문에, 일주일은 머물러야 여유를 갖고 둘러볼 수 있다. 주요 관광지는 세 구역에 집중되어 있다. 짭조름한 인도양이 있는 포트 지구 (Fort, Colombo 1), 복잡하지만 활기 넘치는 노천 시장이 있는 페타 지구(Pettah, Colombo 11), 비하라마하데비 공원을 중심으로 박물관과 갤러리가 모여 있는 시나몬 지구 (Cinnamon, Colombo 7)가 그것이다. 웬만한 거리는 뚝뚝(Tuk-tuk)을 타고 이동하는 게 편하지만, 러시아워에는 교통 정체가 심하기 때문에 거리에서 매연을 배부르게 마실 수 있으니 주의해야 한다.

콜롬보에서 꼭 해야 할 일! BEST 3

1. 실론티와 노리다케 찻잔 쇼핑
2. 유명 불교 사원에서 열리는 축제 즐기기
3. 갈레 페이스 그린에서 인도양의 일몰 감상

✈️ 콜롬보 가는 방법

공항에서 시내로 들어가기

반다라나이케 국제공항에서 콜롬보 시내까지의 대중교통이 별로 잘 되어 있지는 않지만, 공항에서 밖으로 나오면 시내버스, 좌석 버스, 택시 등을 이용할 수 있다. 공항에 도착하는 시간, 가는 목적지, 가격 등 따져 보고 자신에게 맞는 가장 안전하고 빠른 교통수단을 선택해 보자.

▶ 공항 좌석 버스

공항에서 시내로 쉽고 저렴하게 이동할 수 있는 교통수단이다. 187번 에어컨 버스가 국제공항에서 출발해서 센트럴 터미널까지 운행하며 운행 시간은 새벽 4시부터 밤 10시까지다. 요금은 120루피이며 30분 간격으로 운행하고 있다. 물론 상황에 따라 운행 간격이 변경될 수 있지만 보통 30분 간격으로 운행하고 있다. 공항에서 센트럴 터미널까지 약 1시간 10분 정도 걸린다. 아침이나 저녁 시간에는 교통 체증으로 시간이 더 걸릴 수 있기 때문에, 일정이 짧은 여행자들에게 추천하지 않는다. 공항에서 출국장 밖으로 나와 주차장 쪽(왼쪽)으로 40m 정도 직진해서 걸으면 시내로 가는 좌석 버스가 보인다.

▶ 공항 일반 버스

새벽 5시부터 밤 10시까지 이용 가능하다. 콜롬보 역이나 센트럴 터미널까지 이동할 수 있지만 비교적 시간이 많이 걸리고 운행 간격이 일정하지 않다. 또한, 일반 버스는 고속도로로 운행하지 않아 시내까지 약 1시간 30분 정도 걸린다.

▶ 공항 택시

공항 택시 부스

공항 택시는 국제공항에서 자체적으로 운영하고 있어서 매우 안전하지만 조금 비싼 편이다. 택시를 이용하는 방법은 아주 간단하다. 카운터 직원에게 가는 목적지와 원하는 차량을 얘기하면 손님에게 맞는 서비스를 소개한다. 최대 4명까지 탑승이 가능하며 차량은 일반 승용차와 봉고차 중에서 선택할 수 있다. 이용 요금은 카운터 앞에 있는 컴퓨터 화면으로 바로 확인이 가능하다.

택시 요금은 도시별로 정해져 있으며 정해진 장소 외에 다른 곳으로 이동하는 경우에 1km당 50루피가 별도로 부과된다. 콜롬보 시내까지는 약 2,600루피 정도의 요금이 나오는데, 에어컨 있는 차량과 에어컨 없는 차량에 따라 요금이 조금 달라질 수 있다. 먼저 차량을 선택하고 직원에게 여권을 제시하면 예약이

공항 좌석 버스

완료된다. 이때 직원이 발행해 주는 영수증을 잃어버리지 않게 잘 보관해야 한다. 영수증에는 이용 요금, 차량 번호, 목적지, 운전기사의 인적 사항, 출발 시간, 날짜 등이 표시되어 있다. 만일 택시에서 물품을 잃어버린 경우 해당 업체에 찾아달라고 요청하려면 영수증이 필요하므로 잘 보관하자.

예약이 완료되면 공항 밖으로 나가서 입구에 대기하고 있는 택시에 탑승하면 된다. 모든 택시는 왕복으로 이용할 수 없고 손님이 원하는 장소까지만 태워 준다. 늦은 밤에 도착하는 여행자들에게 추천하고 싶은 교통편이다.

주소 Bandaranaike International Airport Taxi Service 전화 011-223-2344 / 011-225-2861 시간 상시 오픈 위치 공항 입국장 내

▶ 민영 택시

택시 & 렌터카 업체 부스

공항 택시 카운터 바로 옆에 개인 회사에서 운영하는 택시 부스들도 있다. 이 업체들은 보통 렌터카와 택시 서비스를 함께 한다. 차량만 대여하면 렌터카, 운전기사까지 고용하면 택시 서비스가 되는 셈이다. 공항 택시와 별 차이가 없지만 아무래도 개인 회사에서 운영하기 때문에 차량 상태가 매우 좋은 편이다. 요금이나 예약 방법은 동일하며, 공항 택시와 달리 왕복 투어가 가능하다. 홈페이지에서 각 도시별로 이용 요금을 확인할 수 있다. 모든 택시는 공항에 등록되어 운행하기 때문에 안전하게 이용할 수 있다.

주소 Airport Tourist Drivers Association 전화 011-225-9217 / 핫라인 077-250-6505 홈페이지 www.atdatours.com 시간 상시 오픈 위치 공항 입국장 내

▶ 콜택시

콜택시

스리랑카를 여행하는 여행객들이 많이 이용하는 교통수단 중 하나이다. 스리랑카에 도착하기 전에 온라인이나 전화로 예약해야만 당일 이용이 가능하다. 일반 택시 요금보다 비싼 편이지만 편리하고 안전하므로, 쾌적한 택시를 원하는 여행객들에게 적극 추천한다. 콜롬보 시내로 갈 때는 물론, 공항에서 다른 도시로 가는 경우에도 이용이 가능하다.

주소 485 7/A, Gunawardena Mawatha, Wijerama, Nugegoda 전화 011-258-8588 홈페이지 www.2588588.com

▶ 버짓 택시

공항 밖으로 나가면 버짓(Budget) 택시를 이용할 수 있지만 수가 많지 않은 편이다. 버짓 택시는 차량이 크지 않아 최대 2~3명 정도 탈 수 있고, 트렁크가

▶ 콜택시 요금

운행 구간	차종	요금	비고
국제공항 – 콜롬보 시내 (콜롬보 1 ~ 콜롬보 15)	Toyota Prius / Axio	1,750루피	출국장에서 밖으로 나와 전화하는 경우
		2,500루피	이름표를 들고 출국장에서 기다리는 경우
국제공항 – 다른 도시	Toyota Prius / Axio	1km당 72루피	이름 표 850루피
고속도로를 이용하는 경우에 통행료 300루피는 별도로 지불해야 함.			

버짓 택시

시 기사가 고속도로를 이용할 것인지 손님에게 물어본다. 고속도로를 이용하게 되면 고속도로 이용 요금 300루피는 손님이 부담해야 한다. 택시 기사에 따라서 택시비와 함께 청구하기도 하고 그때그때 통행료를 요구하는 경우도 있다. 버짓 택시는 사전에 예약이 가능하다.

전화 011-259-2592

Travel Tip
이런 택시를 주의하자!
- 미터기가 없고 공항 밖에서 대기하다가 손님을 태우려는 택시.
- 미터기가 있는데도 미터로 가지 않고 이용 요금을 흥정하려는 택시.
- 저렴한 택시가 있다며 같이 가자고 하는 사람이나 택시 기사들.

▶ 픽업 서비스

호텔 예약 시 별도로 픽업 서비스를 신청할 수 있다. 일반 택시나 공항 택시보다 비싼 편이지만 가장 안전하고 쉽게 이용할 수 있다. 세관 검사를 마치고 출국장으로 나오면 여행자 이름표를 들고 기사가 공항에서 기다리고 있다. 여행자 인원이 많은 경우에 기사 외에도 안내 직원을 함께 보내 주는 경우가 있다. 예약하는 호텔 위치에 따라 요금이 정해진다. 교통이 원활하지 않는 스리랑카에서는 픽업 서비스를 이용하는 것도 좋은 방법 중 하나다.

좁아서 짐이 많으면 다 실을 수가 없다. 기본 요금은 250루피부터 시작하며, 5km가 넘어가면 1km당 50루피씩 올라간다.

미터기를 사용하지 않고 도시별로 정해진 패키지 요금(Flat Rate)으로도 이용 가능하다. 콜롬보 시내까지 가는 패키지 요금은 1,750루피인데, 미터기를 사용하면 보통 1,600루피 정도 나온다. 그래도 여행자들은 미터 요금을 믿지 못해서 패키지 요금을 선택하는 경우가 많다.

버짓 택시를 타고 콜롬보 시내까지 이동하려면 보통 1시간 넘게 걸린다. 교통 체증을 피해서 빨리 가려고 고속도로를 이용하는 경우가 있는데, 이런 경우 택

기차

스리랑카의 철도는 콜롬보의 포트 역을 중심으로 대표적인 관광 명소로 꼽히는 캔디 및 누와라 엘리야, 문화유적지로 알려진 아누라다푸라 및 폴론나루와, 해안 지역인 갈레 등과 잘 연결되어 있다. 기차는 에어컨이 있는 직통 열차, 고속 열차와 야간열차로 나뉜다. 좌석은 1등석, 2등석, 3등석으로 구별되며 서민들은 운임이 저렴한 2, 3등석을 가장 많이 이용한다. 1등석은 지정석이지만 2, 3등석은 자리

콜롬보 포트 역

가 정해져 있지 않아 빈자리가 나면 앉을 수 있다. 첫차는 새벽 5시 이후에 출발하며 막차는 대부분 7시나 8시면 끊긴다. 참고로 스리랑카에서는 열차를 자주 운행하지 않기 때문에 한번 놓치면 다음 열차까지 오랜 시간을 기다리게 될 수도 있다. 요금은 1등석 900~1,200루피, 2등석 160~370루피, 3등석 90~230루피 사이에서 결정된다. 기차표를 살 때는, 포트 역 4번 카운터에서 1, 2등석을 구매할 수 있으며 17번 카운터에서 좌석을 미리 예매할 수 있다. 표를 구매하고 나면 입구에 대기하고 있는 직원에게 보여 주고 안쪽에 있는 플랫폼으로 이동하면 된다. 아래 홈페이지를 통해 도시로 이동할 수 있는 열차 시간을 미리 확인해 보는 것이 여행 일정에 도움이 될 수 있다.

스리랑카 철도국 홈페이지 www.railway.gov.lk
콜롬보 포트 역 위치 페타 시장 근처

시외버스

센트럴 버스 터미널

스리랑카의 버스 노선망은 콜롬보를 중심으로 모든 관광 도시와 연결된다. 시외버스를 타기 위해 주로 이용하는 터미널은, 페타 시장 중심에 위치한 센트럴 버스 터미널(CTB)과 바스티안 마와타 민영 버스 터미널(Bastian Mawatha Private Bus Stand, 간단히 민영 터미널이라고 부름)이다. 시외로 이동하는 민영 버스와 국영 버스는 노선이 거의 같으며 요금도 별 차이가 없다.

첫차는 대부분 새벽 4시에서 5시 사이에 운행을 시작하며 막차는 도시별로 다르지만 밤 8시에서 10시까지 운행한다. 버스 간격은 일정하지 않은데, 대부분은 40분~1시간 간격으로 출발한다. 손님이 없는 경우에 조금 늦는 경우도 간혹 있다. 버스의 종류로는 일반 버스와 에어컨(A/C) 버스가 있는데, 에어컨(A/C) 버스 요금이 일반 버스 요금의 2배 정도 된다. 에어컨 버스 요금은 캔디까지 310루피, 아누라다푸라까지 510루피, 폴론나루와까지 395루피, 누와라엘리야까지 465루피, 갈레까지 285루피 정도 된다. 장거리를 가는 여행객들은 대부분 에어컨 버스를 이용한다.

버스에 탄 후 차장에게 행선지를 말하고 표를 구매하면 된다. 내리는 장소를 정확히 모르면 차장에게 내려달라고 부탁하면 된다.

콜롬보 센트럴 버스 터미널 위치 페타 시장

> **Travel Tip**
> **버스 요금별 특징**
> • 일반 (에어컨이 없다, 모든 정류장에 스톱, 좌석 간격이 좁다, 이동 시간이 많이 걸린다)
> • A/C (에어컨이 가동, 정해진 정류장에 스톱, 빠르고 비교적 편함)

민영 버스 터미널

🚌 콜롬보의 시내 교통

시내버스 & 뚝뚝

콜롬보 시내나 주변 소도시로 이동하는 시내버스 노선은 거미줄처럼 잘 연결되어 있지만 처음 스리랑카를 여행하는 여행객이라면 이 많은 버스들이 어디에서 어디로 가는지 확인하기 어려울 수 있다.

콜롬보 시내에서 이동할 때는 조금 비싸더라도 뚝뚝을 이용하는 것이 시간을 절약하는 데 도움이 될 수 있다. 뚝뚝은 외국인에게 높은 요금을 부르기로 유명하지만, 최근에는 미터기가 달려 있는 뚝뚝도 많이 볼 수 있다. 기본 요금은 50루피이며 1km마다 40루피씩 올라간다. 요즘은 택시 회사에 전화해서 뚝뚝을 예약할 수 있지만 길거리에서 흔히 볼 수 있어서 굳이 예약하지 않아도 된다. 만약 미터기가 없는 뚝뚝을 탄다면 미리 요금을 확인하고 이동하는 것이 좋다.

뚝뚝

콜택시

콜택시

시내나 주변 도시로 이동하기 위해 콜택시를 많이 이용한다. 택시 회사에 전화를 걸어서 탑승할 위치와 원하는 시간을 말하면 예약이 완료된다. 콜롬보 시내에서는 관광지와 멀리 떨어져 있는 경우에 추천한다. 조금 비싸지만 편리하고 안전하게 목적지까지 이동할 수 있는 장점이 있다. 요금은 기본 요금 외에 km당 추가 요금이 발생한다. 대기를 시키는 경우에 대기 요금을 별도로 지불해야 한다. 캔디까지 8,400루피, 아누라다푸라까지 14,500루피, 폴론나루와까지 16,700루피, 누와라 엘리야까지 11,800루피, 갈레까지 9,400루피 정도 발생한다. 택시 회사마다 요금 차이가 있을 수 있다.

콜롬보 1박 2일 코스

시내에서 약 13km 떨어져 있는 켈라니야 사원을 제외하면, 콜롬보의 주요 관광 명소는 서로 비교적 가깝게 자리해 있다. 느긋하게 도보 또는 뚝뚝으로 이동하면, 한나절씩 이틀이면 충분히 둘러볼 수 있다. 불교 사원은 맨발로 입장해야 하므로 땅이 달궈지기 전, 즉 하루 일정의 첫 번째 코스로 정하는 게 좋다.

1일

강가라마야 사원

— 도보 5분 —

시마말라카 사원

— 뚝뚝 3분 또는 도보 16분 —

국립박물관

도보 10분

갈레페이스 그린 또는 콜롬보 시티 투어

— 뚝뚝 15분 —

비하라마하데비 공원

— 도보 2분 —

국립미술관

2일

켈라니야 사원

— 뚝뚝 25분 —

페타시장

도보 5분

더치 호스피탈

— 도보 5분 —

세계 무역 센터

— 뚝뚝 5분 또는 도보 20분 —

자미 울 알파르 사원

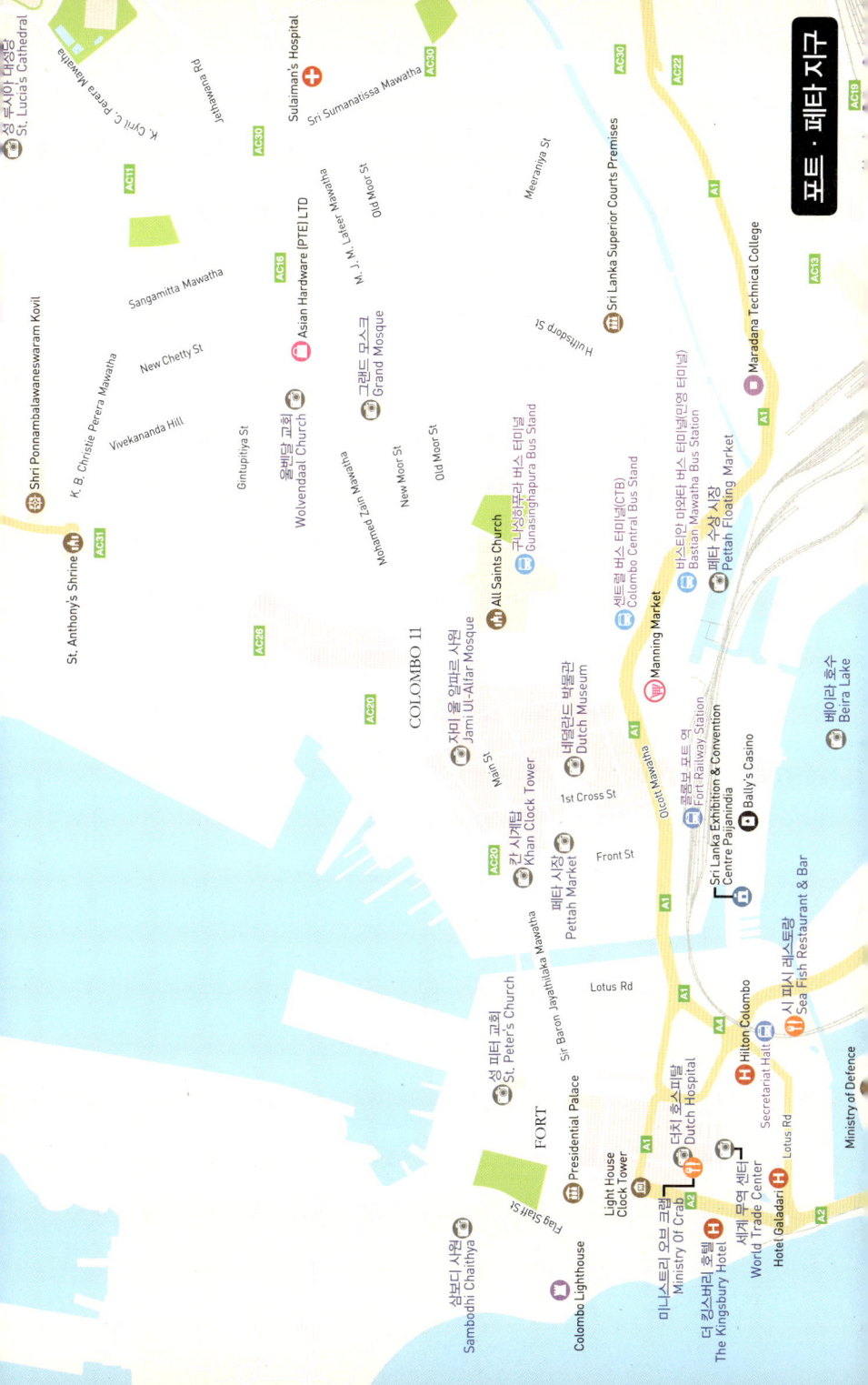

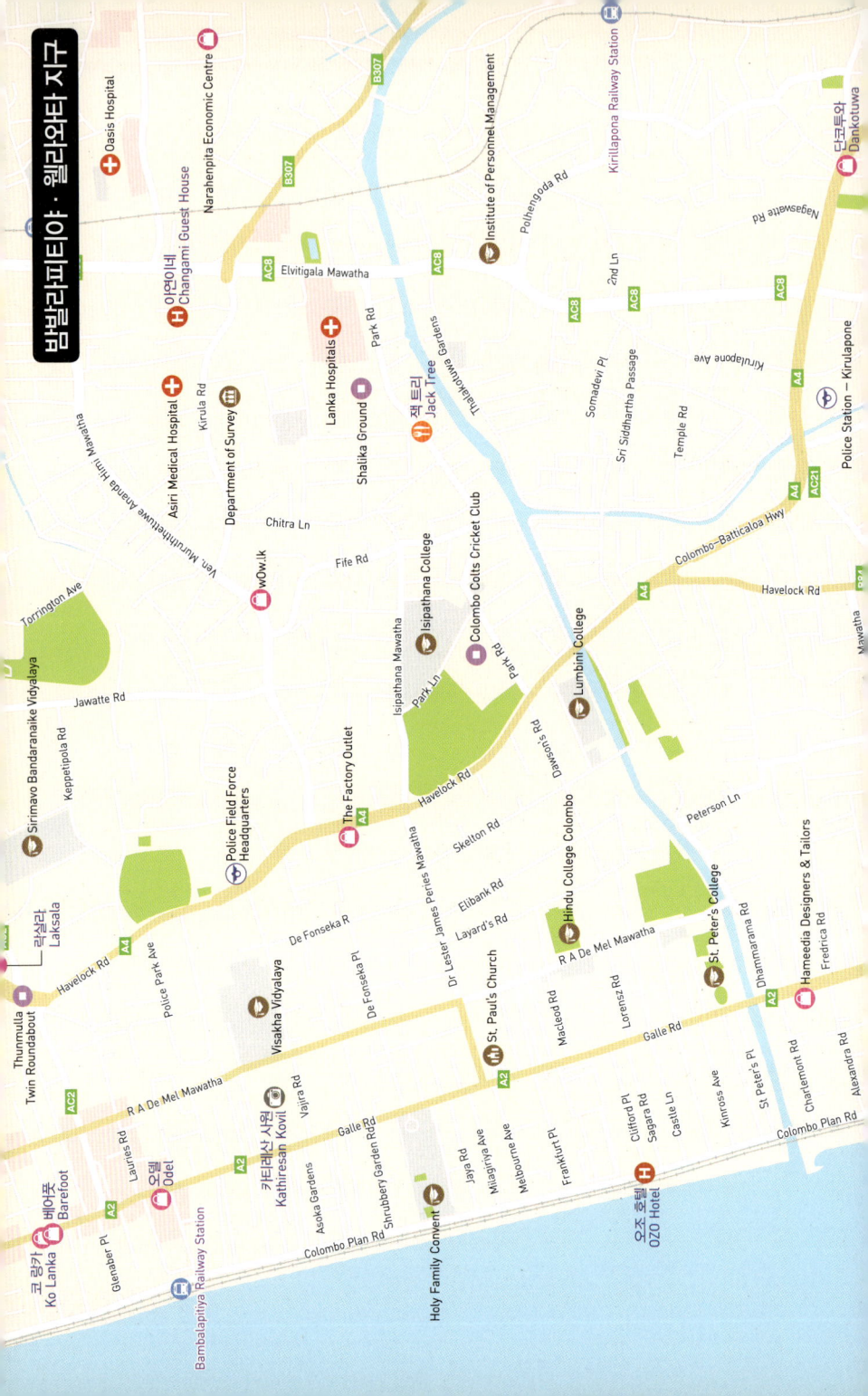

갈레 페이스 그린 Galle Face Green

황홀할 만큼 아름다운 인도양의 일몰

콜롬보 포트에서 해안선을 따라 남쪽으로 길게 뻗은, 푸른 잔디가 깔린 해변 공원이다. 1859년 영국 식민지 시대에 총독 헨리 조지 워드에 의해 조성된 공간으로, 한때 경마장, 골프장, 크리켓 경기장, 축구장 등으로 쓰였다. 이곳에서 바라보는 인도양의 일몰이 황홀할 만큼 아름다워 해 질 녘에는 가족 단위로 산책을 나온 현지인과 관광객으로 늘 붐빈다. 간단한 먹거리를 파는 매점과 나나(Nana)라는 이름을 가진 노천 레스토랑이 여러 개 있어 일몰을 바라보면서 데블스(Devels)나 꼬뚜(Kottu) 같은 스리랑카 음식들을 맛볼 수도 있다. 가격은 200~500루피 정도로 저렴하다.

위치 콜롬보 역에서 약 2.5km 떨어진 곳에 위치. 뚝뚝으로 약 10분 소요.

Travel Tip

스리랑카의 수도는?

많은 사람들이 콜롬보(Colombo)를 수도로 알고 있지만, 진짜 수도는 스리 자야 와르데네 푸라 코테(Sri Jayawardene pura Kotte)이다. 1985년 1월 28일, 스리랑카의 수도를 콜롬보에서 스리 자야 와르데네 푸라 코테로 옮겼다. 보통 스리 자야 와르데네 푸라 코테를 줄여 '코테'라고 부른다. 현재 콜롬보는 상업과 행정, 코테는 입법과 정치 업무를 담당하고 있다.

더치 호스피탈 Dutch Hospital

역사가 깊은 식민지풍 건축물

17세기 네덜란드 식민지 시대에 병원으로 쓰였던 건물로, 콜롬보 포트 지구에서 가장 오래된 식민지풍 건축물이다. 콜롬보의 여느 네덜란드 건축물처럼 벽의 두께는 50cm이며, 최적의 열과 습도를 유지하도록 설계됐다. 1996년 타밀 엘람 해방 호랑이(Liberation Tigers of Tamil Eelam, LTTE)의 공격을 받아 큰 피해를 입고, 2011년 지금의 모습으로 탈바꿈했다. 외국인이 많이 찾는 콜롬보의 대표적인 관광 명소로, 중앙의 안뜰을 둘러싸고 쇼핑 상점과 레스토랑, 마사지 숍 등이 배치되어 있다.

주소 Old Colombo Dutch Hospital, Fort, Colombo 01 **시간** 08.00~23.00 **요금** 무료 **위치** 콜롬보 역에서 약 900m 떨어진 세계 무역 센터 맞은편에 위치. 도보로 약 15분 소요.

세계 무역 센터 World Trade Center

스리랑카에서 가장 높은 건물

지상으로부터 152m까지 솟아 있는 세계 무역 센터는 스리랑카에서 가장 높고, 남아시아에선 네 번째로 높은 쌍둥이 건물이다. 1997년 10월 12일에 문을 열었고, 40층짜리 동쪽 타워와 서쪽 타워로 구성되어 있다. 스리랑카 내전 중에는 타밀 엘람 해방 호랑이(LTTE)의 공격을 여러 번 받았던 곳이다. 건물에는 대부분 사무실이 들어서 있는데, 7층에는 대한 항공이, 1층에는 생과일 주스 등의 간단한 음료와 샐러드, 빵, 스리랑카 음식, 타이 음식 등을 먹을 수 있는 푸드코트가 있다. 건물 안에 에어컨이 가동되고 있어, 잠시 쉬어 가기에 좋은 곳이다.

주소 P.O. Box 18-01, World Trade Center, Colombo 01 **전화** 011-234-6333 **홈페이지** www.wtc.lk **시간** 08:00~19:00(공휴일 휴무) **위치** 콜롬보 역에서 약 800m 떨어진 곳에 위치. 도보로 약 15분 소요.

올벤달 교회 Wolvendaal Church

18세기 네덜란드 건축 양식의 예배당

1749년에 네덜란드 사람들에 의해 세워진 교회다. 네덜란드 식민지 시대의 귀한 건축물 중 하나이자, 스리랑카에서 가장 오래된 개신교 교회 중 하나다. 네덜란드 유명 인사들의 묘비가 교회 건물을 둘러싸고 있으며, 교회 안에서는 네덜란드 양식의 가구와 장식 미술품을 감상할 수 있다. 일요일에는 영어, 싱할라어, 타밀어 등 여러 언어로 예배가 진행된다.

주소 287/A Wolvendaal Street, Colombo 13 전화 011-236-0861 홈페이지 www.crcsl.org 시간 월~토 09:00~17:00 / 일 06:30~12:00, 17:00~20:00 요금

무료 위치 콜롬보 역에서 약 3.2km 떨어진 곳에 위치. 뚝뚝으로 약 10분 소요.

성 루시아 대성당 St. Lucia's Cathedral

거대한 규모를 자랑하는 가톨릭 성당

순교 성인 루시아의 이름을 딴 성당이다. 네덜란드 식민지 시대에 지어진, 스리랑카에서 가장 크고 오래된 가톨릭 성당으로 5,000명을 동시에 수용할 수 있는 규모를 자랑한다. 육중한 이오니아식 기둥과 지붕 곳곳에 자리 잡은 일곱 개의 동상이 인상적이다. 성당 내부에는 통로를 따라 성인들의 조각상이 기둥에 쭉 나열되어 있으며, 중앙 제대 앞 왼편에는 '코타헤나의 성모(Our Lady of Kotahena)'라고 불리는 검은 피부의 성모상이 있다.

주소 Kotahena, Colombo 13 전화 011-234-2850 홈페이지 www.stlucy.lk 시간 07:00~18:00 요금 무료 위치 콜롬보 역에서 약 4.2km 떨어진 곳에 위치. 뚝뚝으로 약 10분 소요.

카티레산 사원 Kathiresan Kovil

벨 축제의 서막을 여는 사원

100년이 넘는 역사를 가진 힌두교 사원이다. 전쟁의 신 스칸다(Skanda)를 모시는 사원이지만, 힌두교도뿐만 아니라 불교도들도 자주 찾는 곳으로 유명하다. 신을 향한 기도 의식인 푸자(Puja)는 아침 7시, 저녁 6시에 한 번씩 거행된다. 매년 7월에서 8월 사이에 벨 축제(Vel Festival)가 열리는데, 꽃과 신상으로 장식한 마차가 이곳에서 출발한다. 밤발라피티야(Bambalapitiya, Colombo 4)의 갈레 로드에서 쉽게 찾을 수 있다. 입구에서 모자와 신발을 벗고 들어가야 하며, 사진 촬영은 내부, 외부 모두 금지되어 있다.

주소 P.O Box 339, Galle Road, Colombo 4 **시간** 05:30~20:00 **요금** 무료 **위치** 콜롬보 역에서 약 8km 떨어진 곳에 위치. 뚝뚝으로 약 20분 소요.

칸 시계탑 Khan Clock Tower

콜롬보의 대표적인 랜드마크

20세기 초 인도 봄베이의 칸(Khan) 일가에 의해 세워진 4층 높이의 시계탑이다. 콜롬보에서 매우 인기 있는 랜드마크로, 페타 시장(Pettah Market)으로 들어가는 입구에 위치해 있다. 시계탑의 비문에는 "이 시계탑과 분수는 콜롬보 시민들에 대한 애정 어린 감사의 표시로 프람지 비카지(Framjee Bhikhajee)의 죽음 45주기인 1923년 1월 4일, 그를 기념하기 위해 그의 아들들에 의해 세워졌다."라고 적혀 있다. 과거에는 분수를 공급했다고 하는데, 더 이상 그 기능은 없다.

주소 Janadhipathi Mw and Chatham Street, Colombo 1 **위치** 콜롬보 역에서 약 300m 떨어진 곳에 위치. 도보로 약 10분 소요.

페타 시장 Pettah Market

콜롬보인의 삶의 냄새가 풍기는 재래시장

스리랑카에서 가장 오래된 재래시장으로, 작은 상점과 노점들이 즐비해 늘 많은 사람들로 북적이는 곳이다. 간판들이 다닥다닥 붙은 건물들 사이로 사람과 손수레, 뚝뚝, 자동차들이 서로 비집고 나가느라 매우 복잡하니, 다치지 않게 조심해야 한다. 한국의 남대문 시장과 비슷한 느낌으로, 생필품부터 의복, 장신구까지 다양하고도 재밌는 물건들을 저렴한 가격에 살 수 있다. 콜롬보 사람들의 삶의 냄새가 짙게 풍기는 공간이다.

주소 Pettah, Colombo 11 **시간** 08:00~19:00 **위치** 콜롬보 역에서 약 100m 떨어진 곳에 위치. 도보로 약 5분 소요.

Travel Tip

포야(Poya)

스리랑카에는 매달 보름, 포야(Poya)라고 불리는 불교 휴일이 있다. 포야는 싱할라어로는 '보름날', 산스크리트어로는 '단식일'을 뜻하며, 불교도들이 한 달에 한 번씩 계율을 지키고 몸을 정결히 하는 날이다. 이날 스리랑카 사람들은 보통 흰 옷을 단정히 차려입고, 불교 사원을 방문해 기도를 드리거나 종교 의식에 참여하는데, 이튿날 동이 틀 때까지 명상을 하는 사람도 있다. 일 년에 열두 번 돌아오는 포야 중에서도, 부처님의 고귀한 행적이 있었던 포야 날에는 한바탕 축제가 벌어진다. 국가에서 정한 공휴일이므로 거의 모든 기업과 상점이 문을 닫으며, 간혹 문을 연 음식점도 술은 판매하지 않는다. 이날은 외국인에게조차 술을 판매하지 않는 호텔이 많으므로, 술을 즐기는 여행자의 경우에는 반드시 스리랑카 달력에서 포야 데이를 확인하는 것이 좋다.

★ **스리랑카의 공휴일 확인하기**
http://www.officeholidays.com/countries/sri_lanka

네덜란드 박물관 Dutch Museum

네덜란드 식민지 시대의 역사와 유물

프린스 거리에 있는 네덜란드 박물관은 다소 낡았지만, 네덜란드 식민지 시대의 역사를 한눈에 볼 수 있는 곳이다. 네덜란드 타운 하우스의 독특한 건축 양식을 살려 17세기 후반에 세워진 것으로, 당시 네덜란드 총독 토마스 반 리(Thomas van Rhee)의 관저였다. 이후 교사와 성직자의 양성 기관, 고아원, 병원 등으로 사용되다가, 건물 외벽이 붕괴되어 한동안 버려졌었다. 현재의 모습은 1981년에 복원된 것이며, 네덜란드 식민지 시대의 가구, 도자기, 동전, 무기와 같은, 당시의 생활과 문화를 엿볼 수 있는 다양한 유물이 전시되어 있다.

주소 Prince Street, Pettah, Colombo 01 **전화** 011-244-8466 **홈페이지** www.museum.gov.lk **시간** 08:00~16:30(공휴일 휴무) **요금** 500루피(카메라 소지 시 250루피 추가 요금) **위치** 콜롬보 역에서 약 400m 정도 떨어진 곳에 위치. 도보로 약 10분 소요.

자미 울 알파르 사원 Jami Ul-Alfar Mosque

캔디 스트라이프 외관의 이슬람 사원

1909년 페타 무슬림 공동체에 의해 설립된 이슬람교 사원이다. 눈길을 사로잡는 강렬한 캔디 스트라이프(Candy-stripe) 무늬의 외관으로 관광객들에게 인기가 있다. 과거에는 콜롬보 항구로 접근하는 선원들의 랜드마크 역할을 했다고 한다. 여자는 예배당 안으로 들어갈 수 없으며, 기도 시간은 04:59, 06:14, 12:19, 15:31, 18:21, 19:31으로 정해져 있다. 페타(Pettah) 시장 내에 위치해있다.

주소 P.O Box 225, Second Cross Street, Pettah, Colombo 11 **전화** 011-245-1975 **홈페이지** www.redmasjid.com **시간** 05:00~20:00 **위치** 콜롬보 역에서 약 900m 떨어진 곳에 위치. 도보로 약 10분 소요.

흔히 '레드 모스크(Red Mosque, 붉은 사원)'로 불린다. 이슬람교도에게 요구되는 하루 다섯 번의 기도와 금요 예배인 주마(Jummah)를 드리기 위해

페타 수상 시장 Pettah Floating Market

밤에 더욱 빛을 발하는 수상 시장

도시 개발 계획의 일환으로 2014년 8월, 베이라 호수 끝에 조성된 수상 시장이다. 물길을 따라 92개의 수상 상점이 늘어서 있으며, 지역 농산물과 수공예품 등 다양한 물품을 판매한다. 매점과 레스토랑도 있어 고요한 물을 바라보면서 여유로운 식사를 즐길 수 있다. 야경이 매우 멋진 곳이어서, 해 질 녘부터 사람들이 모이기 시작한다. 주말에는 호수에서 보트를 탈 수도 있다.

주소 W E Bastian Mawatha, Colombo **시간** 07:00~22:00 **위치** 콜롬보 역에서 약 500m정도 떨어진 곳에 위치. 도보로 약 10분 소요.

국립 박물관 National Museum

스리랑카 최대 규모의 국립 박물관

스리랑카 최대의 국립 박물관으로, 1877년 영국 총독 윌리엄 헨리 그레고리 경(Sir William Henry Gregory)이 설립한 것이다. 이탈리아 건축 양식으로 지어졌으며, 1층과 2층에 걸쳐 총 14개의 전시관이 있다. 2,500년이 넘는 스리랑카의 장구한 역사를 대변하듯, 전시관 내부는 고대 불상과 불전, 서적, 도자기, 가면 등 갖가지 유물들로 가득하다. 야자나무 껍질로 된 4,000부 이상의 수사본과 캔디 왕조 시대의 가구와 장신구 등이 특히 볼 만하다.

주소 P.O. Box 854, Sir Marcus Fernando Mw, Colombo 07 **전화** 011-269-4767 **홈페이지** www.museum.gov.lk **시간** 09:00~18:30(공휴일 휴무) **요금** 600루피(카메라 소지 시 250루피 추가 요금) **위치** 콜롬보 역에서 약 4.5km 떨어진 곳에 위치. 뚝뚝으로 약 15분 소요.

비하라마하데비 공원 Viharamahadevi Park

콜롬보 젊은이들의 데이트 장소

콜롬보에서 가장 크고 오래된 공원이다. 스리랑카를 최초로 통일한 두투가무누 왕(King Dutugamunu)의 어머니, 비하라마하데비를 기념하기 위해 만들어졌다. 영국 식민지 시대였던 조성 당시에는 빅토리아 여왕의 이름을 따서 빅토리아 공원(Victoria Park)으로 불리다가 독립 후 현재의 이름으로 바뀌었다. 거대한 황금 불상을 지나 긴 분수를 따라 공원으로 들어가면, 키 크고 잎이 우거진 나무들이 어깨를 맞대고 그늘을 만들어 준다. 현지 젊은이들이 즐겨 찾는 데이트 장소이며, 야외 콘서트 등 다양한 행사가 자주 열리는 공간이기도 하다. 국립 박물관 옆, 콜롬보 시청(Town Hall) 맞은편에 위치해 있다.

주소 Viharamahadevi Park, Colombo 07 **전화** 011-242-6900 **시간** 상시 개방 **요금** 무료 **위치** 콜롬보 역에서 약 4km 떨어진 곳에 위치. 뚝뚝으로 약 10분 소요.

콜롬보 시청 Town Hall

단아하고 웅장한 식민지풍 건축물

영국 식민지 시대인 1924년에 건설에 착수해 3년 만인 1927년에 완성된 대표적인 식민지풍 건축물이다. 단아하면서도 웅장하고, 눈이 부시도록 새하얀 시청 건물 위로 새들이 자유로이 날아다니는 풍경이 인상적이다. 시청 앞 너른 잔디밭에선 다양한 행사가 개최되곤 한다. 비하라마하데비 공원 앞에 위치해 있다.

주소 Town Hall, Colombo 07 **위치** 콜롬보 역에서 약 4km 떨어진 곳에 위치. 뚝뚝으로 약 10분 소요.

국립 미술관 National Art Gallery

스리랑카 근대 회화 미술관

스리랑카 문화부에서 운영하는 미술관으로, 180여 점의 스리랑카 근대 회화를 상설 전시하고 있다. 전시관은 하나이며, 전시 작품은 10년에 한 번씩 교체한다. 입장료도 무료, 카메라 촬영도 무료다. 또 하나의 볼거리는 미술관 앞에 있는 거리 갤러리다. 매일 미술관 앞 인도를 따라 아마추어 화가들이 자신들의 작품을 늘어놓고 판매하는데, 전시관이 아닌 거리에서 감상하는 이국의 그림들은 색다른 즐거움을 준다.

주소 P.O. Box 106, Ananda Coomaraswamy Mawatha, Colombo **전화** 011-269-3965 **홈페이지** www.cultural.gov.lk(문화부) **시간** 09:00~17:00(공휴일 휴무) **요금** 무료 **위치** 콜롬보 역에서 약 4.5km 떨어진 곳에 위치. 뚝뚝으로 약 15분 소요.

삼보디 사원 Sambodhi Chaithya

콜롬보 항이 내려다보이는 불탑 사원

콜롬보 항 입구의 마린 드라이브(Marine Drive) 위에 위치한 불교 사원이다. 불교 축제 '삼부다 자얀티(Sambuddha Jayanthi)'를 기념하기 위한 것으로, 스리랑카의 유명 엔지니어 쿨라싱헤(A. N. S. Kulasinghe)가 설계하고, 1956년에 건설되었다. 불탑 건물과 계단 건물이 고공에서 하나의 다리로 만나고 있는 구조다. 우선 뱅글뱅글 돌아가면서 계단을 오른 뒤, 아찔한 다리를 건너면, 불탑 안으로 들어갈 수 있다. 콜롬보 항이 훤히 내려다보여, 전망대로도 손색이 없는 곳이다.

주소 Chaithya Road, Colombo 01 **시간** 상시 개방 **요금** 무료 **위치** 콜롬보 역에서 약 1.5km 떨어진 곳에 위치. 뚝뚝으로 약 5분 소요.

강가라마야 사원 Gangaramaya Temple

석가모니의 머리카락 사리를 모신 사원

콜롬보에서 두 번째로 큰 불교 사원으로, '물을 다스리는 왕'이란 뜻의 이름답게 베이라 호숫가에 자리 잡고 있다. 불교 재건 운동을 주도한 승려 '히카두웨스리 나야카(Ven. Hikkaduwe Sri Sumangala Nayaka Thera)'가 경전 간행을 목적으로 1885년에 설립했다. 사원은 스리랑카, 태국, 인도, 중국의 건축 양식을 혼합한 형태이며, 규모는 크지 않지만 대법당, 보리수, 다고바(Dagoba, 불탑), 유물 박물관, 석가모니의 머리카락 사리가 보관된 보물관 등으로 구성되어 있다. 매년 2월 보름, '나왐 마하 페라헤라(Nawam Maha Perahera)'라는 유명한 축제가 이곳에서 열린다. 신발 보관소에 신발을 맡긴 뒤, 맨발로 들어가야 한다.

주소 Gangaramaya, 61 Sri jinarathana Road, Colombo 02 **전화** 011-223-27084 **홈페이지** www.gangaramaya.com **시간** 05:00~22:00 **요금** 300루피 **위치** 콜롬보 역에서 약 3km 떨어진 곳에 위치. 뚝뚝으로 약 10분 소요.

시마 말라카 사원 Seema Malaka Shrine

건축계의 거장 '제프리 바와'의 작품

19세기 후반, 베이라 호수 위에 세워진 수상 사원이다. 강가라마야 사원의 부속 사원으로, 예불이 아닌 승려들의 명상과 휴식에 사용되는 공간으로 사용되고 있다. 스리랑카 건축계의 거장 '제프리 바와(Geoffrey Bawa)'가 설계한 것으로도 유명한데, 자연과 어우러지는 건축을 추구하는 그의 작품답게 사방의 벽을 나무 살로 만들어, 그곳을 통해 빛과 바람이 안팎을 자유롭게 드나든다. 사원 둘레를 따라 모셔진 좌불들의 각기 다른 자세와 표정 속에 의외의 재미가 숨어 있다.

주소 P.O. Box 61, Sri jinarathana Road, Colombo 02　**전화** 011-232-7084　**홈페이지** www.gangaramaya.com　**시간** 09:00~17:00　**요금** 300루피　**위치** 콜롬보 역에서 약 2.5km 떨어진 곳에 위치. 뚝뚝으로 약 10분 소요.

베이라 호수 Beira Lake

도심 속의 고요한 인공 호수

콜롬보 중심가에 있는 인공 호수로, 빌딩 숲에 둘러싸여 있다. 포르투갈과 영국 식민지 시대에는 도시의 물품을 운반하는 데 사용되었고, 140년 전부터는 콜롬보 조정부(Colombo Rowing Club)의 보금자리로 사용되고 있다. 도심에 있지만 호수 주위는 매우 고요하며, 호수의 물은 갈레 페이스(Galle Face)를 지나 인도양으로 흘러 나간다.

위치 콜롬보 역에서 약 1.2km 떨어진 곳에 위치. 뚝뚝으로 약 5분 소요.

아우카나 대불 Aukana Buddha Statue

가장 완벽하게 보존된 고대 불상

아누라다푸라 근교에 있는 아우카나 대불을 복제한 불상이다. 아우카나 대불은 칼라 웨와(Kala Wewa) 저수지를 축성하는 과정에서 희생된 영혼들을 위해, 서기 5세기에 다투세나(Dhatusena) 왕이 세운 불상이다. 12m 높이에, 가사를 한쪽 팔에 길게 늘어뜨린 모습으로, 스리랑카에서 가장 완벽하게 보존된 고대 불상으로 여겨지고 있다. 콜롬보의 아우카나 불상은 비록 복제품이지만 크기나 형태가 원본과 흡사하기 때문에, 아누라다푸라에 가 보지 못한 여행자들의 아쉬움을 달래 줄 것이다.

주소 Bauddhaloka Mawatha, Colombo 07 **요금** 무료 **위치** 콜롬보 역에서 약 5.5km 떨어진 곳에 위치. 뚝뚝으로 약 15분 소요.

반다라나이케 기념관 & 국제 회의장 Bandaranaike Memorial International Conference Hall, BMICH

암살된 반다라나이케 총리의 발자취

1956년부터 암살되기 전까지 약 4년간 스리랑카 총리였던 솔로몬 반다라나이케(Solomon Bandaranaike)를 추모하기 위해 중국이 선물한 것으로, 1973년에 건설됐다. 회의장 이외의 모든 공간은 기념관으로 쓰이고 있으며, 솔로몬 반다라나이케와 그를 이어 세계 최초의 여성 총리가 된 부인 시리마보 반다라나이케(Sirimavo Bandaranaike)의 삶과 정치의 발자취를 볼 수 있는 공간이다. 각종 문서와 사진, CD 등이 전시되어 있다.

주소 Bauddhaloka Mawatha, Colombo 07. 전화 011-269-1131 홈페이지 www.bmich.lk 위치 콜롬보 역에서 약 900m 떨어진 곳에 위치. 도보로 약 10분 소요.

독립 기념관 Independence Memorial Hall

영국으로부터 독립하던 순간을 기억하다

1948년 2월 4일, 영국으로부터의 독립을 기념하기 위해 설립됐다. 입구에는 초대 수상, 세나나야케(D. S. Senanayake)의 동상이 위풍당당하게 서 있고, 무더운 한낮에도 홀에 오르면 시원한 바람이 분다. 홀의 아래층에는 2008년 문을 연 독립 기념 박물관이 있다. 영국 식민지 시대에 나라의 독립을 위해 애쓴 영웅들을 기리기 위한 공간으로, 정치 지도자, 성직자, 애국자들의 흉상과 독립 후 영국으로부터 반환된 유물들이 전시되어 있다. 독립 기념일 행사를 비롯해 각종 국가 행사가 열리는 곳이다.

주소 Independence Memorial Museum, Colombo 07 전화 011-269-1825 홈페이지 www.museum.gov.lk 시간 박물관 월~금 10:00~ 17:00 요금 박물관 300루피 위치 콜롬보 역에서 약 5km 떨어진 곳에 위치. 툭툭으로 약 15분 소요.

제프리 바와 박물관 Geoffrey bawa's Residence

자연과 건축이 하나 된 '제프리 바와'의 집

바와의 생애' 비디오를 시청한 뒤, 내부 투어가 시작되는데 모두 다 합쳐 약 40분 정도 소요된다. 콜롬보 시내에서 5km 정도 떨어진 고급 주택가에 위치해 있다.

주소 P.O Box 11, 33rd Lane, Off Bagatelle Road, Colombo 03 전화 011-433-7335 홈페이지 www.geoffreybawa.com 시간 투어 10:00, 12:00, 14:00, 15:30(공휴일 휴무) 요금 1,000루피 위치 콜롬보 역에서 약 900m 떨어진 곳에 위치. 도보로 약 10분 소요.

20세기 건축계의 거장 '제프리 바와'가 생전 기거하던 개인 주택으로, 최고의 명소 중 하나다. 자연과 건축이 잘 어우러진 이 집은 외관은 다소 평범해 보이지만, 내부에는 제프리 바와가 평생 정성껏 모은 전통 공예품부터 그가 직접 만든 가구와 조형물들이 가득해, 건축 전문가와 관광객들의 발길이 끊이지 않는다. 투어 타임(Tour Time)에 맞춰 가야 하며, 벨을 누르면 안내원이 문을 열어 준다. '제프리

> **Travel Tip**
>
> ### 제프리 바와(Geoffrey Bawa)
>
> 제프리 바와는 1919년 부유한 변호사 집안에서 태어났다. 엘리트 코스를 거쳐 변호사 생활을 시작했지만, 어머니가 이내 사망하면서 큰 충격을 받아 오랫동안 세계 곳곳을 돌아다닌다. 그러던 어느 날 이탈리아 시골 마을의 한 아름다운 주택을 보고 "나도 저런 정원이 딸린 아름다운 집을 지어야지." 하고 마음을 먹는다. 서른넷의 나이에 영국 캠브리지에 있는 건축가 양성 센터에 들어가고, 4년 뒤 귀국해 건축 사무소를 연다. 그는 식민지풍의 건축 양식을 버리고, 스리랑카의 전통 건축 양식에 서구 모더니즘을 가미한 '트로피컬 모더니즘(Tropical Modernism)'을 구현해 냈다. 자연과 건축이 함께 살아 숨 쉬고, 안팎이 유기적으로 연결되어야 한다는 그의 자연주의 철학을 고스란히 반영한 것이었다. 그는 단숨에 스리랑카 최고의 건축가가 됐고, 20세기 최고의 아시아 건축가로 이름을 날렸다. 2003년 삶을 마감하기 전까지 스리랑카와 인도, 싱가포르, 몰디브, 일본 등 여러 나라에 건축물을 남겼는데, 스리랑카에서 가장 인기가 좋은 곳은 콜롬보에 있는 '제프리 바와 박물관'과 담불라에 있는 '칸달라마 호텔(Kandalama Hotel)'이다.

사푸말 재단 갤러리 The Galleries of Sapumal Foundation

붉은 기와집의 훌륭한 예술품들

근대 예술가 해리 피에리(Harry Pieris)의 집을 개조해 만든 갤러리로, 붉은 기와지붕 밑 미로처럼 연결된 여러 개의 방에 다양한 화풍의 예술품 300여 점이 꽉꽉 들어차 있다. 1920년대 말 이후의 스리랑카 예술품들이다. 관람료가 무료라는 게 믿기지 않을 만큼 멋진 작품들이 많으니 미술에 관심 있는 사람이라면 꼭 가 보도록 하자. 이따금 특별한 미술 강의가 진행되기도 한다. 갤러리는 목요일부터 일요일까지 오전 10시부터 오후 1시까지만 개방되므로 시간에 잘 맞춰 가야 한다.

주소 32/4 Barnes place, Colombo 07 **전화** 011-269-5731 **홈페이지** www.artsrilanka.org **시간** 수~일 10:00~13:00(월·화 휴무) **요금** 무료 **위치** 콜롬보 역에서 약 4.5km 떨어진 곳에 위치. 뚝뚝으로 약 15분 소요.

물의 공원 Diyatha Uyana

여가를 위한 도심 속 작은 탈출구

복잡한 도심에서 잠시 벗어나 여가를 즐길 수 있는 공원으로, 2012년 조성됐다. 디야완나 호수(Diyawanna Lake)를 따라 산책로가 나 있어, 주로 산책과 조깅을 하거나, 자전거를 타기 위해 사람들이 찾는다. 스낵, 음료, 햄버거, 치킨 등을 파는 야외 푸드코트가 있으며, 기념품, 수제품 등을 파는 작은 시장도 열려 간단한 쇼핑을 즐길 수도 있다. 음식 값도, 물건 값도 매우 저렴한 편이다. 한쪽에 원형 수족관이 있어, 아이들에게도 인기가 좋다. 한낮에 가면 너무 더우니, 해 질 녘에 찾는 것이 좋다.

주소 Diyatha Uyana, Kotte **요금** 무료 **위치** 콜롬보 역에서 약 9km 떨어진 곳에 위치. 뚝뚝으로 약 25분 소요.

성 피터 교회 St. Peter's Church

19세기 초에 설립된 성공회 교회

성공회 분파에 속하는 교회당이다. 처음에는 네덜란드 총독의 연회장으로 사용되다가, 영국 식민지 시대인 1821년, 성 피터 교회로 변경되었다. 수요일 낮 12시 30분에 영어 예배가 있다. 교회를 안내하는 안내판이 따로 없어 길을 헤맬 수 있다. 그랜드 오리엔탈 호텔과 경찰청 사이의 좁은 골목을 따라 들어가면 그 끝에 교회가 있다.

주소 P.O Box 26, Church Street, Fort, Colombo 01 **전화** 011-236-0861 **홈페이지** www.crcsl.org **시간** 07:30~17:00 **요금** 무료 **위치** 콜롬보 역에서 약 1.2km 떨어진 곳에 위치. 도보로 약 15분 소요.

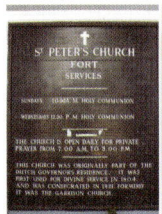

그랜드 모스크 Grand Mosque

거대하고 귀한 이슬람 사원

스리랑카 무슬림들이 귀하게 여기는 이슬람 사원이다. '그랜드 모스크(Grand Mosque)'라는 영어 이름처럼 그 규모가 매우 크며, 고대 싱할라 왕조 때 세워져 포르투갈, 네덜란드, 영국의 식민지를 거쳐 현재까지 존재하고 있다. 지금의 모습은 영국 식민지 때 확장 공사를 통해 1826년에 완성된 것이다. 1층과 2층에 넓은 기도 홀이 있으며, 1층에서 연결된 반 지하 공간에는 기도 전에 얼굴과 손발을 씻는 (우두(Wudu)라는 정결 의식) 세정소가 있다.

주소 151, New Moor Street, Colombo 12 전화 011-243-2110, 011-245-1245 홈페이지 colombograndmosque.com 위치 콜롬보 역에서 약 1.6km 떨어진 곳에 위치. 뚝뚝으로 약 5분 소요.

켈라니야 사원 Kelaniya Temple

석가모니의 마지막 방문지

스리랑카를 세 번 방문한 석가모니의 마지막 방문지로 유명하며, 흔히 '라자 마하 비하라(Raja Maha Vihara, 위대한 왕의 사원)'로 불린다. 붓다는 서로를 적대시하는 무리를 모아 놓고 다툼과 욕심의 무의함에 대해 설법했는데, 경내에 있는 흰색 다고바(Dagoba, 불탑)가 그 역사적인 장소다. 다고바 옆에 있는 법당은 중앙 홀과 3개의 방으로 구성되어 있다. 왼쪽 방에는 붓다의 스리랑카 방문을 그린 벽화, 정면 방에는 설산을 배경으로 한 붓다의 좌상, 오른쪽 방에는 와불(臥佛)이 모셔져 있다. 매년 정월 대보름, 붓다의 켈라니야 방문을 기념하는 두루투 페라헤라(Duruthu Maha Perahera), 일명 '켈라니 페라헤라(Kelani Perahera)'가 이곳에서 열린다. 불전에 바칠 향, 연꽃은 사원 앞에서 구입할 수 있으며, 향은 한 박스에 50루피, 연꽃은 열 개에 100루피 정도다.

주소 Kelaniya Rajamaha Viharaya, Kelaniya 전화 011-291-1505 홈페이지 www.kelaniyatemple.org 시간 05:00~19:00 요금 무료 위치 콜롬보 역에서 약 11.5km 떨어진 곳에 위치. 뚝뚝으로 약 25분 소요.

데히왈라 동물원 Dehiwala Zoo

아시아 최초이자 스리랑카 최대의 동물원

1936년에 설립된 스리랑카 최대의 동물원으로, 아시아 최초로 조성된 것이기도 하다. 국립 동물원 또는 콜롬보 동물원으로 불리기도 하며, 콜롬보 외곽 데히왈라 지역에 위치해 있다. 코끼리, 사슴, 얼룩말 등 약 350종, 3,000여 마리의 동물과 조류가 사육되고 있으며, 수족관과 야행성 동물관도 있어서 아이들을 위한 최적의 관광지이다. 정기적으로 코끼리 쇼, 침팬지 쇼, 바다사자 쇼도 펼쳐진다.

주소 Anagarika Dharmapala Mawatha, Dehiwala. **전화** 011-271-2752~3 **홈페이지** www.nationalzoo.gov.lk **시간** 08:30~18:00 **요금** 2,500루피 **위치** 콜롬보 역에서 약 10km 떨어진 곳에 위치. 뚝뚝으로 약 20분 소요.

콜롬보 시티 투어 Colombo City Tour

콜롬보의 낭만은 '시티 투어'에 있다

이층 버스를 타고 콜롬보 시내의 주요 관광 명소를 둘러보는 버스 투어이다. 버스는 아침 8시 30분, 오후 4시, 오후 4시 30분, 하루에 세 번 출발한다. 각 시간대별로 관광 코스와 요금이 조금씩 다르므로 확인해야 한다. 무더운 콜롬보의 날씨를 감안하면, 오후 코스를 추천한다. 오후 코스의 경우, 투어가 끝날 즈음 이층 버스에서 석양을 보게 되는데, 30달러가 아깝지 않을 만큼 무척 아름답다. 가이드는 영어로 진행하며, 케이크와 아이스커피, 생수가 제공된다. 요금은 성인 기준 1인당 25~30달러, 소요 시간은 2시간 30분~3시간 30분이다.

전화 011-281-4700 **시간** 08:30, 16:00(콜롬보 시티 투어), 16:30 **요금** 콜롬보 시티 투어 $25, 코테 행정 도시 포함 $30(여행사를 통해 예매) **위치** 더 킹스버리 호텔(The Kingsbury Hotel) 앞에서 출발.

Travel Tip

오후 시티투어 경로

더 킹스버리 호텔(The Kingsbury Hotel) 앞에서 출발 ➡ 콜롬보 구항(Old Fort Colombo) ➡ 구 국회의사당(Old Parliament) ➡ 콜롬보 등대(Colombo Light house) ➡ 삼보디 사원(Sambodhi Chaithya) ➡ 콜롬보 항만 박물관(Colombo Harbour Museum) ➡ 퀸스 거리(Queens Street) ➡ 세계무역센터(World Trade Center) ➡ 더치 호스피탈(Dutch Hospital) ➡ YMCA ➡ 그랜드 오리엔탈 호텔(Grand Oriental Hotel) ➡ 콜롬보 항(Colombo Fort) ➡ 페타 시장(Pettah Market) ➡ 콜롬보 중앙 버스 터미널(Colombo Central Bus Stand) ➡ 스리 무루간 힌두교 사원(Sri murugan Kovil) ➡ 노예의 섬 지구(Slave Island) ➡ 시마 말라카 사원(Sima Malaka Shrine) ➡ 비하라마하데비 공원(Viharamahadevi Park) ➡ 콜롬보 시청(Town Hall) ➡ 현 국회의사당 (New Parliament) ➡ 보트 투어(Boat Tour, Diyawanna Oya Lake, 약 20분간) ➡ 독립 기념관(Colombo Independence Memorial Hall) ➡ 락살라 쇼핑센터(Laksala Shopping Center)

스리랑카 사람들

1 스리랑카에선 찡그리는 사람을 찾기가 어려울 정도로 사람들이 늘 웃고 있다. 길을 가면서 지나치는 사람에게 고개를 까딱하면서 눈인사를 건네는 건 기본이다. 심지어 자동차 접촉 사고가 나도, 피해를 본 사람이 미소를 짓고 있다. 스리랑카에서 미소는 그냥 일상이다.

2 스리랑카 사람들이 자신의 휴대폰 사진기를 켜고, 사진을 같이 찍자고 할 수도 있다. 스리랑카를 여행하다 보면 으레 겪는 일이다. 외국인이기 때문에 신기하기 때문인데, 보통 서양인보다 동양인 여행자들이 더 친근하고 반갑게 느껴진다고 한다. 간혹 자신을 찍으라고 재미있는 포즈를 취해 주는 현지인들도 있다.

3 스리랑카 사람들에게 무언가를 물었을 때, 고개를 좌우로 갸웃한다면 그건 '응, 오케이'라는 긍정의 표시다. 고개를 위아래로 끄덕이는 한국과 달리, 고개를 좌우로 살짝 움직인다. 또한 한국어로 '네'는 긍정의 대답이지만, 싱할라어로 '네'는 아니요라는 뜻이다.

A : 비어르 티예너와더? (해석 : 맥주 있어요?)
B : 네. (해석 : 아니요.)

Shopping

콜롬보에는 다양한 매장이 한 건물에 모여 있는 복합 쇼핑센터가 여러 개 있다. 원하는 스타일의 쇼핑몰을 하나 골라 찾아가면, 그 안에서 모든 쇼핑을 끝낼 수 있다. 그중에서도 에어컨이 시원하게 가동되고, 아기자기한 물건이 많은 '오델(ODEL)'을 추천한다. 하지만 번거롭더라도 차(茶)는 꼭 실론티 세일 센터에서 구입하자. 저렴한 가격에 깜짝 놀랄 것이다.

독립 광장 아케이드 Arcade Independence Square
영화관이 있는 복합 쇼핑몰

'새로운 스리랑카'라는 슬로건을 내걸고 건설된 복합 쇼핑몰로, 쇼핑과 식사, 문화 생활을 한 번에 해결할 수 있는 곳이다. 영화관을 비롯해 기념품, 명품, 홍차를 파는 총 40개의 매장이 있으며, 버거킹, 일본 음식점, 카페 등 약 14개의 레스토랑이 있다. 야경이 멋져 외국인들이 많이 찾는 곳이다. 무료 주차가 가능하다.

주소 30 Bauddhaloka Mawatha, Colombo 07 홈페이지 www.arcadeindependencesquare.com 시간 07:00~23:00 위치 콜롬보 역에서 약 5.6km 떨어진 곳에 위치. 뚝뚝으로 약 15분 소요.

베어풋 Barefoot
톡톡 튀는 핸드메이드 제품

스리랑카의 대표적인 패브릭 브랜드다. 유명화가이자 예술가인 바바라 산소니(Barbara Sansoni)가 만든 브랜드로, 원사에 염색하고 직조하는 모든 과정이 모두 수작업으로 이루어진다고 한다. 남아시아 특유의 톡톡 튀는 컬러가 매력이며, 인형, 가방 같은 잡화는 물론 테이블 매트, 러너, 쿠션 커버 등 다양한 인테리어용품을 판매하고 있다. 더치 호스피탈에도 매장이 있지만, 본점인 이곳의 규모가 가장 크다.

주소 P.O Box, 704 Galle Road, Colombo 03 전화 011-258-9305 홈페이지 www.barefootceylon.com 시간 10:00~19:00(공휴일은 17:00까지) 위치 콜롬보 역에서 약 5.6km 떨어진 곳에 위치. 뚝뚝으로 약 15분 소요.

코 랑카 Ko Lanka
한국인과 손잡고 문을 연 기념품 숍

1989년에 한국인과 스리랑카인이 함께 시작한 수제 기념품 상점으로, 코리아의 '코', 스리랑카의 '랑카'를 따서 '코 랑카'라는 이름이 지어졌다. 핸드메이드 의류, 액세서리, 기념품, 공예품 등을 판매하는데, 특히 손으로 짠 실크와 100% 면제품으로 유명하다. 디자인이 베어풋과 비슷한 느낌이 들지만, 옷이 주력 상품이고 가격이 상대적으로 저렴하다는 게 다른 점이다. 2층으로 올라가면, 개당 75루피인 앙증맞은 코끼리 컵받침이 있는데 기념품으로 선물하기 좋다. 베어풋 본점 바로 옆에 위치해있다.

주소 P.O Box 702, Galle Road, Colombo 03 전화 011-259-9626 시간 09:00~19:00 (공휴일 휴무) 위치 콜롬보 역에서 약 5.6km 떨어진 곳에 위치. 뚝뚝으로 약 15분 소요.

크레스킷 블러바드 Crescat Boulevard

호텔이 운영하는 대형 쇼핑센터

시나몬 호텔에서 운영하는 3층 규모의 대형 쇼핑센터이다. 보석, 코스메틱, 아유르베다, 홍차, 의류, 기념품 등의 매장과 서점이 들어서 있다. 지하에는 대형 슈퍼마켓과 푸드코트가 있어 말레이시아, 태국 등 여러 나라의 음식을 맛볼 수 있다. 1층에는 환전소도 있다.

주소 Crescat Boulevard, Galle Road, Colombo 03 전화번호 011-554-0402 시간 10:00~23:00 위치 콜롬보 역에서 약 2.8km 떨어진 곳에 위치. 뚝뚝으로 약 8분 소요.

하우스 오브 패션 House of Fashion

스리랑카 의류의 총집합소

콜롬보에서 유명한 의류 쇼핑몰로, 남자, 여자, 아이 옷까지 모든 연령대의 옷이 총집합된 곳이다. 스리랑카 외에 인도, 유럽에서 생산된 의류를 벌크로 들여와 저렴한 가격에 판매하고 있다. 잡화와 가정용품도 판매하고 있어, 찬찬히 구경하다 보면 스리랑카의 생활 문화를 어느 정도 알 수 있을 정도다. 무료 주차가 가능하며, 사진 촬영은 금지되어 있다.

★ 층별 안내

1층 – 잡화점 2층 – 여성 의류 3층 – 남성 의류
4층 – 아동 의류 5층 – 가정용품

주소 P.O Box 101, D.S Senanayake Mawatha, Colombo 08 전화 011-232-6915 홈페이지 www.houseoffashions.lk 시간 10:00~20:00 (월요일은 17:00까지) 위치 콜롬보 역에서 약 5.5km 떨어진 곳에 위치. 뚝뚝으로 약 15분 소요.

락살라 Laksala

믿고 살 수 있는 기념품 숍

국가에서 운영하는 기념품 숍으로 전국에 14개의 매장이 있다. '스리랑카의 모든 것(All of Sri Lanka)'이라는 슬로건답게 목각 인형, 전통 가면, 홍차, 그림, 패브릭 제품 등 스리랑카에서 선물로 살 수 있는 모든 것을 판매하고 있다. 가격이 다소 비싼 편이지만, 품질이 우수한 제품만 판매하고 있어 믿고 살 수 있는 곳이다. 콜롬보 시티 투어 코스에도 포함되어 있을 정도로 스리랑카에서 적극 추천하는 기념품 숍이다.

주소 P.O Box 215, Bauddaloka Mawatha, Colombo 07 전화 011-258-0579 홈페이지 www.laksala.gov.lk 시간 09:00~21:00 위치 콜롬보 역에서 약 5.9km 떨어진 곳에 위치. 뚝뚝으로 약 15분 소요.

리버티 플라자 Liberty Plaza

복합 쇼핑센터의 시초

1980년대 후반에 문을 연, 스리랑카 최초의 복합 쇼핑센터다. 5층 건물이 의류, 잡화, 코스메틱, 액세서리, 실론티, CD·DVD 등의 매장들로 꽉 들어차 있다. 스리랑카에서 흔히 볼 수 없는 대형 쇼핑몰로 영화관과 레스토랑도 입점해 있다. 이곳의 특징은 최신형의 휴대폰과 디지털 카메라 등 전자제품을 대량으로 판매하고 있다는 점이다. 주차비는 유료다.

주소 Liberty plaza, R A D Mel mawatha, Colombo 03 전화 011-257-5935 시간 10:00~19:00(일요일 휴무) 위치 콜롬보 역에서 약 3.7km 떨어진 곳에 위치. 뚝뚝으로 약 10분 소요.

오델 Odel

스리랑카 최초의 백화점

1990년에 오픈한 스리랑카 최초의 백화점이다. 스리랑카 전역에 분점을 두고 있으며, 의류, 잡화, 화장품, 홍차 등을 다양한 상품을, 명품부터 일반 상품까지 두루 판매하고 있다. 가격이 저렴하지는 않지만, 에어컨이 나오는 쾌적한 공간에서 쇼핑할 수 있고 무료로 와이파이를 이용할 수 있다는 메리트 때문에 현지인뿐만 아니라 외국인 관광객도 많이 찾는다. 백화점 안에 환전소가 있으며, 무료 주차가 가능하다.

주소 P.O Box 30, Bauddhaloka Mawatha, Colombo 07 홈페이지 www.odel.lk 전화 011-462-5800 시간 09:00~17:00 위치 콜롬보 역에서 약 3.5km 떨어진 곳에 위치. 뚝뚝으로 약 10분 소요.

실론티 세일 센터 Ceylon Tea Sales Center

우수한 품질의 홍차를 저렴하게 사다

스리랑카 차 위원회에서 운영하는 매장으로, 정부 인증을 거쳐 해외로 수출되는 우수한 품질의 홍차를 판매하고 있다. 스리랑카에서 생산되는 거의 모든 브랜드의 홍차가 진열되어 있다고 해도 과언이 아닐 정도로 그 종류가 다양하다. 선물용으로 인기 있지만 흔히 볼 수 없는 베질루르 오르골 홍차(또는 녹차)도 이곳에는 있다. 다른 개별 실론티 매장보다 값이 매우 저렴하므로, 가능하면 차는 이곳에서 구입하는 게 좋다.

주소 P.O Box 574, Galle Road, Colombo 03 전화 011-258-7314 홈페이지 www.pureceylontea.com 시간 09:00~17:00 (공휴일, 일요일 휴무) 위치 콜롬보 역에서 약 5.8km 떨어진 곳에 위치. 자동차로 약 15분 소요.

노리다케 시티 스토어 Noritake City Store

고급 테이블웨어를 장만할 기회

홍차 마니아라면 누구나 알 만한 일본의 도자기 브랜드이다. 혼수품으로도 유명한 노리다케 테이블웨어를 한국에서 사려면 꽤 비싸지만, 그 공장이 있는 스리랑카에선 정상가의 60~70% 정도만 주고도 장만할 수 있다. 콜롬보에서 가장 큰 노리다케 매장으로, 1층과 2층에 다양한 무늬와 디자인의 테이블웨어가 가득 전시되어 있다.

주소 77 Srimath Anagarika Dharmapala Mawatha, Colombo 07 **전화** 011-233-1809 **홈페이지** www.noritake.lk **시간** 10:00~20:00(공휴일 휴무) **위치** 콜롬보역에서 약 5.5km 떨어진 곳에 위치. 뚝뚝으로 약 15분 소요.

단코투와 Dankotuwa

스리랑카의 대표 도자기 브랜드

스페인, 미국, 영국, 이탈리아, 독일 등 세계 25개국에 수출되는 스리랑카의 대표적인 도자기 브랜드이다. 실용성을 살리면서도 우아하고 세련된 디자인을 놓치지 않아 고급 호텔에서 많이 사용된다. 식기 세트, 티 포트 세트는 물론이고, 머그컵, 찻잔을 단품으로도 판매하고 있다. 먼 여행길에도 깨지지 않도록, 박스 포장을 꼼꼼히 해 준다. 가격은 노리다케에비해 저렴한 편이다.

주소 194 Highlevel Road, Kirulapone **전화** 011-566-5000 **홈페이지** www.dankotuwa.com **시간** 10:00~18:00 **위치** 콜롬보 역에서 약 9km 떨어진 곳에 위치. 뚝뚝으로 약 20분 소요.

디에스아이 DSI

온 국민이 즐겨 신는 고무 슬리퍼

1964년에 론칭한 스리랑카의 신발 브랜드다. 현재 40개국이 넘는 나라에 수출되고 있으며, 저렴한 가격에 고품질의 제품으로 세계적으로 인정받고 있다. 자전거 타이어도 함께 생산하고 있는 브랜드로, 신발 중에서도 고무로 만든 샌들이 가장 유명하다. 콜롬보를 비롯해 전국 각지에 매장이 포진해 있는데, 100m 안에 3개의 매장이 연달아 있는 경우도 있다. 스리랑카를 여행하는 동안 가장 많이 보게 되는 간판일 것이다.

바타 Bata

고무 슬리퍼 한 켤레에 단돈 500루피

1894년에 체코 기업가에 의해 세워진 글로벌 신발 브랜드다. 유럽, 아프리카, 아시아, 라틴 아메리카의 70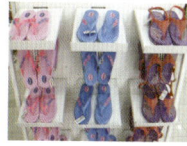
여 개국에 5,200개 이상의 소매점이 운영되고 있다. 신발 외에도 옷, 액세서리 등도 함께 유통하고 있지만, '우리는 신발을 사랑한다.(We Love Shoes.)'라는 슬로건을 보면 알 수 있듯이 신발이 주력 상품이다. 스리랑카 사람들 대부분이 신고 있는 고무 슬리퍼 한 켤레를 약 500루피도 안되는 가격에 살 수 있다. 디에스아이(DSI)와 함께 매우 흔하게 보게 되는 브랜드다.

Restaurant & Café

스리랑카의 전통 음식을 한 번쯤 제대로 먹어 보고 싶다면, '라자 보준(Raja Bojun)'을 놓치지 말자. 만일 더워서 입맛이 없거나 달콤한 게 먹고 싶다면 '더 갤러리 카페(The Gallery Café)'로 가야 한다. 30여 가지의 이색적인 케이크가 당신을 반겨줄 것이다.

망고 트리 The Mango Tree

망고나무가 있는 인도 음식점

2003년에 오픈한 인도 음식점이다. 스리랑카에 거주하는 한국인들이 단골로 다닐 만큼 맛집으로 유명한 곳으로, 비리야니를 비롯해 치킨, 생선, 채소 등을 재료로 한 다양한 인도 음식을 맛볼 수 있다. 이름처럼 입구에 실제로 망고나무가 있고, 건물은 망고처럼 연한 노란색으로 칠해져 있어, 마치 나무에서 떨어진 큰 망고 하나가 레스토랑으로 탄생한 느낌을 준다. 고급 레스토랑답게 분위기가 그윽하고 직원들도 친절하다. 음식이 빠르게 나오는 것도, 손님이 끊이지 않는 비결이다. 바를 겸하고 있어, 저녁 식사를 하면서 술을 곁들일 수도 있다.

주소 P.O Box 82, Dharmapala Mawatha, Colombo 03 **전화** 011-762-0620 / 011-230-1919 **홈페이지** www.themagotree.net **시간** 11:00~23:00 **요금** 양고기 비리야니 1,275루피, 버터 치킨 975루피, 난 250루피, 과일 주스 450루피 **위치** 콜롬보 역에서 3.9km 떨어진 곳에 위치. 뚝뚝으로 약 12분 소요.

라자 보준 Raja Bojun

스리랑카 전통 음식점

스리랑카 전통 음식점으로, 라자 보준은 '왕의 음식'을 뜻한다. 리버티 아케이드(Liberty Arcade) 4층에 있는 홀로 들어서면 귀를 펄럭이는 거대한 코끼리가 인사를 건네는데, 천장이 높고 테이블 간격이 넓어 굉장히 쾌적한 느낌을 준다. 에그 호퍼, 데블드 치킨, 다양한 종류의 카레 등 관광 책자에서 본 거의 모든 스리랑카 음식을 맛볼 수 있는 레스토랑으로, 합성 조미료와 첨가물, 트랜스 지방은 철저히 배제한다고 한다. 보통 점심과 저녁 뷔페를 많이 이용하지만, 오믈렛, 샌드위치, 시푸드, 생과일 주스 등 단품으로도 주문이 가능하다. 맥주, 와인, 위스키, 칵테일 등 술도 판매하고 있다.

주소 P.O Box 282, R.A.De Mel Mawatha, Colombo 03. **전화** 011-471-6171 **홈페이지** www.rajabojun.lk **시간** 09:00~23:30 **가격** 점심 뷔페 1,890루피, 저녁 뷔페 1,990루피 **위치** 콜롬보 역에서 3.8km 떨어진 곳에 위치. 뚝뚝으로 약 12분 소요.

타운하우스 바이 앤 코 Townhouse by & Co
간단한 식사가 가능한 찻집

리버티 아케이드(Liberty Arcade) 1층에 자리한 찻집이다. 화이트 가구로 꾸민 부드럽고 편안한 분위기의 실내에 홍차향이 은은하게 퍼지고, 잔잔한 음악이 흐른다. 찻집이지만 샌드위치와 라이스 앤 커리 등 간단한 음식을 판매하고 있다. 놀라운 것은 가격이다. 커피와 차 한 잔에 100루피, 치즈·참치·치킨 샌드위치가 150루피, 라이스 앤 커리는 단돈 300루피다. 에어컨이 나오고, 무료로 와이파이 사용이 가능해 더위에 지친 여행자에게 최적의 휴식 공간이다. 원한다면 홍차를 구입할 수도 있다.

주소 R.A.De Mel Mawatha, Colombo 03. 시간 10:00~19:00 가격 샌드위치 150루피, 차 100루피 위치 콜롬보 역에서 3.8km 떨어진 곳에 위치. 뚝뚝으로 약 12분 소요.

잭 트리 Jack Tree
미세한 맛을 살리는 태국·중국 음식점

망고 트리와 더불어 콜롬보에서 유명한 태국·중국 음식 전문점이다. 망고 트리를 개업하고 몇 년 후에 경영자 둘이 태국으로 여행을 떠났다가, 그 나라 고유 음식들에 반해 잭 트리를 오픈하게 됐다고 한다. 태국인 요리사를 초빙해, 손님들이 태국 음식의 아주 미세한 맛까지 느낄 수 있도록 노력하고 있다. 갖가지 신선한 재료로 만든 볶음밥과 똠얌꿍 등 다양한 태국 음식과 함께 중국 음식도 판매하고 있다. 서비스는 망고 트리처럼 매우 뛰어나다.

주소 P.O Box 200, Park road, Colombo 05 전화 011-762-0620 홈페이지 www.jacktree.com 시간 11:00~23:00 가격 시푸드 프라드 라이스 1,125루피, 타이 허브 라이스 995루피, 똠얌꿍 425루피 위치 콜롬보 역에서 8.2km 떨어진 곳에 위치. 뚝뚝으로 약 20분 소요.

다인 모어 Dine More
훌륭한 맛, 푸짐한 양, 저렴한 가격

스리랑카에서 처음 생긴 국제적인 패스트푸드 체인점으로 1996년에 문을 열었다. 패스트푸드라고는 하지만 샌드위치, 햄버거, 피자 외에도 스리랑카, 인도, 중국, 이탈리아의 음식을 판매하고 있다. 제일 인기 있는 메뉴는 인도 음식인 치킨 비리야니(Chicken Biriyani)인데, 가격은 430루피, 양은 둘이 먹어도 될 만큼 푸짐하다. 그 밖에 라이스 앤 커리와 탄두리 치킨, 햄버거도 많이 팔리는 메뉴로, 포장해 가는 손님도 많다. 입맛이 없다면 샐러드 바를 이용해도 좋으며, 한 접시 가득 담아 350루피다. 전체적으로 가격은 저렴하지만 음식은 훌륭한, 그래서 다시 찾게 되는 곳이다.

주소 P.O Box 60A, Dharmapala Mawatha, Colombo 03 전화 011-237-0230 홈페이지 www.dinemore.lk 시간 점심 11:00~15:00 / 저녁 17:30~23:00 가격 치킨 비리야니 430루피, 라이스 앤 커리 320루피, 탄두리 치킨 370루피 위치 콜롬보 역에서 3.8km 떨어진 곳에 위치. 뚝뚝으로 약 12분 소요.

더 갤러리 카페 The Gallery Café

제프리 바와의 사무실이 카페가 되다

세계적인 건축가 제프리 바와의 사무실이었던 공간을 카페 겸 레스토랑으로 새롭게 단장한 곳이다. 제프리 바와가 파라다이스 로드(Paradise Road) 그룹의 회장이자 예술가인 '샨트 페르난도(Shanth Fernando)'에게 사무실을 넘겨주어 1998년부터 갤러리 카페로 운영하게 된 것이다. 갤러리 카페답게 그림, 조각, 도자기 등 독특한 예술품들이 곳곳에 전시되어 있어 손님들의 눈을 즐겁게 한다. 스리랑카식과 서양식 메뉴가 있으며, 그중 흑돼지 커리(Black Pork Curry)가 인기가 좋다. 손님들은 간단히 초코 케이크와 커피를 먹기 위해 이곳을 찾기도 한다. 초콜릿을 주재료로 한 서른 개가 넘는 디저트가 매일 이곳에서 만들어지기 때문이다.

주소 P.O Box 2, Alfred house road, Colombo 03 **전화** 011-258-2162 **홈페이지** www.paradiseroad.lk **시간** 10:00~24:00 **가격** 바나나 스플릿(Banana Split) 795루피, 초콜릿 브라우니(Chocolate Borwnie with Walnut) 795루피, 흑돼지 커리(Black Pork Curry) 1,395루피 **위치** 콜롬보 역에서 5.2km 떨어진 곳에 위치. 뚝뚝으로 약 15분 소요.

미니스트리 오브 크랩 Ministry Of Crab

감칠맛 나는 게·새우 요리 전문점

세계적으로 유명한 두 명의 스리랑카 크리켓 선수가 차린 해산물 요리 전문점이다. 두 선수는 식도락가로 알려져 있는데, 그들이 겨냥한 메뉴는 해산물 중에서도 감칠맛이 강한 게와 새우였다. 게와 새우 요리가 주를 이루지만, 치킨 카레라이스 같은 비해산물 요리도 있다. 가격이 다소 비싼데, 인도양의 게 맛이 궁금하다면, 일단 맛을 보자. 외국의 관광 책자에도 맛집으로 소개되어 외국인 손님도 많이 찾기 때문에, 예약을 하고 가지 않으면 허탕을 칠 수도 있다. 더치 호스피탈 내에 위치해 있다.

주소 Old Dutch Hospital, Colombo 01 **전화** 011-234-2722 **시간** 점심 11.30 ~ 15.30 / 저녁 1800 ~ 2230 **가격** 새우 커리(Claypot Curry Prawns) 2,800루피, 게(Crab, 900g) 6,000루피 **위치** 더치 호스피탈 내

Travel Tip

스리랑카의 수식(手食) 문화

스리랑카 사람들은 식사를 할 때 도구를 사용하지 않고, 맨손으로 밥을 먹는다. 밥을 먹기 전에 손을 씻고, 밥은 먹은 후 다시 손을 씻는다. 그래서 스리랑카 식당 한쪽에 작은 세면대가 구비되어 있다. 간혹 세면대가 없을 경우, 테이블 위에 핑거 볼(Finger bowl, 손가락을 씻는 그릇)이 준비된다.

맨해튼 피시 마켓 Manhattan Fish Market

아메리칸 스타일의 해산물 레스토랑

아메리칸 스타일의 해산물 요리로 유명한 레스토랑이다. 손님이 들어서면 다 함께 큰 소리로 인사를 건네는 열정적인 직원들, 신속하고도 친절한 서비스, 그리고 생선, 오징어, 새우, 홍합 등 싱싱한 해산물로 만든 군침 도는 메뉴는 내·외국인이 꼽은 이 레스토랑의 인기 비결이다. 신 메뉴 개발에 힘써 F&B(food and beverage) 업계에서 많은 상을 받았으며, 현재 일본, 싱가포르, 말레이시아, 인도네시아, 태국, 오만, 카타르 등 아시아와 중동에 60여 개의 분점을 두고 있다. 가격이 가볍지 않은데도, 점심 시간이 되면 많은 사람들로 붐빈다.

주소 P.O. Box 31, Deal Place(Duplication Road), Colombo 03 **전화** 011-230-1901 **홈페이지** www.manhattanfishmarket.com **시간** 월~목 12:00~23:00 / 금요일13:30~24:00 / 주말 12:00~24:00 **가격** 맨해튼 피시&칩스(Manhattan Fish 'n Chips) 990루피, 틸라피아 요리(Pepper Cherry Snapper) 1190루피, 야채 샐러드&케이준 치킨(Mesclun Salad with Cajun Chicken) 640루피 **위치** 콜롬보 역에서 3.9km 떨어진 곳에 위치. 뚝뚝으로 약 12분 소요.

시 피시 레스토랑 Sea Fish Restaurant & Bar

콜롬보에서 가장 오래된 해산물 레스토랑

1969년 문을 연 콜롬보에서 가장 오래된 해산물 레스토랑이다. 모던한 인테리어에 푸른 조명이 몽환적인 느낌을 주는 곳이다. 바닷가재, 게, 새우, 홍합 등 신선한 해산물 요리를 즐길 수 있으며, 그 밖에도 샌드위치에서 파스타까지 매우 다양한 메뉴가 준비되어 있다. 점심 시간에는 스리랑카의 기본식 '라이스 앤 커리'도 저렴한 가격에 판매하고 있고, 디저트로는 초콜릿 비스킷 푸딩이 맛이 좋다. 200가지가 넘는 와인이 갖춰진 바를 함께 운영하고 있어, 원한다면 해산물 요리에 화이트 와인 한 잔을 곁들일 수도 있다.

주소 15, Sir Chitthampalam A Gardiner Mawatha, Colombo 02 **전화** 011-232-6915 **홈페이지** www.seafishcolombo.com **시간** 09:00~24:00 **가격** 마늘 새우 구이(Grilled Garlic Prawns) 2,500루피, 버터 프라이드 갑오징어(Butter fried cuttle fish) 200루피, 해산물 볶음밥 550루피 **위치** 콜롬보 역에서 1.4km 떨어진 곳에 위치. 뚝뚝으로 약 5분 소요.

Travel Tip

와인 스토어(Wine Store)

스리랑카에선 일반 식료품 가게나 푸드 시티와 같은 편의점에서 술을 팔지 않는다. 오로지 알코올 판매 허가를 받은 '와인 스토어(Wine Store)'에서만 술을 구입할 수 있다. 매표소처럼 상품을 주고받는 출입구만 개방이 되어 있고, 안팎이 창살이나 유리로 차단되어 있다. 매달 보름, 포야 데이에는 영업을 하지 않는다.

Hotel & Resort

콜롬보에는 저렴한 숙박 시설이 거의 없어, 배낭 여행자에게는 조금 부담스러울 수 있다. 호텔 대부분은 관리가 잘 되어 있어 머무는 데 불편함이 없지만, 와이파이가 객실에서는 되지 않고 로비에서만 가능한 경우가 많다.

오조 호텔 OZO Hotel

훌륭한 전망의 모던한 호텔

콜롬보 해안가에 위치해 전망이 뛰어난 호텔이다. 또한 바다와 호텔 사이에 기찻길이 하나 놓여 있어, 아침저녁으로 기차에 매달려 출퇴근하는 콜롬보 사람들의 일상을 엿볼 수 있다. 14층 건물에 총 158개의 방이 준비되어 있는데, 모던한 인테리어에 청결까지 갖춰 손님에게 만족감을 준다. 식사는 뷔페로 제공되며, 다양한 메뉴에 맛이 꽤 좋은 편이다. 가장 눈에 띄는 특징은 옥상에 위치한 바(Bar)다. 근처에서 가장 높은 건물이다 보니 일몰을 보기 위해 숙박객이 아닌 부유한 현지인들도 많이 찾으며, 주말에는 신나는 음악으로 클럽 분위기가 연출된다.

주소 P.O Box 36-38, Clifford place, Colombo 04 **전화** 011-255-5570 **홈페이지** www.ozohotel.com **요금** 15,900루피~ **위치** 콜롬보 역에서 약 7.4km 정도 떨어진 곳에 위치. 뚝뚝으로 약 20분 소요.

갈레 페이스 호텔 Galle Face Hotel

스리랑카에서 가장 오래된 호텔

1864년 영국 식민지 시대에 지어진, 스리랑카에서 가장 오래된 호텔로 갈레 페이스 그린 옆에 위치해 있다. 미국 여행가가 쓴 책 《죽기 전에 가 봐야 할 1000곳(1000 Places to See Before You Die)》에 실리기도 했으며, 마하트마 간디, 체 게바라와 같은 역사적인 인물들이 다녀간 곳이기도 하다. 전망 좋은 바닷가에 위치한 데다, 로비, 식당 등 전체적으로 영국의 왕실 분위기를 풍기고 있어서, 여행의 기분을 한껏 고조시켜 준다.

주소 P.O Box 2, Galle Road, Colombo 03 **전화** 011-254-1010 **홈페이지** www.gallefacehotel.com **요금** 22,000루피~ **위치** 콜롬보 역에서 약 1km 정도 떨어진 곳에 위치. 뚝뚝으로 약 5분 소요.

마운트 브리즈 호텔 Mount Breeze Hotel

낮은 가격 대비 쾌적한 호텔

유명한 마운트 라비니아 해변 근처에 위치한 호텔이다. 이 호텔의 가장 큰 장점은 저렴한 가격이다. 단출하지만 깔끔한 딜럭스, 스탠다드 룸을 운영하고 있으며, 선 베드가 있는 수영장을 갖추고 있다. 해변에 호텔에서 운영하고 있는 레스토랑이 있는데, 다양한 해산물 요리로 인기가 좋다. 콜롬보 중심가에서 조금 떨어져 있지만, 저렴한 가격에 편안한 환경을 원한다면 마운트 브리즈 호텔이 제격이다.

주소 P.O Box 22/5A, Off De Seram Road, Mount Lavinia **전화** 011-272-5043~4 **홈페이지** www.mountbreeze.lk **요금** 스탠더드 6,000루피~, 디럭스 9,000루피~ **위치** 콜롬보 역에서 약 13km 떨어진 곳에 위치. 뚝뚝으로 약 25분 소요.

더 킹스버리 호텔 The Kingsbury Hotel

스리랑카 최초의 5성급 호텔

스리랑카에서 최초로 건설된 5성급 호텔이다. 콜롬보 도심의 칸 시계탑 앞에 위치해 있으며, 9층 건물에 스위트룸을 포함해 약 250개의 룸을 갖고 있다. 대대적인 재단장을 거쳐 2013년 새로 오픈해, 고급스러운 느낌이 한층 강해졌다. 로비로 들어서면 우아한 클래식 음악이 흘러나와 마치 연회장에 온 듯한 느낌이 든다. 해안에서 100m도 되지 않는 곳에 위치해 있어 전망이 매우 좋으며, 조식은 뷔페식으로 양식, 중식, 즉석 요리, 갖가지 디저트가 준비되어 있다. 디너 때는 라이브 공연이 펼쳐진다.

주소 P.O Box 48, Janadhipathi Mawatha, Colombo 01 **전화** 011-242-1221 **홈페이지** www.thekingsburyhotel.com **요금** 21,000루피~ **위치** 콜롬보 역에서 약 900m 떨어진 곳에 위치. 뚝뚝으로 약 5분 소요.

아연이네 Changami Guest House

얼큰한 한식이 일품인 게스트하우스

한국인과 스리랑카인 부부가 운영하는 게스트하우스다. 2015년에 리모델링을 거쳐서 내부가 매우 깔끔하며, 객실은 총 6개로 모두 에어컨이 설치되어 있다. 가정집 같은 편안한 분위기에, 주인이 직접 만든 얼큰한 한식으로 하루 두 끼를 해결할 수 있는 곳이다. 무료로 와이파이 사용이 가능하며, 24시간 프런트 데스크를 운영하고 있다. 공항으로부터의 픽업도 가능하며, 픽업 요금은 $30~40 정도다. 도심에서 약간 벗어난 반다라나이케 기념관 근처에 위치해 있다.

주소 P.O Box 251-10, Kirula Road, Narahenpita, Colombo 5 **전화** 070-8654-3859 / 071-180-0874 **홈페이지** www.colombogo.com **요금** 1인실 7,000루피, 2인실 8,400루피 **위치** 콜롬보 역에서 약 8km 떨어진 곳에 위치. 뚝뚝으로 약 20분 소요.

Travel Tip

핸드 비데

스리랑카 화장실에 가면, 양변기 옆에 미니 샤워기가 나지막히 걸려있다. 이는 비데용 샤워기로, 일명 핸드 비데(수동 비데)다. 대소변을 보고 반드시 물로 닦으라는 코란의 가르침에 따라, 이슬람교도들이 주로 사용한다고 한다.

스리랑카의 작은 로마

콜롬보에서 북쪽으로 약 37km, 반다라나이케 국제공항에서 불과 17km만 자동차로 달려가면 닿을 수 있는 곳이 네곰보이다. 식민지 시대의 주요 무역항이자 일찍이 기독교가 전파된 항구 도시로, 상당수가 가톨릭교도라서 '작은 로마(Little Rome)'라고 불리기도 한다. 아침 일찍 돛단배들이 출어하는 모습이 장관을 이루며, 원한다면 돛단배 관광을 할 수도 있다. 스리랑카의 다른 도시에 비해 볼거리가 많지는 않지만 콜롬보에서 워낙 가깝기 때문에 콜롬보와 묶어서 가볍게 관광할 수 있는 도시라고 할 수 있다. 대표적인 관광 명소로는, 새벽에 열리는 어시장, 네곰보 해변과 석호, 성 마리아 성당 등이 있다.

네곰보에서 꼭 해야 할 일! BEST 3
1. 활기찬 새벽 어시장 구경하기
2. 바닷가에서 카누와 오루와를 배경으로 사진 찍기
3. 중고책 장터가 있는 있는 카페에서 여유롭게 식사하기

네곰보 가는 방법

반다라나이케 국제공항에서 네곰보까지는 약 9km의 짧은 거리지만, 밤늦게나 새벽에 도착하는 경우에 대중교통 이용이 어려울 수 있다. 공항에서 바로 네곰보로 이동하는 경우 공항 택시나 미터 택시를 이용하는 것이 좋다. 요금은 800~1,000루피 정도다.
만약 콜롬보 시내에서 네곰보로 이동하는 여행객이라면 센트럴 터미널이나 민영 버스 터미널에서 일반 버스 혹은 에어컨(A/C) 버스를 타고 네곰보로 이동하면 된다. 첫차는 새벽 04:30부터 운행하며 막차는 밤 10:20까지 이어진다. 콜롬보 포트에서 출발하는 경우에 약 1시간 걸린다.
포트 역에서 기차를 타고 갈 수도 있는데 이때 첫차는 새벽 04:00부터 밤 20:20까지 운행한다. 요금은 1등석 140루피, 2등석 70루피 정도이다.

네곰보의 시내 교통

네곰보에 도착한 다음에 관광 명소로 이동할 때는 뚝뚝을 타면 되는데, 대부분 200~250루피면 충분히 갈 수 있다. 호텔이나 게스트하우스가 모여 있는 루이스 플레이스(Lewis Pl.)까지 대중교통을 이용한다면 터미널에서 905번 버스를 타면 된다.

네곰보 시내에서 다른 지역으로 이동할 때는 네곰보 터미널에서 출발하는 민영 버스나 국영 버스를 타면 된다. 각 지역으로 출발하는 버스편이 새벽 05:30부터 밤 20:00까지 운행한다.

네곰보 반나절 코스

네곰보는 콜롬보에서 자동차로 약 1시간 거리에 있어, 콜롬보 여행 일정에서 반나절을 떼어 가볍게 관광하기에 좋다. 여유롭게 해수욕을 하지 않는 이상, 주요 관광 명소를 둘러보는 데는 반나절이 채 걸리지 않는다. 하나 알아 둘 건, 어시장의 활기찬 풍경을 보기 위해선 콜롬보에서 새벽에 출발해야 한다는 것!

네곰보 석호

뚝뚝 11분

네곰보 어시장

뚝뚝 5분 또는 도보 20분

네곰보 해변

뚝뚝 10분

성 마리아성당

네곰보 어시장 Fish Market

네곰보 어부들의 활기찬 삶터

어시장은 네곰보 최고의 명소다. 매일 새벽, 어선에서 갓 내린 신선한 생선이 활발히 거래되는 곳이다. 상어, 참치, 정어리, 고등어와 각종 해산물이 판매된다. 네곰보 사람들 대다수가 가톨릭교도이기 때문에, 주일인 일요일에는 문을 열지 않는다. 이곳에서는 바다와 더불어 살아가는 어부들의 짭조름하면서도 진한 삶의 모습을 볼 수 있다.

주소 Negombo Fish Market, Negombo 시간 02:00~10:00 / 15:00~19:00(일요일 휴무) 위치 네곰보 버스 터미널에서 약 2km 떨어진 곳에 위치. 뚝뚝으로 약 10분 소요.

네곰보 해변 Negombo Beach

돛단배가 떠 있는 그림 같은 해변

눈부신 황금 모래 해변이다. 푸른 바다 위에 유유히 떠있는 카누와 오루와(Oruwa, 나무로 만든 전통 돛단배)를 바라보면서 일광욕을 즐길 수 있다. 또한 다양한 수상 스포츠를 체험할 수 있는데, 약 50년 전 난파된 길이 75m의 '쿠다파두와(Kudapaduwa)호'가 있는 곳은 아름다운 산호와 다채로운 물고기가 유독 많아 최고의 다이빙 스폿으로 꼽힌다. 해변 한쪽에선 햇볕 아래서 일광욕을 즐기고 있는 꾸들꾸들한 정어리들을 볼 수 있다.

위치 네곰보 버스 터미널에서 약 4.5km 떨어진 곳에 위치. 뚝뚝으로 약 15분 소요.

성 마리아 성당 St. Mary's Church

예술성이 뛰어난 가톨릭 성당

그랜드 거리(Grand Street)에 위치해 있는 성 마리아 성당은 네곰보의 랜드마크이다. 외관이 핑크빛인 이 가톨릭 성당은 1922년에 지어졌으며, 벽과 기둥에는 신고전주의 양식이 반영되었다. 천장에는 다양한 성인(聖人)들의 모습이 그려져 있고, 각 기둥 벽에는 성인의 조각상이 매달려 있다. 천장에 '그리스도의 삶'을 묘사한 그림은 고다만네(N.S. Godamanne)라는 불교 화가가 그린 것이다. 예술성이 뛰어난 성 마리아 교회를 두고 사람들은 '치명적인 아름다움'이라고 표현하는데, 한 번 들어가면 나오고 싶지 않을 정도로 정말 평온하고 아름다운 곳이다. 매주 일요일 오전 7시 30분에 영어 예배가 있다.

주소 St Mary's Church, Grand Street, Negombo **전화** 031-222-2128 **시간** 05:30~12:00, 15:00~20:30 **요금** 무료 **위치** 네곰보 버스 터미널에서 약 2km 떨어진 곳에 위치. 뚝뚝으로 약 10분 소요.

네곰보 석호 Negombo Lagoon

자연이 만든 물새들의 안식처

바다의 일부분이 떨어져 나와 생긴 호수를 석호, 영어로는 라군(Lagoon)이라고 부른다. 네곰보 석호는 네곰보 앞바다가 산호군에 둘러싸여 자연적으로 만들어진 호수이다. 네곰보 석호에는 광대한 맹그로브(Mangrove, 강가나 늪지에서 뿌리가 지면 밖으로 나오게 자라는 열대 나무) 습지가 있는데, 그곳에는 가마우지, 왜가리, 해오라기, 도요새 등 다양한 종류의 물새가 서식한다. 네곰보에 들어서면, 바다보다 먼저 만나는 것이 바로 이 석호이다. 석호에 긴 낚싯대를 드리운 중년의 사내들과 그 옆에 놓인 플라스틱 양동이는 네곰보의 인상적인 풍경이다.

위치 네곰보 버스 터미널에서 약 2~3km 떨어진 곳에 위치. 뚝뚝으로 약 10분 소요.

Restaurant & Café

네곰보는 작은 어촌 마을이라서 에어컨이 구비된 레스토랑이나 카페를 찾기가 쉽지 않다. 소박한 카페에 들러 간단한 식사를 즐기자.

돌체 비타 Dolce Vita

책 장터가 있는 이탈리안 레스토랑

2007년부터 스리랑카 여성이 이탈리아인 남편과 함께 운영하고 있는 카페 겸 레스토랑이다. 안뜰 테이블에 앉으면 바다가 보이고, 바닷바람이 살랑인다. 스파게티, 피자와 같은 이탈리아 음식과 함께 커피와 생과일 주스, 빵과 케이크 등을 파는데, 최근의 인기 메뉴는 '멀티 시드 브레드(Multi Seed Bread)'라는 수제 빵으로, 맛이 담백하고 고소하다. 오전 8시에 오픈하기 때문에, 아침 식사 손님도 많다. 안뜰 한쪽에는 책과 CD가 가지런히 놓여 있는 나무 벤치가 있는데, 여행객들이 여행 중 책을 교환해 읽을 수 있도록, 작은 중고책 장터를 마련해 놓은 것이다. 마음에 드는 책이 있다면 저렴한 가격에 구입할 수 있다.

주소 27 Poruthota Road, Ettukala, Negombo **전화** 031-227-4968 **시간** 08:30~22:30(월요일 휴무) **위치** 네곰보 버스 터미널에서 약 4km 떨어진 곳에 위치. 뚝뚝으로 약 15분 소요.

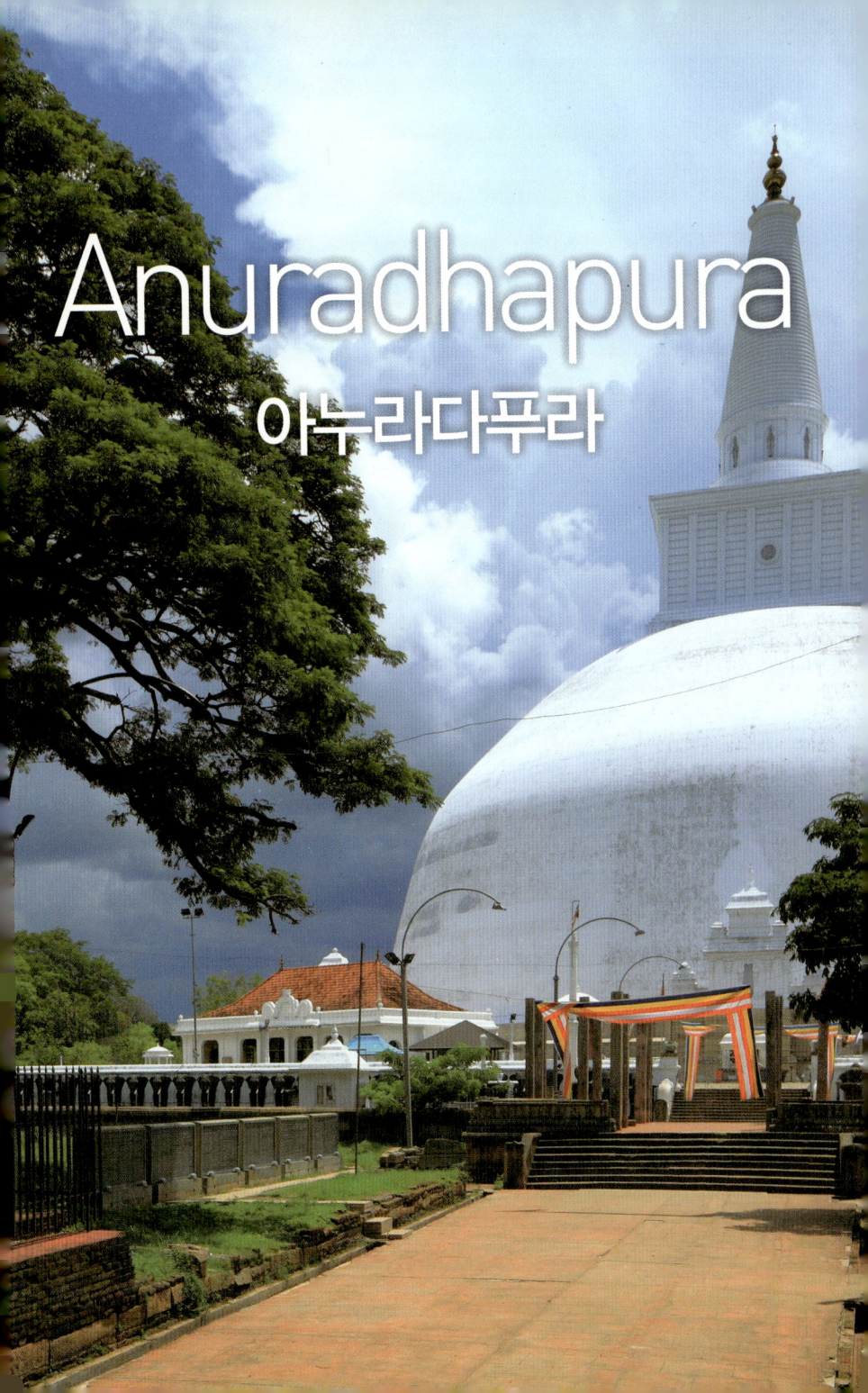

깨달음의 나무가 있는 중부 내륙의 신성 도시

스리랑카 중북부의 신성 도시, 아누라다푸라는 도시 전체가 유네스코 세계 문화유산으로 지정되어 있다. 기원전 380년에 건설되어 1,300년 간 싱할라 왕조의 수도였다. 데바남피야 팃사(Devanampiya Tissa) 왕이 불교를 받아들이면서 거대한 사원과 불탑이 많이 지어졌고, 특히 붓다가 그 밑에서 깨달음을 얻은 인도 보드가야 보리수의 적자 '스리 마하 보리수'가 있어 불교 순례자들이 많이 찾는 도시다. 관광 명소의 대부분은 유적지 구역(Ancient Town)에 모여 있다. 고고학 박물관에서 통합 입장권을 구입해 한 번에 쭉 둘러보면 된다. 유적지 입구부터 모자와 신발을 벗어야 하며, 민소매, 짧은 치마, 반바지와 같이 노출이 심한 복장을 해선 안 된다. 온통 돌바닥이라 발바닥이 데일 정도로 매우 뜨거우니, 아쿠아 삭스와 같은 도톰한 양말을 준비해 가는 게 좋다.

아누라다푸라에서 꼭 해야 할 일! BEST 3
1. 불교 건축물이 모여 있는 유적지 구역 관광
2. '마힌다'의 흔적이 남아 있는 미힌탈레 방문
3. 소문난 맛집 '망고 망고'에서 기력 충전

아누라다푸라 가는 방법

공항에서 내려서 아누라다푸라까지 가려면 2가지 방법이 있다. 하나는 콜롬보 시내로 가서 기차나 시외버스를 타는 방법이고, 또 하나는 공항에서 가까운 네곰보(Negombo) 터미널로 가서 아누라다푸라행 일반 버스를 타는 방법이다. 대부분의 관광객들은 버스 노선이 많은 콜롬보의 센트럴 버스 터미널이나 민영 버스 터미널, 포트 역을 많이 이용한다.
이때 터미널에 따라 버스 출발 시간, 도착 시간, 배차 간격이 다르다는 점을 감안해야 한다. 센트럴 버스 터미널에는 에어컨(A/C) 버스 노선이 잘 발달되어 있는 반면, 민영 터미널에는 일반 버스 노선이 잘 발달되어 있다. 콜롬보에서 대중교통을 이용하는 경우에 아누라다푸라까지 4시간~4시간 30분 정도 걸린다. 어느 터미널에서 출발하든 걸리는 시간은 별 차이 없다.

아누라다푸라 역

아누라다푸라 버스 터미널

▶ 콜롬보-아누라다푸라 교통편

	첫차	막차	운행 시간	요금
기차	05:35	20:30	05:35, 06:35, 08:50, 11:50 13:45, 15:55, 19:15, 20:30	1등석 1,000루피 2등석 290루피 3등석 160루피
버스 (민영 터미널)	02:40	22:30	40분~1시간 간격	일반 270루피 A/C 525루피

아누라다푸라의 시내 교통

아누라다푸라 시내는 크게 올드 타운과 뉴 타운으로 나뉜다. 올드 타운에는 올드 버스 터미널이, 뉴 타운에는 뉴 버스 터미널이 위치하고 있다. 올드 타운 근처에 아누라다푸라 역과 모든 유적지가 몰려 있다. 만약 뉴 타운에 내리는 관광객이라면 유적지까지 15~20분 정도 걸어서 이동해야 한다. 시내 관광이 끝나고 다른 도시로 이동할 때 뉴 버스 터미널을 이용하면 된다.
아누라다푸라는 큰 관광 도시답게 버스 노선도 잘 발달되어 있지만, 대표적인 유적지를 둘러볼 때는 대중교통을 이용할 일이 없다. 하지만 모든 유적지가 한 곳에 모여 있지 않아서 대부분 자전거나 뚝뚝을 대여한다. 자전거는 숙소에서 빌리는 경우 500루피 정도 한다. 낮 시간에는 날씨가 매우 덥고 혼자 갈 경우 길을 잃을 수 있어서 자전거 대여는 추천하지 않는다. 유적지 관광을 위해 뚝뚝을 대여하는 경우, 3~4시간 기준으로 1500~2000루피 정도이다. 숙소에 요청하면 뚝뚝을 소개해 주지만, 뚝뚝 요금이 정해져 있지 않기 때문에 요금 흥정은 늘 여행객 몫이 된다.

아누라다푸라 하루 코스

아누라다푸라의 주요 관광 명소는 뚝뚝을 대절해서 이동하면, 하루면 충분히 돌아볼 수 있다. 싱할라 왕조의 유적이 모여 있는 '아누라다푸라 유적지 구역 (Ancient Town)'은 유독 볕이 강하고 그늘이 없으니, 이른 아침에 이곳을 먼저 둘러보고 이수루무니야 사원으로 이동하는 것이 좋다.

제타바나박물관

뚝뚝 2분

제타바나다고바

뚝뚝 8분

로하프라사다 & 스리마하보리수

뚝뚝 3분

루완웰리세야대탑

뚝뚝 2분

아누라다푸라 고고학박물관

뚝뚝 2분

미리사바티야다고바

뚝뚝 2분

투파라마다고바

뚝뚝 9분

아바야기리 수도원 유적
(아바야기리 박물관 · 아바야기리 다고바
· 문스톤 · 사마디 불상 · 쿠탐 포쿠나)

뚝뚝 12분

이수루무니야사원

제타바나 박물관 Jetavana Museum

제타바나의 빛나는 보물들

'제타바나의 보물(Jetavanana Treasure)'이라 부르는, 제타바나 다고바 터에서 발굴된 유물들을 전시해 놓은 박물관이다. 그 밖에 고대 로마나 인도에서 들어온 유물도 있다. 박물관은 1996년에 문을 열었으며, 석조, 도자기, 보물이 각각 전시된 3개의 방으로 구성되어 있다. 보물 전시관의 경우, 유물 관리 차원에서 에어컨을 설치해 놓아, 쾌적한 환경에서 여유롭게 관람할 수 있다. 보석들도 비교적 깔끔하게 전시되어 있다.

주소 Jetavana Museum, Anuradhapura 전화 025-222-4718 시간 07:30~17:30 요금 통합 입장권 $25(3,550루피) 위치 아누라다푸라 뉴 버스 터미널에서 약 3.6km 떨어진 곳에 위치. 뚝뚝으로 약 10분 소요.

> **Travel Tip**
>
> **통합 입장권**
>
> 제타바나 다고바, 제타바나 박물관, 아누라다푸라 고고학 박물관, 로하 프라사다, 루완웰리세야 대탑, 투파라마 다고바, 쿠탐 포쿠나, 사마디 불상, 아바야기리 다고바, 아바야기리 박물관, 미리사바티야 다고바, 이수루무니야 사원을 묶은 패키지 티켓이다. 요금은 $25(3,550루피)이며 제타바나 박물관에서 구입할 수 있다.

제타바나 다고바 Jetavanarama Dagoba

스리랑카의 기원정사

불교 부흥을 위해, 석가모니가 가장 오래 안거한 인도의 기원정사(祇園精舍)를 스리랑카에 재조성한 것이다. 3세기경, 마하세나 왕에 의해 세워질 당시 탑의 높이는 122m로 사용된 벽돌만 해도 약 9300만 개였다. 그러나 현재는 70m 정도로 그 높이가 절반 가까이 낮아졌다. 원래는 외벽에 여느 다고바처럼 회반죽이 발려 있었으나 떨어져 나가고 갈색 벽돌의 형태만이 남아 있으며, 오랜 기간 복원 공사가 이어지고 있다.

위치 제타바나 박물관에서 약 700m 떨어진 곳에 위치. 도보로 약 12분 소요.

스리 마하 보리수 Sri Maha Bodhi

2,000여 년을 살아 온 깨달음의 나무

기원전 3세기 인도 아소카(Asoka) 왕의 딸 상가미타(Sanghamitta) 공주가 가져온 보리수 묘목을 심은 것으로, 현존하는 가장 오래된 보리수이다. 붓다가 그 밑에서 깨달음을 얻은 인도 보드가야 보리수의 유일한 적자이기에 '깨달음의 나무(tree of enlightenment)'라고 불리기도 한다. 2,000여 년을 살아온 스리 마하 보리수는 이제 철 기둥을 받쳐야 버틸 수 있을 만큼 늙었지만, 꽃을 바치고 기도하는 스리랑카 사람들이 늘 그 곁을 지키고 있다. 스리랑카인들에게 스리 마하 보리수는 살아 있는 붓다라고 할 수 있다.

요금 200루피(별도) **위치** 제타바나 박물관에서 약 2.9km 떨어진 곳에 위치.

아누라다푸라 고고학 박물관 Archaeological Museum

스리랑카 유물들의 집합소

그림, 불상, 동전, 보석 등 아누라다푸라는 물론 스리랑카 전국에서 발견된 다양한 유물들을 전시하고 있는 박물관이다. 1947년에 설립됐으며, 미힌탈레(Mihintale) 불탑에서 발견된 사리함과 투파라마(Thuparama)의 모형이 특히 볼 만하다. 아누라다푸라 유적지 통합 입장권을 살 수 있는 곳으로, 공휴일 외에 매주 화요일에도 문을 닫는다.

위치 제타바나 박물관에서 약 1.8km 떨어진 곳에 위치.

로하 프라사다 Loha Prasada

천 명의 스님들을 위한 선방

2,000여 년 전 두투가무누 왕에 의해 세워진 것으로, 건립 당시 놋쇠 지붕이었기 때문에 '브라젠 궁(Brazen Palace)'이라 부른다. 그러나 사실은 궁전이 아니라 천 명의 스님과 수행원이 머무를 선방(禪房)으로 지어진 것이었다. 9층 높이에, 기둥만 해도 1,600개였다고 하니 당시 규모가 어마어마했을 것으로 짐작되지만 지금은 무너진 궁터에 돌기둥 몇 개만이 남아있다. 스리 마하 보리수 옆에 위치해 있다.

위치 제타바나 박물관에서 약 600m 떨어진 곳에 위치.

루완웰리세야 대탑 Ruwanweliseya Dagoba

스리랑카에서 가장 큰 불탑

기원전 2세기, 두투가무누 왕이 타밀로부터 아누라다푸라를 되찾은 기념으로 지은 백탑(白塔)이다. 높이 55m인 이 탑은 스리랑카에서 가장 큰 것으로, 조성 당시에는 높이 103m, 둘레 290m로 세계에서 가장 큰 탑이었다. 이 탑을 모델로 해 미얀마 사가잉(Sagaing)에 있는 카웅무다우 탑(Kaungmudaw Pagoda)이 건립되기도 했다.

아누라다푸라에서 스리 마하 보리수 다음가는 불교 성지로 탑 주위에 앉아 불경을 외거나 기도하는 사람들을 흔히 볼 수 있다. 기단에는 약 1,900마리의 검은색 돌 코끼리들이 근엄한 표정으로 탑을 수호하고 있다.

위치 제타바나 박물관에서 약 1.2km 떨어진 곳에 위치.

투파라마 다고바 Thuparama Dagoba

스리랑카에서 가장 오래된 불탑

기원전 4세기 후반 붓다의 오른쪽 쇄골사리를 모시기 위해 세운 것으로, 스리랑카에서 가장 오래된 불탑이다. 종 모양을 하고 있으며, 다고바를 중심으로 두 줄의 돌기둥이 세워져 있다. 돌기둥을 세워 지붕을 얹는 형태는 '바타다게'라고 부르는 스리랑카만의 고유한 건축 양식이다. 바타다게 양식은 폴론나루와에서 주로 발견되며, 아누라다푸라에서는 이 다고바가 유일하다. 1862년 복구 과정을 거쳐 현재의 모습을 유지하고 있다.

위치 제타바나 박물관에서 약 2km 떨어진 곳에 위치.

쿠탐 포쿠나 Kuttam Pokuna

싱할라 왕조의 놀라운 수문 기술

기원전 1세기경 조성된 인공 연못으로, 아바야기리 사원 스님들의 목욕탕 또는 수영장 용도로 만들어진 것으로 짐작된다. 보통 쌍둥이 연못(The Twin Ponds)이라고 불리는데 '쿠탐'은 쌍둥이, '포쿠나'는 연못을 의미한다. 북쪽 연못과 남쪽 연못의 길이는 각각 40m와 28m이며, 툇사웨와 저수지로부터 끌어온 물이 상상의 동물 '마카라'의 입을 통해 큰 연못으로 유입되고, 이 물이 다시 지하관을 통해 작은 연못으로 들어가는 구조이다. 고대 싱할라 왕조의 수문 기술이 얼마나 뛰어났는지 알 수 있는 유적이다.

위치 제타바나 박물관에서 약 3.2km 떨어진 곳에 위치.

사마디 불상 Samadhi Statue

삼매에 든 석가모니

쿠탐 포쿠나에서 남쪽으로 300m 떨어진 곳에 위치한 사마디부다 상은 명상의 최고 경지인 삼매(三昧, Samadhi)에 든 석가모니를 표현한 불상이다. 2.4m 높이로 화강암으로 조각됐다. 지금은 비바람을 막기 위해 지붕을 씌웠지만, 조성 당시인 4세기에는 보리수를 배경으로 붓다가 도를 깨칠 때의 모습이 그대로 표현되었다고 한다. 가만히 바라보기만 해도 시름이 해소되는 느낌을 주는 불상이다.

위치 제타바나 박물관에서 약 3.5km 떨어진 곳에 위치.

아바야기리 다고바 Abhayagiri Dagoba

75m 높이의 '평화의 언덕'

발라감 바후(Valagam Bahu) 왕에 의해 기원전 1세기에 조성된 사원이다. '평화의 언덕'이란 뜻을 가진 아바야기리 다고바에는 한때 5,000명 이상의 승려들이 거주했던 것으로 알려진다. 조성 당시에는 100m 높이의 거대한 탑이었으나, 현재는 약 75m의 높이다. 다고바를 중심으로 동서남북에 계단이 나 있으며, 동쪽과 남쪽에는 문스톤이, 서쪽에는 코끼리가 나무를 들어 올리는 모습이, 북쪽에는 붓다의 족적이 각각 조각되어 있다.

위치 제타바나 박물관에서 약 3.9km 떨어진 곳에 위치.

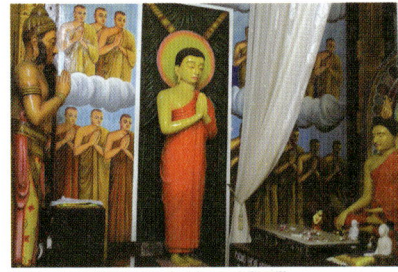

아바야기리 박물관 Abhayagiri Museum

중국 구법승 '법현'의 방문을 기념하다

아바야기리 다고바 남쪽에 위치한 박물관이다. 중국의 구법승 법현(法顯, Faxian)이 5세기경 아누라다푸라를 방문한 것을 기념하기 위해 설립한 것이다. 중국의 기금으로 세워졌으며, 종교적인 조각품을 비롯해 도자기, 보석, 접시까지 다양하면서도 흥미로운 물품들이 전시되어 있다. 실내 사진 촬영이 금지되어 있다.

위치 제타바나 박물관에서 약 3.5km 떨어진 곳에 위치.

문스톤 The Moonstone

속세와 극락이 담긴 석판

아누라다푸라 시대에 신성한 사원의 입구에만 놓았던, 정교하게 조각된 반원형의 석판이다. 반달의 모양을 하고 있어 '문스톤(Moonstone)'이라고 불린다. 문스톤은 여러 개의 띠로 이루어져 있는데, 맨 가장자리 띠에는 끊임없이 윤회하는 인간 세계의 욕망과 고통을 상징하는 불꽃 문양이, 그 다음 안쪽 띠에는 생, 로, 병, 사를 의미하는 코끼리, 말, 사자, 소 문양이 조각되어 있다. 다시 그 안쪽 띠에는 얽히고설킨 인간의 욕망과 지혜를 나타내는 뒤엉킨 식물과 꽃을 물고 있는 오리가 차례로 조각되어 있다. 반원의 중심에 조각된 연꽃은 윤회의 사슬에서 벗어난 극락세계를 의미한다.

위치 제타바나 박물관에서 약 3.8km 떨어진 곳에 위치.

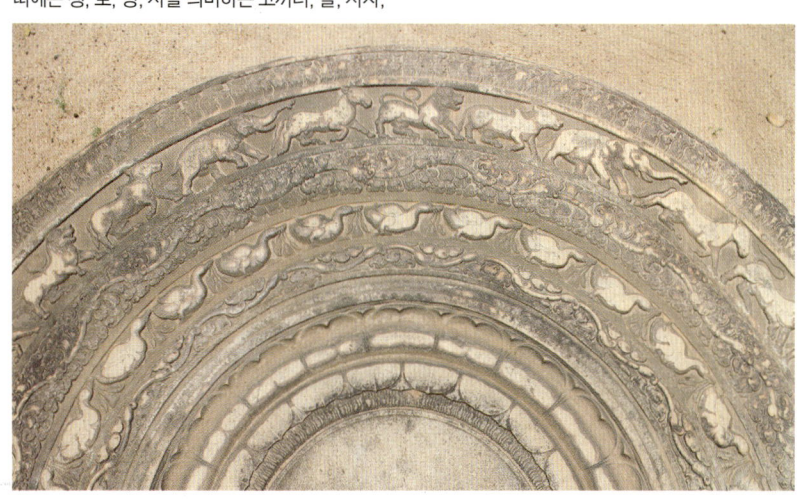

미리사바티야 다고바 Mirisavatiya Dagoba

길조를 상징하는 특별한 불탑

기원전 2세기, 두투가무누 왕이 타밀을 쫓아내고 아누라다푸라를 되찾은 뒤 처음으로 세운 탑이다. '연못물에 더위를 식히고 왕궁으로 돌아온 어느 날, 두투가무누 왕은 왕권을 상징하는 신물(Ornate Sceptre)이 사라진 것을 알게 된다. 연못에 다시 찾아가자, 신물이 물 위로 떠오르고 그 안에 붓다의 사리가 들어 있었다. 이를 길조로 여긴 왕은 특별히 탑 하나를 세우게 되는데, 그게 바로 미리사바티야 다고바'라는 이야기가 전해져 내려온다.

위치 제타바나 박물관에서 약 2.km 떨어진 곳에 위치.

이수루무니야 사원 Isurumuniya Temple

스리랑카 최초의 불교 사원

팃사웨와(Tisawewa) 저수지 동쪽에 위치한 스리랑카 최초의 불교 사원이다. 불교를 받아들인 데바남피야 팃사 왕이 인도에서 건너온 마힌다(Mahinda) 스님에게 불법을 체계적으로 배우고자 건립한 사원이다. 흔히 암석 사원(Rock Temple)이라 불리는데 실제로 바위를 뚫어 그곳에 불당을 마련하고, 바위 위에 불탑을 세웠다. 불탑에 오르면, 시야가 확 트여 도시가 한눈에 내려다보인다.

위치 제타바나 박물관에서 약 2.9km 떨어진 곳에 위치.

이수루무니야 보물관 Isurumuniya Museum

유명 조각품인 '연인상'과 '왕족상'

 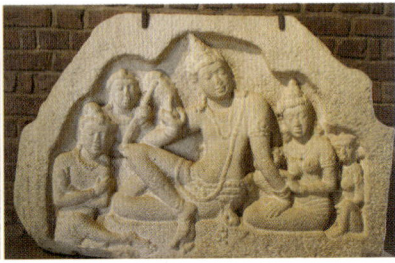

이수루무니야 사원에는 유명한 조각품이 3개 있다. 불당 앞 연못 바위에 새겨진 코끼리 조각, 그리고 보물관에 전시된 연인상(Isurumuniya Lovers)과 왕족상(Royal Family Carving)이 그것이다. 연인상은 두투가무누 왕의 아들 살리야 왕자가 왕위를 버리면서까지 평민 신분의 여인 아소카 말라와 결혼한 로맨스를 그린 작품이다. 왕족상은 두투가무누게무누 왕 내외와 살리야 왕자와 말라가 조각되어 있는데, 신분이 낮은 말라의 모습은 오른쪽 구석에, 상대적으로 작게 조각되어 있다.

요금 200루피(별도) **시간** 06:30~19:30 **위치** 이수루무니야 사원 내.

미힌탈레 Mihintale

인도의 승려 '마힌다'가 첫발을 디딘 곳

스리랑카에 불교를 처음 전한, 인도 아소카 왕의 아들 '마힌다' 스님이 스리랑카에 첫발을 디딘 곳으로 알려져 있다. 매년 6월 보름 이곳에선 마힌다 스님의 불교 전파를 기념하는 포손(Poson) 축제가 열린다. 전국에서 몰려든 사람들은 바위산 정상에 올라 보름달을 향해 절을 하고 소원을 빈다. 산 위에 자리한 미힌탈레에 가려면, 중턱까지는 차로 이동한 뒤 걸어서 올라가야 한다. 마하 비하라 사원 터와 마하세야 대탑, 암바스탈라 대탑, 마힌다 스님이 하늘에서 내려왔다는 바위산과 그가 머문 석굴로 구성되어 있다. 사원 터에서 대탑으로 가는 오르막 계단은 향기로운 아랄리야(Araliya) 꽃비가 내려 무척이나 아름답다. 또 소용돌이 머리털이 매력인 토크 마카크(Toque Macaque, 긴꼬리원숭이)가 살고 있어, 재밌는 광경이 펼쳐진다.

주소 Rajamaha Viharaya, Mihintale **시간** 07:00~17:00 **요금** 500루피(별도) **위치** 아누라다푸라 뉴 버스 터미널에서 약 17km 떨어진 곳에 위치. 뚝뚝으로 약 30분 소요.

싱하 포쿠나 Sinha Pokuna

사자가 조각된 승려들의 목욕탕

근처 동굴에 거주하던 승려들이 사용하였던 노천탕으로 추정된다. 바위 위에 노천탕을 만들고, 바위에 조각된 사자의 입을 통해 물이 밖으로 나오도록 설계했다. 2m 높이의 성난 사자 조각은 고대 스리랑카 최고의 동물 조각품 중 하나로 여겨진다.

위치 미힌탈레 사원 내

다나 살라와 Dana Salawa, The Alms Hall

옛 승려들의 생활 공간

승려들이 거주했던 공간으로, 중앙 안뜰이 있는 직사각형 구조로 되어있다. 서쪽에는 저장고가, 남쪽에는 부엌이, 북쪽에는 음식을 내어주는 공간이 있었던 것으로 추정된다. 입구에서 바라보면, 시야 끝에 거대한 화강암 그릇이 두 개 있다. 칸다 오루와(Kanda Oruwa)와 배트 오루와(Bat Oruwa)라고 불리며 각각 죽과 밥을 담았던 통인데, 수백 명도 거뜬히 먹일 수 있을 만큼 넉넉해 보인다.

위치 미힌탈레 사원 내

마하세야 대탑 Mahaseya Dagoba

붓다의 머리카락 사리를 모신 곳

미힌탈레 언덕 정상에 있는 직경 41m의 거대한 탑으로, 붓다의 머리카락 사리가 모셔져 있는 것으로 알려져 있다. 한때 폐허 상태에 있던 것을 복구해 지금의 모습이 되었다. 유적지에서 가장 높은 곳이라 아누라다푸라 시내 전체가 한눈에 들어온다. 안전을 위한 울타리가 없으므로, 추락에 주의해야 한다.

위치 미힌탈레 사원 내

암바스탈라 대탑 Ambasthala Dagoba

왕과 스님의 선문답

스리랑카에 불교를 처음 전한 마힌다 스님과 데바남피야 팃사 왕의 첫 대면 장소에 세워진 탑이다. 암바스탈라는 '망고'라는 뜻으로, 스님은 이곳에서 '망고나무'를 소재로 왕에게 질문을 던졌고, 왕은 그에 성실하게 대답한다. 선문답(禪問答), 이를 통해 데바남피야 팃사 왕은 불교에 귀의한다. 탑 옆에는 마힌다 스님의 입상이 세워져 있다. 암바스탈라 대탑은 규모가 크진 않지만, 마힌다 스님의 유골이 모셔져 있어 불교 신자들이 많이 찾는 곳이다.

위치 미힌탈레 사원 내

Travel Tip

마힌다 스님과 데바남피야 팃사 왕의 선문답(禪問答)

마힌다	왕이시여, 저는 인도에서 부처님의 진리를 전하러 온 '마힌다'라고 합니다. 이리 오시어 앉으세요. 제가 몇 가지 여쭤 봐도 되겠습니까? 왕이시여, 이 나무는 무슨 나무입니까?
데바남피야 팃사	이 나무는 망고나무라고 합니다
마힌다	이 망고나무 말고 또 다른 망고나무가 있습니까?
데바남피야 팃사	예, 이 나무 외에도 무수히 많은 망고나무가 있습니다
마힌다	그럼 이 망고나무와 다른 망고나무들 외에 또 다른 나무가 있습니까?
데바남피야 팃사	망고나무가 아닌 나무들이 많이 있습니다.
마힌다	그럼 다른 망고나무들과 망고 아닌 나무들 외에 또 다른 나무가 있습니까?
데바남피야 팃사	바로 이 망고나무가 있습니다.

아라다나 갈라 Aradhana Gala

마힌다 스님이 내려온 바위산

마힌다 스님이 하늘에서 내려왔다는 바위산이다. 마힌다 스님은 6월 보름에 이 바위산 정상에 도착해, 데바남피야 팃사 왕과 중생들에게 불교를 설파했다고 한다. 보통 '명상 바위'라고 불리는데, 스님들의 명상 터로 쓰이기도 했기 때문이다. 바위산 정상까지는 매우 가파른데, 궂은 날씨에도 이곳을 찾는 순례객들을 위해 철제 난간이 설치되어 있다. 암바스탈라 대탑의 동쪽에 위치해 있다.

위치 미힌탈레 사원 내

마힌다 스님의 석굴 The Cave of Arahant Mahinda

마힌다 스님의 쉼터

마힌다 스님이 머물면서 휴식을 취하던 석굴이다. 암바스탈라 대탑 터 한쪽에 나 있는 좁은 숲길을 내려가다 보면, 오른편에 철제 계단이 나온다. 계단을 오르면, 금색 울타리 안에 마힌다 스님이 머물렀던 자리가 잘 보존되어 있다. 매우 협소한 공간이지만, 불교도들에겐 가장 신성한 동굴로 여겨지는 곳이다.

위치 미힌탈레 사원 내

아우카나 대불 Aukana Buddha Statue

아깝게 희생된 영혼들을 기리다

담불라에서 북서쪽으로 30km 떨어진 칼라 웨와(Kala Wewa) 저수지 근처에 아우카나 대불이 있다. 높이 12m의 이 대불은 스리랑카에서 가장 완벽하게 보존된 불상으로, 칼라 웨와 저수지를 축성하는 과정에서 희생된 영혼들을 기리기 위해 서기 5세기에 다투세나 왕이 세운 것이다. 다투세나 왕은 시기리야(Sigiriya) 바위 요새를 지은 카사파 1세의 아버지로, 아들에게 왕좌를 빼앗기고 바로 이 저수지 근처에서 죽음을 당했다고 한다. 콜롬보, 돈드라, 라트나푸라, 트링코말리에 아우카나 대불을 본뜬 불상들이 세워져 있다.

주소 Aukana Rajamaha Viharaya, Aukana 시간 08:30~17:00 입장료 750루피 위치 칼라웨와(Kalawewa) 역에서 약 7km 떨어진 곳에 위치. 뚝뚝으로 약 15분 소요.

Restaurant & Café

아누라다푸라에선 가능하면 에어컨이 있는 음식점으로 들어가자. 더운 날씨에 그늘이 없는 유적지를 돌아다니다 보면 어느 순간 힘이 쫙 빠지기 마련인데, 식사라도 시원한 곳에서 해야 기력을 회복할 수 있다. 그리고 '신성 도시'이기 때문에 아누라다푸라의 모든 음식점에선 술을 판매하지 않는다는 점도 꼭 알아 두자.

워커스 Walkers

테이크아웃 가능한 레스토랑

코끼리 동상이 있는 교차로 옆에 위치한 작은 카페 겸 레스토랑이다. 라이스 앤 커리, 데블드 치킨, 볶음밥 등 스리랑카식을 기본으로 하고 있지만, 샌드위치, 감자튀김과 같은 서양식도 판매하고 있다. 사장님이 추천하는 워커스의 인기 메뉴는 현장에서 직접 짠 100% 오렌지 주스와 워커스 스페셜(Walkers special)이라고 이름 붙인 고기, 해산물, 채소를 풍부하게 넣어 만든 찹시(Chopsy) 요리다. 에어컨이 설치되어 있지 않지만 초행자들도 쉽게 찾을 수 있는 곳에 위치해 있어, 현지인뿐만 아니라 외국인 여행자도 많이 찾는 곳이다. 포장 손님이 많은 편이고, 레스토랑 옆에 빵과 간식거리

를 파는 작은 매점을 함께 운영하고 있다.

주소 Harischandra Mawatha, Anuradhapura **전화** 025-222-5200 **시간** 07:00~22:00 **가격** 라이스 앤 카레 450루피 **위치** 아누라다푸라 뉴 버스 터미널에서 약 2km 떨어진 곳에 위치. 뚝뚝으로 약 5분 소요.

망고 망고 Mango Mango Restaurant

소문이 자자한 인도 음식 전문점

2014년에 오픈한 정통 인도 음식 전문 레스토랑이다. 전면이 유리창으로 된 볕이 잘 드는 실내에는 맛집이라는 소문을 듣고 찾아온 외국인들로 늘 북적인다. 인도 음식 전문점이긴 하지만, 스리랑카, 몽골, 중국 음식도 함께 판매하고 있다. 라이스 앤 커리와 비리야니(Biryani), 데블드 치킨(Devilled Chicken) 등 모든 음식이 맛있는데, 그중 매콤하면서도 달콤한 데블드 치킨은 단연 최고다. 단, 밥 종류는 양이 많으니, 만약 여성 두 명이 방문한다면 메인 음식 하나와 사이드 메뉴를 추가로 주문하면 적당할 것이다. 디저트로는 과일 샐러드 아이스크림이 맛있다. 에어컨이 가동되어 매

우 시원하며, 내부에 빵집도 함께 운영하고 있다.

주소 Jayanthi mawatha, Anuradhapura **전화** 025-222-7501 **시간** 09:00~22:00 **가격** 인도식 비리야니 452루피, 라이스 앤 커리 250루피, 데블드 치킨 340루피 **위치** 아누라다푸라 뉴 버스 터미널에서 약 2.5km 떨어진 곳에 위치. 뚝뚝으로 약 10분 소요.

시데비 패밀리 레스토랑 Seedevi Family Restaurant

스리랑카 · 인도식 뷔페가 단돈 750루피

스리랑카식과 인도식이 혼합된 뷔페 레스토랑이다. 아침과 점심은 뷔페식으로, 저녁에는 개별 메뉴를 주문받는 방식으로 운영하고 있다. 뷔페식은 750루피로 원하는 만큼, 양껏 먹을 수 있다. 개별 메뉴 중에는 치킨 마살라와 난, 디저트 메뉴로는 야자 케이크가 인기가 좋다. 신성 도시의 음식점답게 술을 판매하지 않으며, 음식 재료로 소고기를 쓰지 않는다. 그러나 관광객들이 원할 경우, 술을 가져와 야외 테이블에서 마실 수 있고, 안주를 주문한다면 특별히 준비해 준다. 에어컨이 가동되며, 실내에 베이커리를 함께 운영하고 있다.

주소 562/B/1, Jayanthi Mawatha, Anuradhapura **전화** 025-222-5508 **홈페이지** www.seedevirestaurant.com **시간** 06:00~22:30 **가격** 뷔페 750루피 **위치** 아누라다푸라 뉴 버스 터미널에서 약 800m 떨어진 곳에 위치. 뚝뚝으로 약 5분 소요.

카세롤 레스토랑 Casserole Restaurant

맛있고 저렴한 중국 · 태국 음식점

문을 연 지 15년 된 중국·태국 요리 전문점으로, 유동 인구가 많은 도로의 건물 2층에 위치해 있다. 에어컨이 가동되고 대형 TV가 설치된 넓은 홀은 쾌적한 느낌을 준다. 손님들이 가장 만족해하는 메뉴는 나시 고렝(Nasi Goreng)이라는 볶음밥이다. 고급스런 분위기와는 다르게 음식 가격이 매우 저렴한 편이다. 치킨 나시 고렝의 경우 340루피, 파파야·파인애플 주스는 150루피, 진저 비어는 단돈 70루피로 주머니 사정이 넉넉지 않은 여행자들도 배불리 먹을 수 있는 곳이다. 포장도 가능하다.

주소 P.O. Box 279, Main Street, Anuradhapura **전화** 025-222-4443 **시간** 11:00~23:00 **가격** 치킨 나시 고렝 340루피, 치킨 프라이드 라이스 320루피, 주스 150루피 **위치** 아누라다푸라 뉴 버스 터미널에서 약 400m 떨어진 곳에 위치. 도보로 약 10분 소요.

Hotel & Resort

아누라다푸라의 숙소는 세련된 맛은 없지만, 고도(古都)다운 중후한 멋이 있다. 호텔에 도착하면 시원한 물수건을 건네고, 웰컴 주스로 손님을 맞는다. 유적지 순례로 낮 동안 뜨겁게 달궈진 몸을 식히기 위해선, 수영장이 있는 호텔을 선택하는 것이 좋다. 가끔 객실에 개미 떼가 출몰하기도 하는데, 데스크에 얘기하면 약을 뿌려 준다.

누와라웨와 레이크사이드 Nuwarawewa Lakeside Hotel

평온한 호숫가에 자리한 호텔

누와라 호숫가에 위치한 현대식 호텔이다. 호텔 안뜰에서 아름다운 호수가 내려다보여, 지친 여행자들이 평온하게 쉴 수 있는 최적의 조건을 갖추고 있다. 총 60개의 전망 좋은 객실과 수영장이 갖춰져 있으며, 조석으로 다양한 지역 요리를 맛볼 수 있다. 자전거로 오갈 수 있을 만큼 유적지 구역과 가까워 관광객들이 많이 찾는 곳이다. 유독 한낮 햇살이 뜨거운 아누라다푸라 유적지 관광을 마치고, 산책과 수영을 하면서 더위를 식히기에 좋은 호텔이다.

주소 Nuwarawewa Dharmapala Mawatha, New Town Anuradhapura 전화 025-222-2565 홈페이지 www.nuwarawewa.com 요금 슈피리어 9,800루피, 디럭스 11,500루피 위치 아누라다푸라 뉴 버스 터미널에서 약 2.4km 떨어진 곳에 위치. 뚝뚝으로 약 10분 소요.

라자라타 호텔 Rajarata Hotel

직원들의 세심하고도 유쾌한 서비스

1970년에 설립되어 40여 년이 흘렀지만, 갓 지은 것처럼 관리가 잘 된 호텔이다. 탁 트인 전망은 없지만, 마치 숲속처럼 아침이면 다양한 새소리를 들을 수 있다. 유적지 구역에서 가깝다는 것도 큰 장점이지만, 이 호텔의 후기가 좋은 건 그 무엇보다 직원들의 유쾌한 서비스에 있다. 지배인은 식사 때마다 불편한 점은 없는지, 일일이 손님들의 안부를 묻는다. 아침과 저녁 식사는 성수기의 경우 뷔페로 제공되지만, 손님이 적을 경우 서양식과 스리랑카식 코스 요리가 준비된다.

주소 P.O. Box 77, Rowing Club Road, Anuradhapura 전화 025-203-0000 홈페이지 www.rajaratahotel.lk 요금 스탠더드 9,800루피 위치 아누라다푸라 뉴 버스 터미널에서 약 2.7km 떨어진 곳에 위치. 뚝뚝으로 약 10분 소요.

란디야 호텔 Randiya Hotel

녹음이 우거진 중저가 호텔

아누라다푸라 도심에서 가까운 중저가 호텔이다. 앞마당의 잘 정돈된 화초들이 돋보이며, 전체적으로 조용하고 평온한 분위기이다. 전망이 좋진 않지만, 객실은 깨끗하고 넓은 편이다. 무료 와이파이와 에어컨이 완비된 총 14개의 룸이 있으며, 손님들의 안전을 위해 24시간 경비를 선다. 조용히 쉬고 싶은 단기 여행자에게 적합한 호텔이다.

주소 P.O. Box 394/19A, Mudhitha Mawatha, Anuradhapura 전화 025-222-2868 홈페이지 www.hotelrandiya.com 요금 스탠더드 4,500루피~ 위치 아누라다푸라 뉴 버스 터미널에서 약 2.6km 떨어진 곳에 위치. 뚝뚝으로 약 10분 소요.

워커스 파라디소 Walkers Paradiso

배낭 여행자들을 위한 소규모 호텔

아누라다푸라의 맛집 워커스(Walkers)에서 함께 운영하고 있는 소규모의 호텔이다. 누와라웨와 근처 주택가에 있는 3층 건물로, 방이 5개뿐이라서 호텔이라기보다는 게스트하우스에 가까운 느낌이다. 저렴하면서도 깨끗한 숙소를 찾는 배낭여행자들에게 인기 있는 곳이다. 모든 방에 에어컨이 설치되어 있으며, 자전거와 자동차를 렌트할 수도 있다. 시내에서는 조금 떨어져 있지만, 유적지 구역으로의 진입은 어렵지 않다.

주소 P.O. Box 4/L6, Rowing Club Road, Stage I, Anuradhapura 전화 025-222-7191 홈페이지 www.hotelrandiya.com 요금 4,800루피~ 위치 아누라다푸라 뉴 버스 터미널에서 약 3km 떨어진 곳에 위치. 뚝뚝으로 약 15분 소요.

Polonnaruwa
폴론나루와

바다 같은 호수를 품은 세계 문화유산의 도시

11세기 아누라다푸라가 타밀족에게 함락되자 싱할라 왕조가 두 번째 수도로 선택한 곳으로, 아누라다푸라와 더불어 도시 전체가 세계 문화유산으로 지정되어 있다. 파라크라마 바후 1세에 의해 거대하고도 아름다운 호수가 조성되고, 수많은 사원이 잇따라 지어지면서 중세 최고의 불교 문화 중심지가 되었다. 유적지는 거의 구시가(Old town)에 모여 있고, 그 남쪽으로 신시가(New town)가 펼쳐져 있다. 차로 유적지를 돌아보는 순례는 4시간에서 5시간 정도 소요된다. 그늘이 거의 없어 다른 지역보다 더욱 무덥게 느껴지므로 양산이나 챙이 큰 모자, 아이스 스카프, 생수 등을 챙겨 더위에 단단히 대비해야한다.

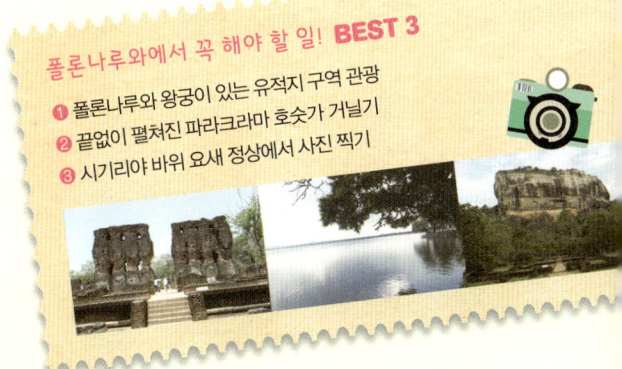

폴론나루와에서 꼭 해야 할 일! BEST 3
❶ 폴론나루와 왕궁이 있는 유적지 구역 관광
❷ 끝없이 펼쳐진 파라크라마 호숫가 거닐기
❸ 시기리야 바위 요새 정상에서 사진 찍기

폴론나루와 가는 방법

시외버스

여행객들은 폴론나루와로 갈 때 버스나 기차를 이용할 수 있다. 콜롬보에서 폴론나루와까지 가는 기차는 많지 않지만, 버스 노선은 잘 되어 있는 편이다.
콜롬보에서 출발하는 대부분의 버스나 기차는 신시가지인 카두루웰라(Kaduruwela) 뉴 타운까지만 운행한다. 볼거리가 몰려 있는 폴론나루와 유적지

는 카두루웰라의 센트럴 버스 터미널(Central Bus Stand)에서 5km 정도 떨어진 곳에 위치해 있다. 버스로 오는 여행객들은 터미널에 도착하기 전에 폴론나루와 유적지 근처에 내려 달라고 하면 된다. 기차로 온다면 카두루웰라 역에서 내려 뚝뚝을 타고 고고학 박물관에 있는 유적지 매표소까지 이동하면 된다.

	기차	버스(민영 터미널)
첫차	06:05	03:30
막차	19:00	23:30
운행 시간	06:05, 19:00	40분~1시간 간격
요금	1등석 700루피 2등석 420루피 3등석 265루피	일반 395루피

폴론나루와의 시내 교통

폴론나루와 시내 교통은 카두루웰라(Kaduruwela) 뉴 타운을 중심으로 잘 발달되어 있다. 센트럴 버스 터미널과 기차역도 카두루웰라 뉴 타운에 위치하고 있다. 카두루웰라의 센트럴 버스 터미널에서 새벽 5시 30분부터 밤 8시 30분까지 폴론나루와 각 지역으로 가는 버스 노선이 운행되고 있다.
폴론나루와에서 주변 다른 지역으로 이동하려면 버

스를 이용해야 하지만, 시내 관광을 하려면 뚝뚝을 대절하거나 자전거를 빌리는 것이 좋다. 자전거는 자전거 대여소나 게스트 하우스 등에서 빌릴 수 있고, 대여료는 300~500루피 정도이다. 뚝뚝은 카두루웰라 시내의 매표소나 정류장 근처에 대기 중인 뚝뚝을 대절하면 되는데(기사 포함), 요금은 3~4시간 기준으로 1,000~1,500루피 정도이다.

폴론나루와 역

카두루웰라 버스 터미널

폴론나루와

- 티방카 이미지 하우스 / Thivanka Image House
- 연꽃 연못 / Lotus Pond
- Perakum Uyana Railway Station
- 갈 비하라 / Gal Vihara
- 키리 비하라 / Kiri Vihara
- 란카틸라카 비하라 / Lankatilaka Vihara
- 란콧 비하라 / Rankot Vihara
- 퀴드랭글 / Quadrangle
- 시바 데발레 / Shiva Devale
- **왕궁 / Royal Palace**
- 파라크라마 바후의 회의장 / Council Chamber of King Parakramabahu the Great
- 쿠마라 포쿠나 / Kumara Pokuna
- 폴론나루와 왕궁 / Polonnaruwa Kingdom
- 폴론나루와 고고학 박물관 / Polonnaruwa Archaeological Museum
- 올드 타운 / Old Town
- 레이크 하우스 호텔 / Lake House Hotel
- 파라크라마 호수 / Parakrama Samudra
- 더 레이크 호텔 / The Lake Hotel
- 파라크라마 바후 1세 입상 / Statue of King Parakramabahu the Great
- 포트굴 비하라 / Potgul Vihara
- 수두 아랄리야 호텔 / Sudu Araliya Hotel
- 뉴 타운 / New Town
- 카두루웰라 / Kaduruwela
- 폴론나루와 역 / Polonnaruwa Railway Station
- 카두루웰라 버스 터미널 / Kaduruwela Bus Stand

Roads: Hathamuna Rd, Thivanka Pilimage Rd, Gallanbarawa Rd, Somawathiya Rd, 1st Canal Road, Somawathiya Road, Perakum Mawatha, Bund Rd, New Town Road, Ispathana Rd, Waragan Ela Rd, 2st Canal Road

폴론나루와 하루 코스

싱할라 왕조의 유적이 모여 있는 구시가(Old Town)의 유적지 구역(Archaeological Site)은 뚝뚝을 대여해 이동하면 하루면 충분히 돌아볼 수 있다. 날도 덥고 그늘이 없어서 걸어서는 하루 만에 모든 유적을 둘러보기에 절대 무리니, 반드시 뚝뚝이나 택시를 이용하자.

폴론나루와 고고학박물관
& 파라크라마 호수

뚝뚝 2분

폴론나루와 왕궁
(왕궁·파라크라마 바후의 회의장·쿠마라 포쿠나)

뚝뚝 3분

시바데발레
& 쿼드랭글

뚝뚝 5분

갈 비하라

뚝뚝 1분

린카틸라카비하라
& 키리 비하라

뚝뚝 2분

란콧 비하라

뚝뚝 6분

연꽃 연못

뚝뚝 2분

티방카 이미지 하우스

뚝뚝 12분

파라크라마바후 1세 입상
& 포트굴 비하라

폴론나루와 고고학 박물관 Polonnaruwa Archaeological Museum

신성 도시의 유물이 한자리에

폴론나루와 지역에서 출토된 다양한 유물들을 전시해 놓은 박물관이다. 사원이나 불탑 등 여러 유적들의 모형을 흡사하게 만들어 놓아 폴론나루와 유적지 답사를 시작하기에 앞서 잠시 들러서 둘러보면 좋은 곳이다. 이곳에서 유적지 구역 입장권을 판매하고 있다.

주소 Polonnaruwa Museum, Polonnaruwa **전화** 027-222-4850 **시간** 07:00~17:00 **요금** 유적지 구역 입장권에 포함 **위치** 폴로나루와 역에서 약 4.5km 떨어진 곳에 위치. 뚝뚝으로 약 10분 소요.

> **유적지 구역 입장권** Travel Tip
>
> 폴론나루와 왕궁터, 쿼드랭글, 시바 데발레, 란콧 비하라, 키리 비하라, 란카틸라카 비하라, 갈 비하라, 연꽃 연못, 티방카 이미지 하우스, 포트굴 비하라, 파라크라마 바후 1세 입상, 폴론나루와 고고학 박물관를 묶은 패키지 티켓이다. 요금은 성인 3,625루피, 어린이 1,810루피이며 고고학 박물관에서 구입할 수 있다.

파라크라마 호수 Parakrama Samudra

끝없이 펼쳐진 바다 같은 호수

건조 지대(Dry Zone)인 폴론나루와와 그 주변 지역에 풍부한 물을 공급하고자 조성된 인공 호수다. 파라크라마 바후 1세가 건설해 '파라크라마 사무드라'로 불리는데, 여기서 '사무드라'는 싱할라어로 '바다'를 뜻한다. 세 개의 저수지가 연결되어 파라크라마 호수를 이루고 있으며, 셋 중 가장 오래된 저수지는 북쪽의 토파 웨와(Topa Wewa)로 유적지 구역에서 쉽게 볼 수 있다. 호수를 왜 바다라고 칭하는지는 직접 가서 그 규모를 보면, 바로 이해가 될 것이다. 하염없이 바라보고 싶은 바다 같은 호수다.

위치 폴론나루와 고고학 박물관 앞에 위치.

폴론나루와 왕궁 Polonnaruwa Kingdom

파라크라마 바후 1세의 궁궐

싱할라 왕조의 가장 위대한 지도자로 꼽히는 파라크라마 바후 1세가 머물렀던 궁궐(Royal Palace of Parakramabahu the Great)이다. 가로 31m, 세로 13m의 부지에 높이 30m의 7층 규모로 지어졌으며, 공사 기간만 약 7년 7개월이 걸렸다고 한다. 당시에는 쉰 개의 방과 두 개의 거대한 홀을 가진 화려한 궁전이었지만, 현재는 3층 정도의 벽과 기둥만이 남아있는 상태다.

주소 Palace of King Parakramabahu, Polonnaruwa **전화** 027-222-4850 **시간** 08:00~18:00 **요금** 유적지 구역 입장권에 포함 **위치** 고고학 박물관에서 1km 떨어진 곳에 위치. 뚝뚝으로 약 5분 소요.

파라크라마 바후의 회의장 Council Chamber of King Parakramabahu the Great

아름다움이 조각된 왕의 접견실

폴론나루와 왕궁에 부속된 것으로, 왕의 접견실 또는 회의장으로 쓰였던 건물이다. 3단 구조로 되어 있는데, 맨 아랫단에는 각기 다른 표정의 코끼리들이, 두 번째 단에는 사자가, 세 번째 단에는 비슈누의 난쟁이 화신 '바마나(Vamana)'가 조각되어 있다. 세 개의 단을 오르면, 아름답게 장식된 마흔 여덟 개의 돌기둥이 4열로 세워져 있다. 기둥을 자세히 보면, 당시 대신들의 이름이 새겨져 있다.

위치 폴론나루와 유적지 구역(Archaeological Site) 내.

쿠마라 포쿠나 Kumara Pokuna

왕실 사람들의 우아한 목욕장

쿠마라 포쿠나는 싱할라어로 '왕자의 목욕터'라는 뜻으로, 왕실 사람들이 쓰던 목욕장이다. 십자형의 우아한 구조로 설계되었으며, 인접한 수로에서 물을 끌어오고, 사용한 물을 내보낼 수 있는 배출구가 설치되어 있다. 연못 근처에 옷을 갈아입는 건물이 따로 있었다고 한다.

위치 폴론나루와 유적지 구역(Archaeological Site) 내.

시바 데발레 Shiva Devale

시바의 상징 '링가'를 모신 힌두 사원

13세기 경 인도 촐라 왕조가 세운 힌두교 사원이다. 폴론나루와의 다른 힌두교 사원들에 비해 복구가 잘 이루어진 모습이다. 이 사원의 특징은 시바 신의 상징인 '링가(Linga, 남근)'가 사원의 중심에 위치하고 있다는 점이다. 힌두교도들은 링가를 시바 신으로 여겨 그것에 꽃을 바치고 기름을 붓는다. 임신이 되지 않는 여성들이 이곳에 와서 기도를 하면, 임신이 된다는 설이 있다. 입구에서 바라보면 그 끝에 링가가 보인다.

위치 폴론나루와 유적지 구역(Archaeological Site) 내.

쿼드랭글 Quadrangle

싱할라 왕조의 사원 유적 터

폴론나루와 왕궁에서 200m 떨어진 북쪽 길에 위치해 있다. 성벽으로 둘러싸인 사각형의 터 안에 싱할라 왕조의 중요한 사원 유적들이 모여 있는 곳으로, 달라다 말루와(Dalada Maluwa)라고도 불린다. 민소매나 반바지, 짧은 치마를 입어선 안 되며, 우산과 모자, 신발을 벗고 들어가야 한다. 또 하나, 불상을 등지고 사진을 찍어선 안 되므로 주의해야 한다.

위치 폴론나루와 유적지 구역(Archaeological Site) 내.

투파라마 사원 Thuparama

남아시아 건축 양식의 사원

역사학자들에 따르면 비자야 바후 1세 때 조성된 것으로, 벽돌과 회반죽으로 빚은 거대한 불상이 모셔져 있었다고 한다. 남아시아의 고대 건축 양식을 잘 보여 주는 둥근 천장과 아치형의 입구, 그리고 사원 외벽에 조각된 신상들이 볼 만하다. 내부로 들어가면 어둠 속에 여러 개의 불상들이 모셔져 있는데, 작은 창문으로 들어오는 빛을 통해 어렴풋이 보이는 붓다의 얼굴이 색다른 느낌을 준다. 누가 어떤 목적으로 건축했는지는 정확하지 않으나, 폴론나루와 사원 중에 유일하게 지붕이 남아 있는 사원이다.

바타다게 Vata Dage

온누리에 퍼지는 붓다의 가피

니산카 말라 왕의 재위 시절에 조성된 아름다운 원형 불탑 사원으로, 쿼드랭글 안에서 가장 눈에 띄는 건축물이다. 직경 18m의 원형 터 한가운데 작은 불탑이 있고, 동서남북으로 나 있는 입구마다 불상이 안치되어 있다. 사방에 불상을 안치한 이유는 '붓다의 가피가 세상에 고루 퍼진다.'라는 의미를 담고 있다. 각 입구에는 윤회를 나타내는 문스톤과 악귀를 막아 준다는 수호신장 '가드스톤'이 세워져 있다.

니산카 라타 만다파야 Nissanka Latha Mandapaya
왕이 불경을 외던 기도실

니산카 말라 왕의 개인 기도실로 쓰인 건물이다. 고대 스리랑카 건축 양식으로 지어졌으며, 각 기둥의 꼭대기에는 활짝 핀 연꽃 봉오리 형상이, 몸통에는 연꽃 줄기가 정교하게 조각되어 있다. 기둥은 직선이 아니라 세 군데에서 휜, 아주 특이한 모습을 하고 있는데, 연꽃이 바람에 흔들리는 모습을 표현한 것이라고 한다. 내부 한가운데 작고 둥근 다고바(탑)가 있는데, 상단 부분이 일부 훼손된 상태다. 돌 울타리로 둘러싸인 그곳에 들어가면, 800여 년 전 니산카 말라 왕의 독경 소리를 들을 수 있을는지도 모른다.

아타다게 Ata Dage
신성한 불치를 모신 사원

아누라다푸라에서 폴론나루와로 수도를 옮긴 뒤, 신성한 불치를 모시기 위해 비자야 바후 1세가 건립한 사원이다. 54개의 기둥을 토대로 지어진 2층 사원으로, 2층에 붓다의 사리를 모셨던 것으로 전해진다. 원래 3기의 불상이 있었지만, 현재는 하나만이 남아, 1층의 돌기둥들과 함께 한때 그곳이 불치사였음을 증명하고 있다.

하타다게 Hata Dage
아타다게의 불치를 옮기다

아타다게에 있던 붓다의 치아 사리를 옮겨 모시기 위해 니산카 말라 왕이 설립한 사원이다. 60시간 또는 60일 만에 지어졌다고 하여, '하타(Hata, 60)'다게로 불린다. 가로 27m, 세로 37m 규모의 2층 사원이었지만, 현재는 1층만 남아 있으며 돌과 벽돌로 만든 벽의 일부만이 남았다. 사원 입구로 들어가면 화강암으로 만든

3기의 입불상과 마주하게 되는데, 머리나 팔이 없는 등 그 형태가 온전치 않다.

갈포타 석장경 Galpotha-Stone Book

세계 최대의 석장경

폭 1.5m, 길이 9m, 두께 66cm에, 그 무게가 무려 25톤에 달하는 세계 최대의 석장경이다. 팔리어 경전 중 훌륭한 왕이 되는 덕목을 석판에 기록한 것으로, 니산카 말라 왕의 지시로 만들어졌다. 측면에는 두 송이의 꽃을 들고 있는 힌두교의 여신 '락슈미(Lakshmi)'와 그녀에게 물을 붓고 있는 두 마리의 코끼리가 조각되어 있고, 그 테두리로 아름다운 거위들이 장식되어 있다. 당시 힌두 문화의 영향을 받은 것으로 보이는 이 석장경은, 폴론나루와로 수도를 옮기기 전까지 아누라다푸라 근처 미힌탈레(Mihintale)에 있었던 것이다.

사트마할 프라사다 Sathmahal Prasada

보기 드문 정방형의 7층탑

벽돌로 지은 피라미드 모양의 7층탑이다. 스리랑카에서 정방형의 탑은 보기 드문 것으로 전국에 네 개 밖에 없는데, 그중 하나가 바로 이 사트마할 프라사다이다. 왕을 위해 일하던 캄보디아 군인들의 기도터로 지어졌다는 이야기가 있다. 높이 9m의 7층탑이라고 하지만 실제로는 6층 구조로 되어 있다. 세월의 흔적이 굳은살처럼 박인, 표면이 거친 탑의 형상이 매우 인상적이다.

란콧 비하라 Rankot Vihara

폴론나루와에서 가장 큰 불탑

지름 175m, 높이 55m로, 폴론나루와에서 가장 큰 불탑 사원이다. 12세기 니산카 말라 왕에 의해 건축된 것으로, 아누라다푸라의 루완웰리 대탑과 유사한 모습으로 만들어졌다. 란콧은 '금으로 만든 첨탑'을 의미하므로, 란콧 비하라는 '금으로 만든 첨탑 사원' 정도로 이해하면 된다. 실제로 예전에는 다고바(탑) 꼭대기 부분에 금칠이 되어 있었다고 한다.

위치 폴론나루와 유적지 구역(Archaeological Site) 내.

란카틸라카 비하라 Lankatilaka Vihara

외벽 부조가 아름다운 불교 사원

12세기에 파라크라마 바후 1세에 의해 건립된 불교 사원이다. 싱할라 시대의 전형적인 '게디게 (Gedige)' 건축 양식으로 지어진 높이 17m의 이 사원은, 외벽에 새겨진 다양한 부조들을 하나하나 살펴보는 데만도 꽤 시간이 걸린다. 건물은 2층 구조로 되어 있으며, 지금도 2층으로 올라가는 계단의 흔적이 남아 있다. 사원 내부로 들어가면 타밀족의 침입으로 머리를 잃은 불상을 마주하게 되는데, 순간 긴장할 만큼 위압적인 느낌을 준다.

위치 폴론나루와 유적지 구역(Archaeological Site) 내.

키리 비하라 Kiri Vihara

우유처럼 하얀 불탑 사원

파라크라마 바후 1세의 왕비였던 수바드라 (Subhadra)가 건설한 하얀 불탑 사원이다. 싱할라어로 '키리(Kiri)'는 우유, '비하라(Vihara)'는 불탑이나 사원을 의미하는데, 석회 반죽을 칠한 외벽이 우유처럼 하얘서 '키리 비하라'라는 이름이 붙여졌다고 한다. 복원 작업이 이루어지지 않았음에도, 폴론나루와 유적지에서 그 형태가 가장 잘 보존된 사원이다.

위치 폴론나루와 유적지 구역(Archaeological Site) 내.

갈 비하라 Gal Vihara

폴론나루와 유적지의 백미

거대한 화강암 바위 표면에 4기의 불상을 조각해 놓은 사원이다. 12세기 파라크라마 바후 1세가 체계적인 승가 교육을 위해 조성한 것으로, 폴론나루와 유적지의 백미(白眉)라고 할 만큼 많은 관광객이 찾는 곳이다. 불상은 왼쪽부터 좌상, 석굴 안 좌상, 입상, 와상으로 구성되어 있는데, 이 불상이 모두 한 바위에 조각됐다는 사실이 놀라움을 준다. 쿼드랭글에서 북쪽으로 4km 정도 떨어진 곳에 위치해 있다.

위치 폴론나루와 유적지 구역(Archaeological Site) 내.

좌상 Seated Image

명상하는 석가모니 좌상

가장 왼쪽에 있는 좌상은 붓다가 한쪽 손바닥에, 다른 쪽 손등을 포개고 명상하는 모습이다. 높이는 약 4.6m이며, 붓다가 앉아있는 연꽃 형태의 좌대에는 꽃과 사자를 화려하게 새겨 놓았다. 또한 머리 좌우로 4기의 작은 불상을 조각해 놓았는데, 명상의 분위기를 더욱 고조시킨다.

석굴 좌상 Vidyhadhara Guha

힌두 신과 함께하는 석가모니

좌상 오른쪽 옆, 비디하다라 구하(Vidyhadhara Guha)라는 작은 석실에 또 하나의 좌불상이 있다. 이것 역시 붓다가 명상하는 모습이며, 높이는 1.4m 정도이다. 후광이 나는 붓다의 머리 좌우에는 힌두교의 신 '브라흐마'와 '비슈누'가 조각되어 있는데, 섬세하고 또렷한 느낌을 준다.

입상 Standing Image

'붓다' 또는 '아난다'의 석상

석굴 좌상의 오른쪽에는 약 6.9m의 입상이 서 있다. 이와 관련해 두 가지 설이 있는데, 그중 하나는 '보리수를 바라보는 붓다'라는 설이다. 다른 하나는 옆의 열반상을 염두에 둔 설로, '스승을 잃은 붓다의 제자 아난다가 애도하는 모습'이라는 것이다. 붓다인지 아난다인지 정확하지 않지만, 연꽃 좌대 위에서 팔을 교차시킨 채 벽에 살짝 등을 기댄 모습이 편안하면서도 어딘가 슬픔이 서려 있는 듯하다.

열반상 Reclining Image

단잠을 자듯 열반한 석가모니

갈 비하라의 불상 중 가장 오른쪽에 있는 것으로, 그 길이만 14m에 이르는 거대한 와상이다. 동남아시아에서 가장 큰 와상 중 하나로, 붓다가 열반했음을 알 수 있는 건 두 발끝의 높이가 다르기 때문이다. 발끝이 나란하면, 쉬고 있는 중이거나 잠을 자고 있는 것을 의미한다. 열반상은 아무 장식이 없는 받침대에 누워 있으며, 오른 손바닥과 발바닥에는 연꽃 한 송이가 새겨져 있다. 열반상이지만, 단잠을 자듯 아주 고요한 모습이다.

연꽃 연못 Lotus Pond

연꽃향이 나는 스님들의 목욕장

직경 8m의 연꽃 모양의 연못으로, 스님들의 목욕장으로 쓰였다고 알려져 있다. 대리석으로 조각한 것이지만, 선이 부드럽고 귀여운 느낌을 주는 연못이다. 하나의 빗방울이 동심원을 그리며 퍼져 가듯, 연꽃잎이 5단으로 퍼져 나가는 모습을 하고 있다. 조성 연대는 정확하지 않지만, 파라크라마 바후 1세 때 만들어진 것으로 추정되고 있다. 현지에선 흔히 넬룸 포쿠나(Nelum Pokuna)라고 불린다.

위치 폴론나루와 유적지 구역(Archaeological Site) 내.

티방카 이미지 하우스 Thivanka Image House

붓다의 전생 이야기가 그려진 사원

파라크라마 바후 1세가 건설한 불교 사원이다. 사원 안에 안치된 불상이 세 군데에서 구부러진 형상이어서, 산스크리트어로 세 개의 곡선을 의미하는 '티방카(Thivanka)'라는 이름이 붙었다. 불상의 높이는 원래 8m였으나, 머리 부분이 훼손되어 현재는 6.6m 정도이다. 사원의 내벽에는 붓다의 전생 이야기인 '자타카(Jataka)'가 프레스코화로 그려져 있는데, 스리랑카 불교 미술의 중요한 사료로 쓰이고 있다.

위치 폴론나루와 유적지 구역(Archaeological Site) 내.

파라크라마 바후 1세 입상 Statue of King Parakramabahu the Great

수수께끼로 남은 석상

3.4m 높이의 이 석상은 파라크라마 바후 1세로 널리 알려져 있다. 그러나 확실한 것은 아니고 석상의 인물을 두고 다양한 설이 나오고 있어, 이를 두고 보통 '수수께끼 석상(Mysterious Statue)'이라 부른다. 작은 언덕 위에 돌출된 바위 단면에 조각된 이 석상은 손에 책이나 멍에 같은 것을 든 채, 눈을 반쯤 감고 입을 다부지게 다물고 있어 다소 심각한 느낌을 준다.

위치 폴론나루와 유적지 구역(Archaeological Site) 내.

포트굴 비하라 Potgul Vihara

퀸컨스 구조의 불교도서관

인도에서 가져온 불경들을 보관하던 불교 도서관이자 수행처였다. '포트(Pot)'와 '굴(Gul)'은 각각 책과 도서관을 의미한다. 이 사원의 특징은 중앙의 돔을 중심으로 사방에 4기의 작은 불탑이 세워져 있다는 것인데, 이를 싱할라 양식의 퀸컨스(Quincunx, 오점형의 배열 형식) 구조라고 한다. 파라크라마 바후 1세 때 건립된 것으로 추정되며, 토파 웨와 저수지 근처에 위치해 있다.

위치 폴론나루와 유적지 구역(Archaeological Site) 내.

담불라 석굴 사원 Dambulla Cave Temple

왕이 몸을 숨겼던 황금 바위 사원

스리랑카 중부의 마탈레(Matale)에 위치한 담불라 석굴 사원은 발라감 바후 1세가 타밀의 침공을 피해 몸을 숨겼던 곳으로, 그 후 15년이 지나 아누라다푸라로 복귀한 뒤 과거에 대한 보답으로 조성한 것이다. '황금 바위 사원'으로도 잘 알려진 이 사원은 스리랑카에서 가장 규모가 크고 보존이 잘 된 사원으로, 1991년에 유네스코 세계 문화유산으로 등재되었다. 겉에서 보면 하나의 공간처럼 보이지만, 5개의 동굴이 복도로 연결되어 있으며, 총 153기의 불상과 왕의 석상 3기, 힌두 신상 4기, 그리고 붓다의 삶을 그린 거대한 프레스코 벽화가 전시되어 있다. 눈부신 황금 대불이 있는 황금 사원(Golden Temple)을 거쳐 돌길을 따라 40분 정도 올라가면 바위산 중턱에 석굴 사원 입구가 보인다.

주소 Dambulla Rajama Viharaya, Dambulla **전화** 066-228-3605 **시간** 07:30~17:00 **요금** 무료(박물관 200루피) **위치** 담불라 버스 터미널에서 약 2km 떨어진 곳에 위치. 뚝뚝으로 약 10분 소요.

시기리야 Sigiriya

짧고 불안한 영화를 누린 바위성

스리랑카 중부, 광활한 열대의 밀림 위에 외딴섬처럼 우뚝 솟은 바위 요새다. 이복동생에게 왕위를 빼앗길까 두려운 나머지 부왕을 죽이고 왕이 된 카사파 1세는, 동생의 보복을 피해 해발 고도 370m의 바위산으로 수도를 옮기고 궁궐과 요새를 지었다. 그러나 10여 년 뒤, 군대를 이끌고 온 동생 앞에서 스스로 목숨을 끊는다. 짧고 불안한 영화(榮華)를 누린 시기리야는 유네스코 세계 문화유산이자 세계 8대 불가사의 중 하나로 손꼽힐 만큼 많은 궁금증과 볼거리를 남긴 곳이다. 바위산 정상의 왕궁과 함께 미인도, 거울 벽 등이 인기 있는 유적들이다.

주소 Sigiriya Rock, Sigiriya **전화** 066-223-1815 **홈페이지** www.sigiriyatourism.com **시간** 07:00~17:30 **요금** 성인 4,260루피, 어린이 2,130루피(6~13세) **위치** 담불라 버스 터미널에서 약 19km 떨어진 곳에 위치. 뚝뚝으로 약 40분 소요.

Travel Tip

주의하자!

시기리야에 입장했다고 표를 버리는 일은 없어야 한다. 입구를 포함해 입장권을 검사하는 곳이 세 군데나 된다. 시기리야 관광이 끝날 때까지 입장권을 잘 간수하자!

물·돌·테라스 정원 Water·Boulder·Terraced Garden

시기리야의 정원들

입장권을 사서 들어가면 차례로 만나게 되는 정원들이다. 건기에 사용할 물을 보관하기 위해 여러 개의 연못을 만들어 놓은 '물의 정원', 성벽의 역할을 하도록 석축을 쌓아 놓은 '돌의 정원', 벽돌로 쌓은 축대 안쪽 바닥을 테라스처럼 평평하게 다져놓은 '테라스 정원'이 그것이다. 물의 정원 연못에서는 일광욕을 즐기는 물뱀을 볼 수 있으며, 돌의 정원 근처에서는 코브라 머리 바위를 볼 수 있다.

미인도 Maidens of the Clouds

매혹적인 천상의 여인들

테라스 정원을 지나 영국 식민지 시절에 설치되어 낡아서 삐걱대는 철제 계단을 오르면, 그 끝에 '천상의 여인들(Maidens of the Clouds)'이라 불리는 유명한 프레스코화가 있다. 원래는 500명의 여인들이 그려져 있었다고 하나, 대부분 소실되고 지금은 18명의 모습만이 남아있다. 이들이 카사파 왕의 여자들이라는 설과 아들의 손에 죽은 부왕의 혼을 달래기 위해 '압사라(Apsara, 천상의 여신)'를 그린 것이라는 설이 있는데, 여인들의 정체는 아직 확실히 알려지지 않았다.

거울 벽 Mirror Wall

옛사람들이 남긴 글귀로 빛나는 거울

왕이 거닐면서 자신의 얼굴을 볼 수 있도록 만든 거울 벽이다. 거울 벽이라고는 하나 암석에 점토와 석회를 바른 흙벽으로, 당시에는 어땠을지 모르지만 현재는 사물을 비추는 거울의 기능은 없다. 벽에는 방문객들이 적어 놓은 글귀로 가득한데, 멀게는 8세기 초에 남긴 글귀도 있다. 글귀들은 사랑, 아이러니 등 다양한 소재를 다루고 있다.

라이언 플랫폼 Lion Platform
시기리야 왕궁으로 오르는 입구

꼭대기에 왕궁이 자리한 사자 바위의 입구로, 거대한 사자상이 조각되어 있어 '라이언 플랫폼'이라 부른다. 왕궁에 가려면 사자의 앞발 사이로 난 계단을 올라가야 하는데, 그곳을 '사자의 목구멍'이라고 한다. '누구든 내 목구멍으로 들어온 자는 살아서 돌아갈 수 없다.'라는 카사파 왕의 메시지를 전하듯, 사자의 발톱에는 잔뜩 힘이 들어가 있다. 미인도와 거울 벽을 둘러본 뒤, 시기리야 왕궁을 향해 본격적으로 오르기 전 잠시 숨을 고를 수 있는 곳이다.

시기리야 왕궁 Upper Palace
가장 높은 곳에서 가장 외로웠던 왕

사자의 목구멍으로 들어가 가파른 철제 계단을 오르고 또 오르면, 카사파 1세의 왕궁 터가 나온다. 남아 있는 벽돌의 흔적을 통해 연못과 연회장을 갖춘 호화로운 왕궁이었다는 것을 짐작할 수 있다. 떠오르는 해를 마주하는 방향으로 왕의 돌 의자가 놓여 있는데, 매일 아침 눈부신 일출을 바라보면서도 어두웠을 왕의 심정이 느껴지는 듯하다. 아이러니하게도 그가 매일 초조하게 내다보았을 그 풍경은, 지금 너무도 평화롭고 아름답다.

민네리야 국립 공원 Minneriya National Park

건기에 몰려드는 코끼리와 사람들

1938년 야생 동물 보호 구역으로 지정된 국립 공원으로, 스리랑카 중북부에 위치해 있다. 스리랑카 표범과 느림보 곰 등 멸종 위기에 처한 희귀 동물을 비롯해 악어, 사슴, 원숭이, 펠리컨 등 다양한 야생 동물을 볼 수 있는 곳이다. 하나 재미있는 점은, 스리랑카의 야생 코끼리들이 건기에 먹이를 찾아 넓은 풀밭이 있는 이곳으로 모여들면, 그 코끼리 떼를 보기 위해 관광객들도 그 시기에 민네리야 국립 공원으로 몰려든다는 것이다. 건기인 5월부터 9월까지 민네리야 국립 공원은 여러모로 붐비는 시기다.

주소 Minneriya National Park, Minneriya **전화** 027-327-9243 **시간** 06:00~17:00 **요금** 성인 2,140루피 / 어린이 1,068루피 (차량 대여 3,000~3,500루피) **위치** 하바라나 시내에서 약 9km 떨어진 곳에 위치. 뚝뚝으로 약 20분 소요.

Travel Tip

사파리 전용 차량 대여하기

사파리 체험을 하려면 우선 바퀴가 큰 차량이 있어야 한다. 울퉁불퉁, 거칠거칠한 땅을 헤치고 나가야 하기 때문이다. 여행자의 경우, 매표소에서 지프(Jeep)차를 대여할 수 있다. 사파리용 지프 기사들이 매표소 옆에 늘 대기하고 있다. 원하는 차량을 선택하면, 운전기사가 사파리의 세계로 안내한다. 차량 대여료 외에, 운전기사의 입장료 60루피도 대신 내 주어야 한다.

사파리 체험 시 지켜야 할 사항

1. 사파리 도중에 사진을 찍으려고 차량에서 내리는 행동은 위험하다.
2. 사파리 차량 내에서는 금연이다.
3. 눈에 띄게 화려한 옷은 피하는 것이 좋다.

Restaurant & Café

폴론나루와에는 외국인 관광객이 갈 만한 음식점이 거의 전무하다. 디다스 아라나(Thidas Arana)가 있지만, 매 끼니를 그곳에서 해결할 순 없으니 길을 가다 괜찮은 식당이 보이면, 일단 들어가 보자. 현지인들처럼 먹어 볼 수 있는 기회다.

디다스 아라나 Thidas Arana

자연 친화적인 뷔페식 레스토랑

폴론나루와에서 외국인이 갈 만한 거의 유일한 레스토랑이다. 녹음에 둘러싸인 전통 가옥 느낌의 식당은, 들어서는 순간 마음에 여유가 생길 만큼 고즈넉하다. 사방이 개방된 구조라서 에어컨은 없지만, 천장 곳곳에 더위를 식혀 주는 대형 팬이 설치되어 있다. 식사는 스리랑카, 서양, 중국 스타일이 혼합된 뷔페식이며, 술을 주문할 수도 있다. 식당 한쪽에선 우리네 어머니 같은 아주머니가 나무로 불을 지펴 스리랑카 전통 튀김 '와데(Vade)'와 같은 즉석 요리를 만들고, 원두막 모양의 과일 코너에서는 원하는 과일을 선택하면 바로 썰어 준다. 모든 음식이 신선하고 정갈하고 맛있다. 직원들의 서비스 또한 매우 뛰어난 편이다. 통나무집 형태의 호텔을 함께 운영하고 있다.

주소 P.O. Box 23rd Mile Post, Bendiwewa, Polonnaruwa **전화** 027-222-5577 **홈페이지** www.thidasarana.com **시간** 07:00~22:00 **가격** 점심 뷔페 1,100루피 **위치** 폴론나루와 터미널에서 약 9km 정도 떨어진 곳에 위치. 뚝뚝으로 약 20분 소요.

Hotel & Resort

폴론나루와의 호텔들은 거의 파라크라마 호숫가에 자리 잡고 있어 전망이 매우 좋다. 그러나 간혹 호수가 잘 보이지 않은 객실도 있으니, 예약할 때 객실의 전망이 어떤지를 반드시 확인하자.

수두 아랄리야 호텔 Sudu Araliya Hotel

목가적이면서 세련된 4성급 호텔

도심에서 1.5km 정도 떨어져 있는 4성급 호텔이다. 에어컨과 평면 TV, 무료 와이파이가 구비된 104개의 깨끗한 객실이 준비되어 있으며, 비흡연자의 경우 금연 객실을 이용할 수 있다. 또한 키즈 풀을 포함한 실외 수영장, 사우나, 아유르베다 스파, 당구 등 여가를 알차게 보낼 수 있는 다양한 부대시설이 갖춰져 있다. 이 호텔의 가장 큰 특징은 세련되면서도 목가적인 환경인데, 넓은 정원은 아이들과 어른들의 휴식처가 되어 주고, 별도의 비용 (5,000루피, 4인 기준)을 내면, 곁에 있는 파라크라마 호수에서 낭만적인 보트 투어를 경험할 수도 있다. 유적지 구역에서 멀지 않으며, 자전거 대여가 가능하다.

주소 New Town, Polonnaruwa 전화 027-222-4849 홈페이지 www.hotelsuduaraliya.com 요금 9,800루피~ 위치 폴론나루와 역에서 약 6km 떨어진 곳에 위치. 뚝뚝으로 약 15분 소요.

더 레이크 하우스 호텔 The Lake House Hotel

엘리자베스 여왕이 머문 호텔

1954년 영국 엘리자베스 여왕이 이틀간 머문 호텔로, 파라크라마 호숫가에 위치해 있어 경치가 아름답기로 유명하다. 1870년 영국 정부 요원들의 거처로 지어져, 150년에 가까운 역사를 가지고 있다. 엘리자베스 여왕이 머문 일명 '퀸즈 스위트룸' 외에 총 14개의 객실이 있는데, 그 일부는 파라크라마 호수를 향해 창이 나 있어, 테라스에서 편안히 일출과 일몰을 감상할 수 있다. 객실은 매우 모던한 느낌이며, 미니바, 에어컨 등이 구비되어 있다. 레스토랑은 뷔페식이고, 전면 창을 통해 호수가 시원하게 내다보인다.

주소 The Lake House Hotel, Polonnaruwa 전화 027-570-1550 홈페이지 www.thelakehouse.lk 요금 디럭스 16,800루피~ 위치 폴론나루와 역에서 약 4.5km 떨어진 곳에 위치. 뚝뚝으로 약 10분 소요.

더 레이크 호텔 The Lake Hotel

파라크라마 호숫가의 호텔

더 레이크 하우스 호텔과 함께 운영하고 있는 호텔로, 마찬가지로 파라크라마 호숫가에 위치해 있어 전망이 무척 아름답다. 객실은 1층과 2층으로 나누어져 있는데, 1층에는 테라스가 있고 2층에는 없다. 이 호텔의 특징은 모든 객실이 파라크라마 호수를 향하고 있어, 어느 방을 예약하든 창 너머로 만족할 만한 풍경을 만날 수 있다는 점이다. 워낙 풍경이 아름답다 보니, 레스토랑만을 이용하기 위해 찾아오는 외국인 관광객도 많은 편이다. 매년 4월 1일부터 7월 31일까지는 할인 요금이 적용된다.

주소 Pothgul Vihara, New Town, Polonnaruwa 전화 027-222-2411 홈페이지 www.thelakehotel.lk 요금 디럭스 11,200루피 위치 폴론나루와 역에서 약 6.5km 정도 떨어진 곳에 위치. 뚝뚝으로 약 15분 소요.

디다스 아라나 Thidas Arana

야자수가 둘러싼 이층 통나무집 호텔

폴론나루와의 유명 레스토랑 '디다스 아라나'가 함께 운영하고 있는 작은 호텔이다. 야자수에 둘러싸인 2층 통나무집 형태로 레스토랑 뒤편에 최근 지어졌으며, 매우 아늑하고 편안한 느낌이다. 객실은 총 8개이며, 에어컨, 무료 와이파이, 위성 채널이 나오는 평면 TV, 책상이 구비되어 있고, 정원이 내려다보이는 넓은 발코니가 인상적이다. 이곳에 머물면 폴론나루와 유적지와 더불어 미네리야 국립공원을 손쉽게 관광할 수 있으며, 자전거와 자동차 대여가 가능하다.

주소 P.O Box 23rd mile post, Bendiwewa, Polonnaruwa 전화 027-222-5577 홈페이지 www.thidasarana.com 요금 디럭스 9,800루피~ 위치 폴론나루와 역에서 약 9km 떨어진 곳에 위치. 뚝뚝으로 약 20분 소요.

Travel Tip

조식 도시락

조식을 포함한 호텔 숙박비를 지불했는데, 여행 일정상 다음날 조식을 먹지 못하고 체크아웃해야 한다면, 전날 미리 브렉퍼스트 박스(Breakfast Box, 아침 도시락)를 호텔 측에 주문하면 된다. 그러면 다음날 새벽, 체크아웃할 때 도시락을 건네받을 수 있다.

지리테일 호텔 Giritale Hotel

풍경으로 마음을 힐링하다

지리테일 호수 근처에 위치한 호텔이다. 시기리야에서 폴론나루와로 오는 길에 위치해 있어, 이곳에 머물면서 시기리야, 미네리야 국립 공원, 폴론나루와 유적지 등 스리랑카의 주요 관광지를 두루 관광할 수 있다. 사람들이 이 호텔을 찾는 가장 큰 이유는 힐링이 되는 풍경에 있다. 객실과 로비, 레스토랑에서 지리테일 호수의 전경이 눈앞에 펼쳐지는데, 황홀하다는 말로밖에는 설명할 길이 없다. 빠듯한 일상에서 벗어나 마음의 여유를 찾고 싶은 사람들에게 이상적인 호텔이다.

주소 Giritale, Polonnaruwa **전화** 027-224-6311 **홈페이지** www.giritalehotel.com **요금** 스탠더드 14,000루피, 디럭스 15,400루피 **위치** 폴론나루와 역에서 약 16km 정도 떨어진 곳에 위치. 뚝뚝으로 약 35분 소요.

디어 파크 호텔 The Deer Park Hotel

스타일리시한 빌라형의 호텔

지리테일 호수 제방을 따라 지어진 빌라 형태의 호텔이다. 호수가 보이는 숲에 이층짜리 빌라가 일정한 거리를 두고 하나씩 배치되어 있어, 외부의 방해 없이 편안히 쉴 수 있다. 각 빌라의 콘셉트가 다르므로, 자신의 취향에 맞는 것을 선택하면 된다. 자연에 어우러진 외부의 모습과는 달리 객실 내부는 매우 스타일리시하게 디자인되어 있으며, 무료 와이파이와 미니바, 에어컨, 욕조 등이 갖춰져 있다. 부대시설 및 서비스로는 수영장, 피트니스 센터, 아유르베다 스파, 사우나 등을 이용할 수 있다.

주소 Giritale, Polonnaruwa **전화** 027-777-7777 **홈페이지** www.deerparksrilanka.com **요금** 슈피리어 27,400루피, 디럭스 29,800루피 **위치** 폴론나루와 역에서 약 17km 떨어진 곳에 위치. 뚝뚝으로 약 40분 소요.

Eastern Beaches
동부 해안

때 묻지 않은 순백의 해변

스리랑카의 동부 해안은 관광지로 잘 개발된 남서부 해안과는 느낌이 사뭇 다르다. 소박하고 때가 덜 묻은 자연 그대로의 해변을 가지고 있어, 조용한 휴식을 취하기에 제격이다. 그러나 원한다면 다이빙, 스노클링, 서핑과 같은 수상 스포츠를 즐길 수도 있다. 대표적인 해변은 파시쿠다, 트링코말리, 닐라벨리로, 특히 트링코말리에는 해변 외에도 힌두교 사원, 식민지 때의 요새와 성당 등 볼거리가 많아 관광지로 인기가 좋다. 매년 11월부터 3월까지는 동북부 해안이 몬순기라서 파도가 거칠기 때문에, 잔잔한 해수욕을 원한다면 이 시기를 피해서 여행 계획을 잡아야 한다.

콜롬보에서 꼭 해야 할 일! BEST 3
❶ 파시쿠다 해변에서 한가로운 해수욕 즐기기
❷ 트링코말리의 힌두교 명소 둘러보기
❸ 산호와 바다거북이 있는 피전 아일랜드에서 다이빙 체험

동부 해안 가는 방법

항공

반다라나이케 국제공항과 바티칼로아(Batticaloa) 공항 간에 주 4회 항공편이 운행된다. 반다라나이케 국제 공항에서 바티칼로아 공항으로 가는 비행편은 오전 10시, 바티칼로아 공항에서 반다라나이케 국제공항으로 가는 비행편은 오전 11시 30분에 출발한다. 스리랑칸 에어라인(SriLankan Airlines)의 항공기로, 소요 시간은 1시간 15분이다.

버스

콜롬보에서 트링코말리(Trincomalee)나 주변 지역으로 이동하는 기차는 하루 한 번밖에 없지만 센트럴 터미널이나 민영 버스 터미널에서 출발하는 버스는 많은 편이다. 민영 버스 터미널에서 트링코말리 버스 터미널로 가는 첫차는 새벽 4시에 출발하며 막차는 밤 8시에 끝난다. 요금은 일반 버스가 310루피, 에어컨(A/C) 버스가 610루피 정도이다.

기차

콜롬보에서 버스로 이동할 경우 8시간 넘게 차를 타야 하기 때문에, 야간열차를 이용하는 것도 좋은 방법이다. 콜롬보 포트 역에서 트링코말리 역으로 가는 야간열차는 밤 9시 30분에 출발해서 새벽 5시 30분에 도착한다. 요금은 1등석 760루피, 2등석 450루피, 3등석 285루피 정도이다.

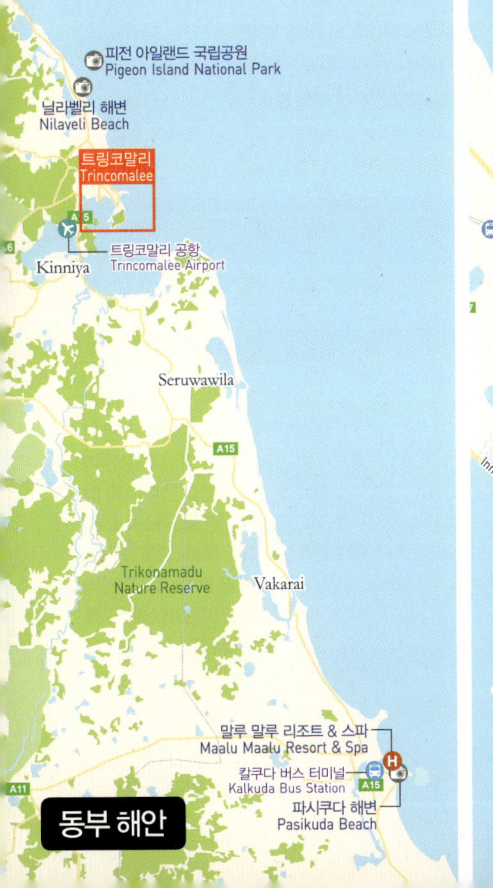

파시쿠다 해변 Pasikuda Beach

하얀 모래와 파스텔 블루빛 바다

파스텔 블루의 수채 물감으로 그린 것 같은, 그야말로 그림 같은 해변이다. 하얀 모래와 길게 뻗은 얕은 수심의 해안이 아름답고, 부드러운 물살은 수영을 즐기기에 적합하다. 배를 타고 깊은 바다로 나가 다이빙과 스노클링을 할 수도 있다. 가까운 곳에 있는 바티칼로아 공항에서 콜롬보 반다라나이케 국제공항 사이를 오가는 항공편이 정기 운항되고 있다.

위치 칼쿠다 버스 터미널에서 약 4.6km 떨어진 곳에 위치. 뚝뚝으로 약 20분 소요.

트링코말리 해변 Trincomalee Beach

크리스탈처럼 투명한 물빛

포르투갈과 네덜란드, 프랑스, 영국까지 복잡하고도 오랜 식민지 역사를 가진 트링코말리에 위치한 해변으로, 물빛이 크리스탈처럼 투명하고 아름답기로 유명하다. 현지인들이 물놀이뿐 아니라 산책을 위해 자주 찾는 곳이기도 하다. 다이빙과 스노클링, 서핑과 같은 수상 스포츠를 즐길 수 있으며, 파시쿠다 해변에서 약 100km 정도 떨어져 있다. 트링코말리는 세계적으로 손꼽히는 천연적인 항구로, 스리랑카에서 가장 길고 가장 넓은 유역을 지닌 마하웨리 강 하구에 있는 항구 도시이다.

위치 트링코말리 버스 터미널에서 약 1.2km 떨어진 곳에 위치. 뚝뚝으로 약 5분 소요.

스와미 록 Swami Rock

그 옛날 종교 의식을 치르던 바위

예로부터 힌두교 신자들이 종교 의식을 치르고 기도를 하던 특별한 바위다. 현재는 바위 정상에 위치한 러버스 립(Lover's Leap)과 코네스와람 사원(Koneswaram Kovil)으로 유명하다.

주소 Thiru Koneswaram Temple, Trincomalee 전화 026-222-6688 시간 06:30 ~ 13:00 / 16:00~19:00 요금 무료 위치 트링코말리 버스 터미널에서 약 2km 떨어진 곳에 위치. 뚝뚝으로 약 10분 소요.

코네스와람 사원 Koneswaram Kovil
거대한 시바상이 인상적인 힌두 사원

스와미 록 정상에 세워진 힌두교 사원이다. 주차장에서 사원까지 이어지는 야트막한 언덕길에는 수공예품과 간식, 꽃을 파는 거리 상점들이 줄지어 있고, 거리 스피커에선 힌두 독경 소리가 크게 울려 퍼진다. 입구에 거대한 시바 신상이 앉아있고, 그 왼편에 작은 사원이 있다. 사원 내부에선 사진 촬영이 금지되어 있고, 모자와 신발을 벗고 들어가야 한다. 신발을 맡길 경우, 보관료는 20루피다.

주소 Thiru Koneswaram Temple, Trincomalee 전화 026-222-6688 시간 06:30~13:00 / 16:00~19:00 요금 무료 위치 트링코말리 버스 터미널에서 약 2km 떨어진 곳에 위치. 뚝뚝으로 약 10분 소요.

러버스 립 Lover's Leap
버림받은 여인이 목숨을 끊은 곳

오래전 한 네덜란드 장군의 딸이 애인에게 버림받자 자살한 곳으로, 해발 106m의 스와미 록 꼭대기에서 목격할 수 있다. 사랑의 비극적인 결말을 상징하듯, 스와미 록에서 내려다본 바위 절벽은 매우 가파르고 아찔하다.

주소 Thiru Koneswaram Temple, Trincomalee 전화 026-222-6688 시간 06:30~13:00 / 16:00~19:00 요금 무료 위치 트링코말리 버스 터미널에서 약 2km 떨어진 곳에 위치. 뚝뚝으로 약 10분 소요.

포트 프레드릭 Fort Frederick

식민지 시대를 관통한 요새

포르투갈 식민지 시대에 파괴된 코네스와람 사원의 잔해로 건설된 요새다. 방어 목적으로 지어진 상아색의 요새 내벽에는 그간의 오랜 역사가 새겨진 비문이 걸려있다. 지금의 요새는 1624년에 포르투갈에 의해 지어졌다가, 1665년에 네덜란드에 의해 재건축된 것이다. 좁은 길에 사람과 자동차가 함께 지나다니므로, 사진 찍을 때 주의해야 한다.

주소 Fort frederick, Trincomalee **위치**: 트링코말리 버스 터미널에서 약 1.5km 떨어진 곳에 위치. 뚝뚝으로 약 5분 소요.

성 마리아 성당 St Mary's Cathedral

네오 바로크 건축양식의 성당

1852년에 설립한 가톨릭교회로, 19세기 유럽에서 유행한 네오 바로크 건축 양식으로 지어졌다. 화이트와 라이트 블루가 부드럽게 조화된 외관은 마치 생일 케이크를 마주하듯, 보기만 해도 기분이 좋아진다. 성당 뒤편 그늘진 안뜰에 예수가 못 박힌 십자가상이 있는데, 오랜 여행에 지친 몸과 마음을 잠시 쉬일 수 있는 곳이다.

주소 St. Mary's Cathedral, Trincomalee **전화** 026-222-2323 / 077-285-2820 **요금** 무료 **위치** 트링코말리 버스 터미널에서 약 1.2km 떨어진 곳에 위치. 뚝뚝으로 약 5분 소요.

칼리 사원 Kali Kovil

화려한 고푸람을 가진 힌두 사원

드라비다 건축양식으로 지어진 힌두교 사원이다. 이 사원의 고푸람(Gopuram, 힌두교의 탑)에는 다양한 표정과 자세를 한 힌두 신들이 화려하고도 빽빽하게 조각되어 있다. 서기 11세기 이전부터 힌두교 순례자들이 많이 찾는 곳으로, 남인도의 라젠드라 촐라 1세(Rajendra Chola Ⅰ)가 이 지역을 다스릴 때 사원 규모가 크게 확장됐다. 정식 명칭은 파티라칼리 암만 사원(Pathirakali Amman Temple)이다.

주소 Kali kovil, New Moor St, Trincomalee **시간** 06:00 ~ 08:00 / 11:30 ~ 14:00 / 16:30 ~ 19:00 **요금** 무료 **위치** 트링코말리 버스 터미널에서 노스코스트 로드 따라 도서관 방향으로 약 300m 떨어진 곳에 위치. 도보로 10분 정도 소요.

닐라벨리 해변 Nilaveli Beach

열대어가 떼 지어 노는 낙원섬

트링코말리에서 20km 떨어진 닐라벨리의 해변으로, 부드러운 황금 모래사장과 바람에 일렁이는 야자수가 마치 낙원 섬에 온 듯한 착각을 일게 한다. 산호초 주위를 떼 지어 다니는 예쁜 열대어들이 많아, 스노클링과 스쿠버 다이빙을 즐기기에 좋은 곳이다. 특히 일출이 아름답기로 유명하다.

위치 트링코말리 버스 터미널에서 약 17km 떨어진 곳에 위치. 자동차로 약 40분 소요.

피전 아일랜드 국립공원 Pigeon Island National Park

바다거북으로 인기 있는 다이빙 스폿

닐라벨리 해변에서 약 1km 떨어진 곳에 있는 섬이다. 산호초가 잘 발달되어 있는 데다 여러 종의 바다거북과 열대어가 살고 있어 다이빙 스폿으로 인기가 높은 곳이다. 1963년에 자연보호구역으로 지정됐으며, 히카두와와 함께 스리랑카에 두 개뿐인 해상국립공원 중 하나다.

주소 Pigeon Island National Park, Trincomalee **시간** 07:00 ~ 17:30 **전화** 026-320-3850 **요금** 성인 10$/어린이 5$ (보트 탑승비용 별도) **위치** 트링코말리 버스 터미널에서 약 20km 떨어진 곳에 위치. 자동차로 약 50분 소요.

Hotel & Resort

동부 해안은 남서부 해안에 비해 여행자들이 머물 호텔이 많지 않고, 또한 호텔들이 밀집되어 있지 않고 띄엄띄엄 자리를 잡고 있다. 바닷가에 위치한 호텔은 가격이 높은 편이나, 그만큼 시설이나 서비스가 좋아 한 번쯤 머물러 볼 가치가 있다.

말루 말루 리조트 앤 스파 Maalu Maalu Resort & Spa

아름답고, 맛있고, 편안한 바닷가 휴식처

파시쿠다 해변에 위치한 친환경 리조트다. '몇 걸음 걸어 나가면 바다를 만질 수 있다', '해변 가까이에 수영장이 있어 마치 광활한 바다에서 수영하는 느낌이 든다', '신선한 해산물을 중심으로 아침과 저녁 식사가 준비된다', '호텔에서 바라보는 석양이 아름답다', '욕실이 객실만큼이나 크다', '아유르베다 시설이 잘 갖춰져 있다' 등등이 말루 말루 리조트의 눈에 띄는 특징들이다. 욕실의 경우, 세면대와 욕조 외에 별도의 샤워실이 따로 마련되어 있으며, 레스토랑은 뷔페식으로 세계 각국의 요리를 맛볼 수 있고 저녁에는 또 특별 요리가 등장한다. 근처 바다에서 잡아 즉석에서 구워 내는 물고기가 그것인데, 일품(一品)이라는 단어 외에 달리 표현할 방법이 없을 정도로 맛이 좋다.

주소 Maalu Maalu Resort & Spa, Pasikudah Bay, Pasikudah **전화** 065-738-8388 **홈페이지** www.theme-resorts.com/maalumaalu **요금** 오션 스위트 22,500루피~ **위치** 칼쿠다 버스 터미널에서 약 4.5km 떨어진 파시쿠다 해변에 위치. 뚝뚝으로 약 20분 소요.

Kandy
캔디

불치사가 있는 스리랑카 제1의 관광 도시

중부 내륙 분지에 위치해 기온이 낮고 쾌적한 데다 볼거리도 많아, 관광객이 많이 찾는 스리랑카 제1의 관광 도시이다. 역사적으로는 싱할라 왕조의 마지막 수도로, 1815년 영국이 점령하기 전까지 약 500년간 독창적인 문화를 꽃피웠다. 아름다운 캔디 호수 곁에 붓다의 치아 사리를 모신 불치사와 캔디 왕궁 등 주요 관광 명소들이 모여 있고, 조금 떨어진 곳에 스리랑카에서 가장 큰 페라데니아 식물원과 핀나왈라 코끼리 고아원이 있다. 해마다 8월이면, 세계 최대의 불교 축제인 '에살라 페라헤라(Esala Perahera)'가 이곳에서 열리는데, 약 열흘간 도시 전체가 축제 분위기에 휩싸인다. 1988년 세계문화유산으로 지정되었다.

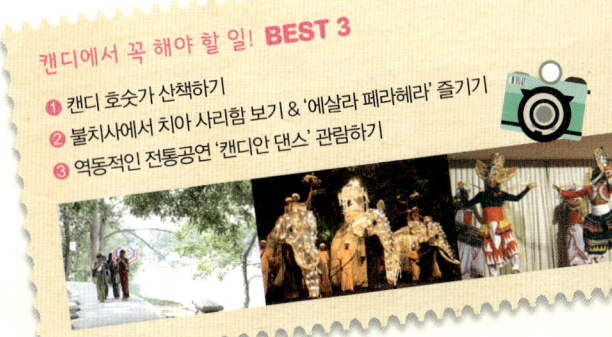

캔디에서 꼭 해야 할 일! BEST 3
① 캔디 호숫가 산책하기
② 불치사에서 치아 사리함 보기 & '에살라 페라헤라' 즐기기
③ 역동적인 전통공연 '캔디안 댄스' 관람하기

캔디 가는 방법

콜롬보에서 캔디 가기

캔디는 대도시답게 교통편이 매우 잘 되어 있는 편이다. 콜롬보에서 캔디로 가는 기차도 많지만 일반 버스나 에어컨 있는 좌석 버스도 많이 운행되고 있으므로 여행자들에게는 가장 쉽게 접근할 수 있는 관광도시로 유명하다. 기차로 이동하는 경우에 2시간 30분 정도 소요되지만 버스로 이동하는 경우에 3시간 30분 넘게 걸린다. 기차는 캔디를 경유해서 바둘라(Badulla)까지 운행되고 있다.

	기차	버스(민영 터미널)
첫차	05:55	03:00
막차	17:45	20:00
운행 시간	05:55, 07:00 08:30, 10:35 12:40, 15:35 16:35, 17:45	40분 간격
요금	1등석 800루피 2등석 190루피 3등석 105루피	일반 155루피 A/C 310루피

캔디에서 주변 도시 가기

캔디의 버스 노선은 거미줄처럼 모든 도시와 연결되어 있다. 여행자들이 특히 많이 이용하는 노선은 캔디에서 담불라(Dambulla)를 경유해서 시기리야(Sigiriya)로 이동하는 구간과 캔디에서 나누오야(Nanu Oya)를 지나서 바둘라(Badulla)로 가는 산악 구간이다.

캔디에서 시기리야로 직행하는 에어컨(A/C) 버스는 하루에 한 번밖에 없지만, 담불라를 경유해서 가는 일반 버스는 하루 종일 운행되고 있다. 요금은 일반 버스의 경우 90~100루피 정도이며 약 3시간이 소요된다.

산악 구간은 버스보다 기차를 타고 여행하는 경우가 많다. 캔디에서 바둘라까지 가는 기차는 하루 2번, 각각 오전 8시 40분과 오전 11시 3분에 운행하고 있다. 요금은 1등석 460루피, 2등석 250루피, 3등석 140루피로 이용이 가능하다. 이 기차는 항상 사람이 많기 때문에 미리 표를 구매하는 것이 좋다.

그 밖의 다른 지역으로 이동하는 여행자들은 캔디 버스 터미널에서 새벽 5시부터 밤 8시까지 운행하는 좌석 버스나 일반 버스를 이용할 수 있다. 시내에서 가까운 거리를 이동하려는 여행자들에게는 뚝뚝을 추천한다.

캔디 역

캔디 버스 터미널

캔디 중심부

- 불치사 The Temple of Tooth Relic
- 고고학 박물관 Archaeological Museum
- 라자 코끼리 박물관 Raja Elephant Museum
- 세계 불교 박물관 The Museum of World Buddhism
- 캔디 왕궁 Royal Palace of Kandy
- 캔디 국립 박물관 The National Museum of Kandy
- 불치사 박물관 Temple of the Tooth Museum
- Magul Maduwa
- 마두마 반다라 동상 Madduma Bandara Statue
- 나타 데발라야 사원 Natha Devalaya
- Ulpangeya
- 캔디안 예술 협회 & 문화 센터 Kandyan Art Association & Cultural Center
- 캔디 호수 Kandy Lake
- Malwathu Maha Viharaya
- 카페 아로마 인 Cafe Aroma Inn
- 엠파이어 카페 The Empire Cafe
- 내추럴 카페 Natural Coffee
- 퀸즈 호텔 Queens Hotel
- 캔디 시티 센타 Kandy City Center
- 락살라 Laksala
- 화이트 하우스 White House Restaurant
- 밀레즈나 티 센타 Mlesna Tea Center
- 밀레즈나 티 라운지 Mlesna Tea Lounge
- 오파니마 주얼리 숍 Opanima Gems & Jewellery
- 틸랑카 호텔 Thilanka Hotel
- 오조 호텔 Ozo Hotel
- 호텔 스위스 Hotel Suisse
- 캔디 시계탑 버스 터미널 Kandy Clock Tower Bus Station
- 캔디 중앙 시장 Kandy Municipal Central Market
- 캔디 역 Kandy Railway Station
- 굿세드 버스 터미널 Goods Shed Bus Stand
- 푸쉬파다나 걸스 컬리지 Pushpadana Girls' College
- 굿 셰퍼드 컨벤트 Good Shepherd Convent
- 와리야폴라 스리 수망갈라 컬리지 Wariyapola Sri Sumangala College
- Dharmaraja College

Streets: Off Sangamitta Mawatha, Sangaraja Mawatha, Rajapihilla Mawatha, Reservoir Rd, Ehelepola Kumarihami Mawatha, Keppetipola Rd, Raja Veediya, E L Senanayake Veediya, Yatinuwara Veediya, Colombo St, Katharagama Devalaya, Thilak Ranayake Mawatha

캔디 하루 코스

주요 관광 명소가 거의 불치사 내부와 그 주위에 모여 있어, 하루 코스로도 충분하다. 걷는 것을 싫어한다면 뚝뚝으로 이동할 수도 있지만, 웬만하면 캔디 호숫가의 벤치에 머물기도 하면서 여유롭게, 도보로 이동하는 것을 추천한다.

불치사 — 도보 1분 → 불치사박물관 — 도보 3분 → 마두마반다라 동상

↓ 도보 1분

세계 불교 박물관 ← 도보 5분 — 나타데발라야사원 ← 도보 1분 — 라자 코끼리 박물관

↓ 도보 4분

캔디 호수 — 도보 10분 → 캔디 중앙시장 — 도보 10분 → 캔디안 댄스

캔디 호수 Kandy Lake

현지 젊은이들의 데이트 장소

싱할라 왕조의 마지막 왕인 스리 비크라마 라자신하 (Sri Vikrama Rajasinha)에 의해 1807년에 조성된 호수다. 꽃잎이 흩날리는 호수 주위로 벤치와 산책로가 있어, 현지 젊은이들의 데이트 장소로 유명한 곳이다. 전설에 의하면, 호수 한가운데 있는 작은 섬은 라자신하의 후궁들이 목욕을 하던 공간으로, 비밀 통로를 통해 궁으로 연결되어 있었다고 한다.

위치 캔디 역에서 불치사 방향으로 약 900m 떨어진 곳에 위치. 도보로 약 15분 소요.

캔디 왕궁 Royal Palace of Kandy

캔디 왕조의 마지막 흔적

1815년 영국의 식민지가 되기 전까지 캔디 왕조가 머무르던 왕궁이다. 내부는 과거에 왕실(Raja Wasala)과 알현실(Magul Maduwa), 왕비의 목욕장(Ulpange), 후궁들의 거처(Palle Vahale) 그리고 당시 왕권을 상징하던 불치를 모신 불치사(Sri Dalada Maligawa) 등으로 이루어져 있었다. 불치사를 방문할 때, 근처에 숨어 있는 캔디 왕조의 흔적을 찾아보는 것도 재미있는 추억이 될 것이다.

주소 Sri Dalada Veediya, Kandy 전화 081-223-4226 홈페이지 www.sridaladamaligawa.lk 시간 05:30~20:00 요금 1,500루피 위치 캔디 역에서 약 1.2km 떨어진 곳에 위치. 도보로 약 15분 소요.

불치사 The Temple of Tooth Relic

석가모니의 치아 사리를 모신 사원

붓다의 성스러운 치아 사리가 안치된 사원으로, 현지인들은 '스리 달라다 말리가와(Sri Dalada Maligawa)'라고 부른다. 불치는 기원전 543년 붓다의 다비 후 수습된 것으로, 인도 칼링가 왕의 딸인 헤마말라 공주가 외침을 피해 쪽머리에 숨겨 스리랑카로 가져온 것으로 전해진다. 사리함은 하루 3번, 정해진 시간(04:30, 10:30, 18:30)에만 공개되므로 시간에 잘 맞춰서 가야 한다. 불치는 일년에 단 한 번 화려한 외출을 하는데, '에살라 페라헤라(Esala Perahera)' 축제 때 신성한 코끼리 등에 올라 시가행진을 벌이는 것이 그것이다. 타밀의 테러 공격을 받은 적이 있어, 입구에서 소지품 검사를 하므로 단출한 차림으로 가는 게 좋다.

위치 왕궁 내에 위치.

불치사 박물관 Temple of the Tooth Museum

캔디 시대의 유물이 전시된 공간

흔히 스리 달라다 박물관(Sri Dalada Museum)로 불리며 1층과 2층, 두 개의 전시관으로 구성되어 있다. 1층 전시관에는 캔디 역대 왕들의 흉상과 역사 기록들이, 2층 전시관에는 보석과 장식함 등 다양한 유물들이 전시되어 있다. 눈에 띄는 것은 캔디 왕들이 직접 기증한 은 등잔과 항아리, 그리고 인도와 태국의 역대 왕들이 기증한 유물들이다. 사진 촬영은 금지되어 있으며, 박물관에 들어서면 1층 한편에 마련된 황금 불상에 인사를 한 뒤 전시관을 둘러보면 된다.

위치 왕궁 내에 위치.

에살라 페라헤라(Esala Perahera)

불치사에 보관된 석가모니의 신성한 치아 사리에 경의를 표하기 위해 치러지는 축제로, 매년 7월에서 8월 사이에 거행된다. 오로지 1년에 한 번 치아 사리가 대중에게 공개되는 날이기도 해서, 좋은 자리를 차지하기 위해 이른 아침부터 전국 각지에서 수만 명의 사람들이 캔디로 모여든다.

에살라 페라헤라의 하이라이트는 마지막 날이다. 가로수에 장식된 연등이 빛을 발할 때쯤, 불치사 안에서 수도사들의 성가 소리가 새어나온다. 9시 무렵, 달이 뜨면 발포 소리가 들리고, 흰 옷을 입고 악령을 몰아내기 위해 생가죽 채찍을 튀기는 사람들이 어둠 속에서 나온다. 불공(fire-ball)을 저글링하는 광대가 높은 대말을 타고 등장하고, 그 뒤를 잇는 댄서와 악사들은 춤과 연주와 볼거리로 흥을 돋운다. 그리고 금으로 수놓은 옷을 입고, 엄니를 은으로 장식한 코끼리들이 함께 하는 행진이 시작되는데, 눈여겨볼 것은 가장 화려하고 가장 몸집이 큰 코끼리다. 바로 붓다의 치아 사리를 운반하는 코끼리로, 치아 사리와 마찬가지로 매우 신성시되는 존재이다.

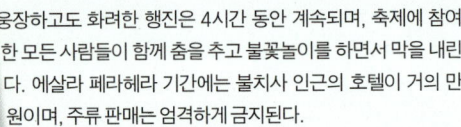

웅장하고도 화려한 행진은 4시간 동안 계속되며, 축제에 참여한 모든 사람들이 함께 춤을 추고 불꽃놀이를 하면서 막을 내린다. 에살라 페라헤라 기간에는 불치사 인근의 호텔이 거의 만원이며, 주류 판매는 엄격하게 금지된다.

마두마 반다라 동상 Madduma Bandara Statue

용기 있게 죽음을 맞은 소년 영웅

사형 직전, 용기 있는 행동으로 전설적인 영웅이 된 소년의 동상이다. 소년의 아버지가 영국 식민 지배에 대한 반란을 도왔다는 이유로, 가족 모두가 사형에 처하게 됐다. 1814년 5월, 사형 집행인의 시퍼런 칼 앞에서 형이 두려워하자, 소년이 당차게 걸어 나가면서 이런 말을 한다. "겁내지 마, 형! 내가 어떻게 죽음을 맞이하는지 보여 줄게!" 아홉 살 소년 영웅 마두마 반다라, 그의 표정은 여전히 강건하고 단호하다.

위치 왕궁 내에 위치.

라자 코끼리 박물관 Raja Elephant Museum

37년간 불치를 모신 코끼리 '라자'

37년간 '에살라 페라헤라' 축제에서 신성한 불치를 모시고 시가행진을 한 코끼리 '라자(Raja)'의 삶을 소개하는 박물관이다. 고귀한 성품으로 1986년 자예와르데네(J. R. Jayewardene) 전 대통령에 의해 국보로 지정됐으며, 1988년 라자가 죽자 국가 애도의 날을 갖기도 했다. 박물관에는 박제된 라자와 그의 75년간의 삶을 보여 주는 사진과 기록들이 전시되어 있다. 한 마리의 코끼리가 얼마나 숭고할 수 있는지, 가슴 뭉클한 감동을 느낄 수 있다.

위치 왕궁 내에 위치.

고고학 박물관 Archaeological Museum

소박하면서도 정갈한 유물 전시관

캔디의 곳곳에서 발견된 유물들을 전시해 놓은 박물관이다. 1층짜리 한 동으로 이루어진 박물관 건물은 매우 낡았는데, 캔디 왕궁의 일부분이었다고 한다. 캔디 사람들의 옛 생활상을 알 수 있는 항아리, 문스톤, 동상 등 다양한 유물들이 소박하면서도 정갈하게 전시되어 있다.

위치 왕궁 내에 위치.

나타 데발라야 사원 Natha Devalaya

드라비다 건축 양식의 힌두 사원

나타(Natha), 비슈누(Vishnu), 카타라가마(Kataragama, 스칸다), 파티니(Patini) 신을 모시고 있는 힌두교 사원이다. 14세기 비크라마 바후 3세 때, 게디게(Gedige) 스타일의 드라비다 건축 양식으로 지어졌다. 캔디 왕궁 내에 있는 건물 중 가장 오래된 것으로, 힌두 신을 모시는 사원이지만 불치사와 오랜 관계를 맺어오고 있다.

위치 왕궁 내에 위치.

세계 불교 박물관 The Museum of World Buddhism

세계 최초의 국제 불교 박물관

세계 최초로 건립된 국제적인 불교 박물관으로, 인도, 네팔, 미얀마, 방글라데시, 한국 등 17개국의 기부로 설립됐다. 국가별로 전시관이 나눠져 있어, 각 나라의 불상과 조각품들을 비교해 볼 수 있어 매우 흥미롭다. 2층에는 한국을 비롯해 일본, 중국의 불교 예술품들이 전시되어 있다. 박물관 입구 오른편에 작은 기념품 숍이 하나 있는데, 불교용품 외에도 일반 기념품을 매우 저렴한 가격에 판매하고 있으니 꼭 들러 보자.

주소 Sri dalada maligawa. Kandy 전화 081-223-4226 홈페이지 www.sridaladamaligawa.com 시간 08:00~19:00 요금 500루피 위치 불치사 뒤편에 위치.

캔디 국립 박물관 The National Museum of Kandy

캔디안 시대로의 시간 여행

캔디안 시대의 의복, 보물, 마스크, 무기, 생활 도구 등 수천 가지 유물을 전시해 놓은 박물관으로, 찬란했던 캔디 왕조로의 시간 여행을 할 수 있는 곳이다. 박물관 건물은 스리 비크라마 라자신하 재위 때 지어진 것으로, 당시 왕비들이 사용하던 공간이었다. 1942년 박물관의 모습으로 대중에게 공개되기 전까지 캔디 예술 협회와 마탈레 지역 장인들이 만든 예술품을 보관하는 장소로 쓰이기도 했다. 입구에서 신발과 가방을 무료로 보관해 준다.

주소 Kandy National Museum, Kandy 전화 081-220-2844 홈페이지 www.museum.gov.lk 시간 08:00~17:00 요금 500루피(카메라 소지 시 200루피, 비디오 카메라 소지 시 1,500루피 추가 요금) 위치 불치사 뒤편에 위치.

캔디안 댄스 Kandyan Dance

세련되고 역동적인 궁중 연회 춤

캔디 왕조의 궁전 연회 때 추던 춤으로, 그 춤사위가 매우 세련되고 역동적이다. 전통 북과 탬버린 등으로 흥을 돋우고, 익살스런 가면극으로 웃음을 준 뒤, 강렬한 불 쇼로 막을 내린다. 캔디의 유명한 축제 '에살라 페라헤라' 때 추는 춤으로도 유명하다. 캔디는 캔디안 댄스의 산실인 만큼 곳곳에 공연장이 있는데, 에어컨이 설치된 깨끗한 공연장으로는 '오크 레이(Oak-Ray)'가 있다. 입장료는 1000루피이며, 티켓은 입구에서 현장 구매하면 된다. 몰입하는 순간, 1시간의 공연 시간이 찰나처럼 흘러간다.

오크 레이 레전시(Oak Ray Regency)

주소 No 9, Devani Rajasinghe Mawatha, Getambe, Kandy **전화** 077-300-0300 / 077-793-3993 **홈페이지** www.oakrayregency.com **시간** 16:30~17:30 **요금** 1000루피 **위치** 캔디 역에서 약 3.5km 떨어진 곳에 위치. 뚝뚝으로 약 10분 소요.

캔디 중앙 시장 Kandy Municipal Central Market

미로처럼 넓은 재래시장

과일, 채소, 어육류, 향신료와 같은 식료품은 물론, 일상에 필요한 생활용품까지 살 수 있는 거대한 재래시장이다. 기차역처럼 생긴 시장 입구로 들어서면, 꽃과 연못이 있는 안뜰이 있고, 그 주위를 다양한 점포들이 둘러싸고 있다. 그러나 보이는 것이 다가 아니다. 그 뒤쪽으로도 한참 넓게 시장이 펼쳐지니, 느긋하게 쇼핑을 즐기기 좋은 곳이다.

시간 07:00 ~ 20:00 **위치** 캔디 역에서 불치사 방향으로 약 300m 떨어진 곳에 위치. 도보로 약 10분 소요.

핀나왈라 코끼리 고아원 Pinnawala Elephant Orphanage

자생 능력이 없는 코끼리를 거두다

주소 Pinnawala Elephant Orphanage, Pinnawala **전화** 035-226-6116 **홈페이지** www.elephantorphanage.lk **시간** 08:30~17:30 **요금** 성인 2,500루피 / 어린이 1,250루피(6세~12세) **위치** 캔디 역에서 약 41km 떨어진 곳에 위치. 자동차로 약 1시간 20분 소요.

부모를 잃거나 야생에서의 자생 능력이 없는 코끼리를 보호하기 위해 1975년에 설립된 고아원이다. 현재 93마리의 코끼리가 자유롭게 생활하고 있으며, 코끼리와 함께 사진을 찍고, 과일을 먹이는 체험을 할 수 있다(유료, 과일 한 바구니에 250루피). 염두에 둘 것은, 코끼리들의 공식적인 일과표가 있다는 것이다. 아기 코끼리가 젖병 우유를 먹는 시간, 목욕 겸 더위를 식히러 강가로 가는 시간이 정해져 있으니, 알찬 관람을 원한다면 일과표를 확인하고 가는 게 좋다. 정문 앞 골목 안쪽으로 아기자기한 코끼리 모형의 기념품을 파는 가게들이 많으니, 놓치지 말 것.

Travel Tip

핀나왈라 코끼리 고아원 일과표

- 08:30 - 매표소 개장
- 09:15 - 아기 코끼리 우유 주기
- 10:00 - 목욕을 위해 강으로 이동
- 12:00 - 목욕 끝내고 다시 고아원으로 이동
- 13:15 - 아기 코끼리 우유 주기
- 14:00 - 목욕을 위해 강으로 이동
- 16:00 - 목욕 끝내고 다시 고아원으로 이동
- 17:00 - 아기 코끼리 우유 주기
- 17:30 - 매표소 폐장

Travel Tip

야생 코끼리

스리랑카에는 현재 약 6,000여 마리의 야생 코끼리가 살고 있다. 인도, 방글라데시, 인도차이나 반도, 인도네시아 등지에 서식하는 아시아코끼리의 아종으로, 스리랑카에서만 서식하는 희귀한 종이다. 아시아코끼리의 아종 중에서 가장 몸집이 크며, 어깨 높이가 3.5m에 달한다. 몸빛은 인도코끼리나 수마트라코끼리보다 어둡고 탈색 부분이 더 뚜렷하다. 귀 바로 위의 앞머리가 좌우로 혹처럼 불룩 솟아 있다는 것이 특징이다. 스리랑카의 건조한 저지대 지역에서 서식하며 수명은 약 70년이다.

페라데니야 식물원 Royal Botanical Gardens, Peradeniya

스리랑카에서 가장 큰 식물원

연간 방문자수 200만 명을 기록하는 스리랑카 최대의 식물원이다. 14세기 싱할라 왕조의 왕실 정원으로 조성된 것으로, 영국 식민지 시대에 현재의 모습으로 재탄생했다. 59헥타르에 달하는 면적에 4,000여 종의 열대 식물이 서식하고 있는데, 쌍둥이 코코넛, 캐논볼 나무, 종려나무 길, 열대수 정원 등이 특히 볼 만하다. 자전거나 미니 전기차를 빌려 탈 수도 있는데, 미니 전기차의 대여료는 7인승이 시간당 2,000루피, 3인승은 1,000루피이다. 내부가 워낙 넓어서, 헤매지 않으려면 입구에서 내부 지도를 꼭 받아서 들어가야 한다. 입장료가 1,100루피로 저렴한 편이 아니므로, 시간적 여유가 있을 때 방문해 느긋하게 둘러보기를 권한다.

주소 Peradeniya royal botanic garden, Peradeniya 전화 081-238-8088 홈페이지 www.botanicgardens.gov.lk 시간 07:30~17:00 요금 성인 1,100루피 / 어린이 550루피(5~12세) 위치 캔디 역에서 약 5km 정도 떨어진 곳에 위치. 뚝뚝으로 약 15분 소요.

알루비하라 석굴 사원 Aluvihara Rock Cave Temple

팔리어 삼장이 문헌화된 곳

기원전 3세기 데바남피야 팃사 왕 때 건립된 사원으로, 팔리어 삼장이 최초로 문헌화된 곳이다. 이전까지 구전으로만 전해 오던 붓다의 가르침과 그가 승려들에게 지키라고 한 계율, 즉 팔리어 삼장을 쪄서 말린 야자수 잎에 최초로 기록한 것이다. 작은 석굴 법당에는 와불상이 모셔져 있고, 외벽에는 보기만 해도 무시무시한 지옥도가 그려져 있다. 탁 트인 사원의 꼭대기에는 작고 하얀 불탑이 있다. 박물관에 들르면, 팔리어 삼장이 간경된 방식대로 야자수 잎에 글씨를 써 주는데, 책갈피로 쓰기에 좋다.

주소 Aluvihara Temple, Trincomalee Road, Matale 전화 066-222-2533 시간 07:30~17:00 요금 250루피 위치 마탈레 역에서 약 4km 떨어진 곳에 위치. 뚝뚝으로 약 10분 소요.

Shopping

스리랑카 제1의 관광 도시인 캔디에 가면, 쇼핑의 거리 '달라다 비디야(Dalada Veediya)'로 나가 보자. 좌판부터 작은 상점, 그리고 대형 쇼핑몰까지 한 데 자리 잡고 있어, 자꾸 지갑이 열리는 신기한 경험을 하게 될 것이다. 캔디 시티 센터, 믈레즈나 티 센터 등이 그 거리에 있다.

캔디 시티 센터 Kandy City Center

캔디 유일의 대형 복합 쇼핑센터

캔디에서 유일한 대형 복합 쇼핑센터로 늘 사람들로 북적이는 곳이다. 스리 달라다 비디야(Sri Dalada Veediya) 거리에 위치해 있으며, 오래된 별장 느낌의 건물 외관과 달리, 내부는 반짝이는 쇼윈도로 장식된 각종 프리미엄 매장들이 가득 들어차 있다. 4층 규모로 되어 있으며, 1층에는 은행과 환전소, 슈퍼마켓, 식당, 2층에는 전자 제품, 3층에는 의류와 잡화, 4층에는 아이들을 위한 놀이터와 버거킹 등이 있다. 캔디에서 한낮 뜨거운 햇볕을 피해 시간을 보내기에 이만한 공간이 없다.

주소 Sri Wickrama Rajasinghe Mawatha, Kandy 전화 081-220-2844 홈페이지 www.kandycitycenter.lk 시간 09:00~20:00 위치 캔디 역에서 불치사 방향으로 약 350m 떨어진 곳에 위치. 도보로 약 10분 소요.

캔디안 예술 협회 & 문화 센터 Kandyan Art Association & Cultural Center

200여 장인의 예술 공간

1882년에 설립되어 정부 후원으로 운영되고 있는 문화 센터이다. 입구에서 매장까지 가는 도중에 곳곳에서 작업하고 있는 장인들을 볼 수 있는데, 현재 소속된 장인은 약 200여 명으로 이곳에서 판매하는 제품은 전부 그들이 만든 작품이라고 한다. 은, 구리, 놋쇠 등으로 만든 수공예품이 주를 이루며, 그 외에 손 자수로 만든 가방이나 나무 액세서리 함 등도 취급하고 있다. 스리랑카를 통틀어 가장 저렴한 기념품 숍이라고 할 만큼 가격이 낮다. 매일 오후 5시 30분, 관광객을 위한 캔디안 댄스 공연도 하고 있다. 캔디안 예술·공예품 센터(Kandyan Arts & Crafts Industrial Centre)와 혼동할 수 있으니 주의해야 한다.

주소 P.O Box 72, Sangaraja Mawatha, Kandy 전화 081-222-3100 시간 09:00~17:00 / 공연 17:00~18:00 요금 1,000루피 위치 캔디 역에서 약 5km 정도 떨어진 곳에 위치. 뚝뚝으로 약 10분 소요.

캔디안 예술 & 공예품 센터 Kandyan Arts & Crafts Industrial Center

전통적인 수공예품 상점

1974년에 문을 연 기념품 가게로, 전통 가면과 목공예품, 바틱(Batik), 석기, 골동품, 은·놋그릇, 그림 등과 같은 전통적인 스리랑카 수공예품을 판매하고 있다. 질이 낮은 물건은 취급하지 않다 보니, 가격이 조금 비싼 편이지만 그만큼 품질은 보장되는 곳이다. 한쪽에는 노리다케 코너가 마련되어 있어 그릇이나 찻잔 애호가들도 자주 찾는다. 매장 안에 쥬얼리 숍도 함께 운영하고 있다.

주소 835, 839 Peradeniya Rd, Kandy 전화 081-222-2099 시간 08:30~17:30 위치 캔디 역에서 약 2.5km 떨어진 곳에 위치. 뚝뚝으로 약 10분 소요.

락살라 Laksala

캔디 호수 근처의 기념품 가게

국가에서 운영하는 기념품 숍으로, 캔디 호수 근처에 위치해 있어 관광객들이 많이 찾는 곳이다. 실내가 다소 어둡지만 그 안에 가죽 제품부터 목각 인형, 전통 가면, 보석, 홍차, 그림, 패브릭 제품 등 다양한 기념품들을 판매하고 있다. 가격이 다소 비싼데, 우수한 품질의 것만 판매하고 있어 믿고 살 수 있는 곳이다.

주소 P.O Box No. 05, Sangaraja Mawatha, Kandy 전화 081-222-2087 홈페이지 www.laksala.gov.lk 시간 08:30~19:00 위치 캔디 역에서 약 700m 떨어진 캔디 호수 근처에 위치. 도보로 약 10분 소요.

믈레즈나 티 센터 Mlesna Tea Center

열대 과일 향기로 가득한 홍차 숍

57개국에 수출되고 있는 스리랑카 홍차 브랜드, 믈레즈나의 매장이다. 작은 가게지만 약 3천여 가지의 홍차를 판매하고 있다. 특히 앙증맞은 헝겊 주머니에 소량의 홍차를 담은 제품은 아직 취향이 정해지지 않은 홍차 입문자들에게 안성맞춤이다. 코코넛, 망고, 바나나, 파인애플, 사워솝(Soursop) 등 다양한 열대 과일 맛으로 이루어져 있다. 또한 아기자기한 찻잔과 찻잎 보관함, 티백 받침 등을 함께 판매하고 있어 눈이 즐겁다. 2층은 카페로 꾸며져 있는데, 믈레즈나 홍차를 맛볼 수 있는 공간이다.

주소 P.O. Box 151/1, Dalada Veediya, Kandy 전화 081-222-8626 홈페이지 www.mlesnateas.com 시간 08:30~18:00 위치 캔디 역에서 약 800km 정도 떨어진 캔디 시티 센터 옆에 위치. 도보로 약 10분 소요.

오파니마 쥬얼리 숍 Opanima Gems & Jewellery

60년간 신뢰를 쌓은 보석 상점

1956년에 설립된 오래된 보석 상점으로, '이곳의 보석은 믿을 만하다.'라는 입소문을 타고 관광객들이 많이 찾는 곳이다. 이곳의 특징은 매장 안에 보석 광산을 만들어 놓아, 방문객들이 광산 체험을 할 수 있다는 점과, 작업장이 있어 보석 세공 과정을 직접 눈으로 볼 수 있다는 점이다. 내부 투어가 끝나면, 보석을 구매할 수 있는데, 보석의 종류와 가공된 정도에 따라 그 가격이 천차만별이므로 미리 원하는 보석의 종류와 가격 정도를 알고 가는 게 좋다. 캔디에 두 개의 매장을 운영하고 있다.

주소 P.O Box 10, Sangmithta Mawatha, Kandy 전화 081-220-3448 홈페이지 www.opanima.com 시간 09:00~17:00(토요일 15:00까지) 위치 캔디 역에서 약 4km 떨어진 곳에 위치. 뚝뚝으로 약 15분 소요.

이시니 주얼리 숍 Isini Gems & Jewellers

호화로운 시설과 최고의 서비스

여기가 스리랑카일까 싶을 정도로 호화로운 보석 상점이다. 이시니는 스리랑카에서 손꼽히는 보석 업체 중 하나로, 매장으로 들어서면 세련된 사리를 입은 여직원들과 말끔한 정장을 입은 남직원들이 안내를 해 준다. 바로 이러한 좋은 서비스와 시설 덕분에 외국인 관광객이 많이 찾는 곳이라고 한다. 흥미로운 모형 광산과 보석 세공 작업장을 둘러본 뒤, 보석 매장에서 원하는 보석을 살 수 있다. 원하는 보석과 디자인을 선택해서 주문하면, 작업장에서 바로 세공이 가능하다.

주소 P.O. Box 04, Deveni Rajasinghe Mawatha, Getambe, Kandy 전화 081-206-6530 홈페이지 www.isinigems.com 시간 09:00~17:00 위치 캔디 역에서 약 4.5km 떨어진 곳에 위치. 뚝뚝으로 약 17분 소요.

코끼리 똥 페이퍼 숍 Elephant Dung Paper Shop

코끼리 똥으로 만든 특별한 기념품

핀나왈라 코끼리 고아원 앞 골목에 위치한 에코 숍으로, 코끼리 똥을 재료로 한 종이 공예품들을 판매하고 있다. 코끼리 똥 안에는 셀룰로오스라고 하는 섬유질이 많은데, 그 섬유질이 바로 종이를 만들 때 꼭 필요한 섬유질이라고 한다. 엽서, 노트, 메모지 함, 종이 그림 액자 등은 물론, 다양한 포즈의 코끼리 장식품이 발길을 붙잡는 곳이다.

위치 핀나왈라 코끼리 고아원 맞은편 상가 골목 사이에 위치.

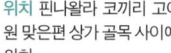

노리다케 공장 아웃렛 Noritake Factory Outlet

B급이어도 괜찮아

해두었는데, 정상가의 1/3도 되지 않은 가격이다. 구입한 물건이 깨지지나 않을까 염려될 수 있으나 깨지지 않도록 아무지게 포장을 해 주니, 무게만 걱정하면 된다.

주소 Noritake Factory Showroom, P.O. Box 30, Matale **전화** 066-224-4732 **홈페이지** www.noritake.lk **시간** 09:00~17:00 **요금** 무료 **위치** 마탈레역에서 약 5km 떨어진 곳에 위치. 툭툭으로 약 15분 소요.

캔디의 근교 도시 마탈레에 노리다케 공장이 있는데, 그 공장 옆에 아웃렛 매장이 있다. 노리다케는 일본의 유명 도자기 브랜드로, 시중에선 가격이 꽤 비싸지만 공장이 있는 이곳에선 저렴하게 구입할 수 있다. 한국인 관광객도 많이 찾는 곳으로, 여기서 눈여겨볼 것은 정품 판정을 받지 못한 B급 제품이다. B급이라고 해서 크게 흠이 있는 게 아니라, 전문 검수가의 눈으로 정품과 아주 미세한 차이가 있는 제품을 걸러낸 것이다. 찻잔이나 그릇 밑바닥 상표명을 아주 살짝 긁어 놓는 것으로 B급을 표시

Restaurant & Café

캔디의 카페와 레스토랑들은 거의 불치사 앞과 달라다 비디야(Dalada Veediya) 거리에 모여 있다. 외국인들이 많이 찾는 도시이다 보니 하나같이 세련되게 꾸며져 있고, 간단한 빵과 케이크, 아이스크림에서부터 스리랑카의 정통 식사까지 다양한 메뉴를 한 식당에서 맛볼 수 있다.

내추럴 커피 Natural Coffee

스리랑카 커피콩으로 내린 커피

일본인이 운영하는 커피 전문점으로, 불치사 입구 바로 옆에 위치해 있다. 3층으로 되어 있지만, 층당 테이블은 몇 개 되지 않는 작은 규모다. 이곳의 특징은 스리랑카에서 생산하는 신선한 커피콩만을 사용한다는 것이다. 커피를 주문하면, 시간을 잴 수 있는 모래시계와 커피포트, 일본풍의 커피잔이 한 알의 캐슈너트와 함께 나온다. 무료 와이파이를 이용할 수 있고 에어컨이 가동되어, 불치사를 방문한 외국인들이 많이 찾는다고 한다. 오전 9시 반부터 저녁 7시 반까지 벨기에 와플과 고구마 케이크 등을 할인 판매하고 있으며, 각각 200루피와 150루피에 먹을 수 있다. 깔끔하고 아기자기한 느낌의 일본풍 커피숍으로 한낮 더위를 피해 잠시 쉬어가기 좋은 곳이다.

주소 P.O. Box 5, Temple Street, Kandy **전화** 081-220-5734 **홈페이지** www.naturalcoffee.lk **시간** 08:00~22:30 **가격** 내추럴 커피(Natural coffee) 400루피, 카페 로얄(Cafe royal) 500루피, 아이스 라테(Ice latte) 500루피, 벨기에 와플(Belgium waffle) 400루피 **위치** 캔디 역에서 약 1.2km 떨어진 불치사 입구에 위치. 도보로 약 15분 소요.

믈레즈나 티 라운지 Mlesna Tea Lounge

믈레즈나 홍차 향이 가득한 곳

믈레즈나 티 센터 2층에 위치한 찻집이다. 세계 57개국으로 수출되는 믈레즈나 홍차를 맛볼 수 있는 곳으로, 군더더기 없는 원목 인테리어에 다소 어두운 조명이 시원한 느낌을 준다. 홍차 외에도 샌드위치와 햄버거를 판매하고 있는데, 가격이 무척 저렴하다. 플레인 홍차 한 잔에 70루피, 치킨 샌드위치는 280루피다. 홍차를 사기 위해 믈레즈나 티 센터를 방문했는데 아직 믈레즈나 홍차를 마셔 본 적이 없다면, 먼저 2층으로 올라가 홍차를 맛본 뒤 구입하는 것이 좋다. 참고로 믈레즈나 홍차

는 열대 과일 향차(Flavored Tea)가 맛있고 유명하다.

주소 P.O. Box 151/1, Dalada Veediya, Kandy **전화** 081-222-8626 **홈페이지** www.mlesnateas.com **시간** 08:30~18:00 **가격** 플레인 홍차(Plain tea) 70루피, 향차(Flavoured Tea) 200루피, 치킨 샌드위치 280루피 **위치** 캔디 역에서 약 350m 떨어진 캔디 시티 센터 옆에 위치. 도보로 약 10분 소요.

카페 아로마 인 Cafe Aroma Inn

깔끔하고 세련된 레스토랑 겸 카페

캔디 번화가에 위치한 인도, 태국, 중국 음식 전문 레스토랑이다. 블랙&화이트의 세련된 인테리어에 맛있는 음식과 단정하고도 친절한 직원들로 늘 손님이 끊이지 않는 곳이다. 이곳의 가장 큰 특징은 개방된 주방에 있다. 전면 유리로 된 주방은 손님들에게 볼거리를 제공하는 동시에 음식점 위생에 대한 걱정을 날려 버린다. 볶음밥, 데블드 치킨, 누들 등 다양한 식사 메뉴가 있지만, '카페 아로마 인'이라는 이름답게 커피, 생과일 주스, 케이크, 쿠키도 판매하고 있다. 에어컨이 시원하게 가동되며, 불치사에서 도보로 8분 거리에 있다.

주소 P.O. Box No 98, Sir Benet De Soyza Street (Colombo Street), Kandy **전화** 081-222-9951 **홈페이지** www.cafearomainn.com **시간** 07:00~22:00 **가격** 해산물 볶음밥(Sea Food Fried Rice) 570루피, 데블드 치킨(Develed Chicken) 620루피, 매운 국수(Spicy Noodles) 740루피 **위치** 캔디 터미널에서 약 1.1km 떨어진 곳에 위치. 도보로 약 15분 소요.

엠파이어 카페 The Empire Cafe

고풍스런 느낌의 레스토랑 겸 카페

오래된 그림과 골동품 같은 가구들이 고풍스런 느낌을 한껏 풍기는 작은 카페다. 눈이 부실 정도로 하얀 건물은 200여 년 전에 지어진 것이라고 한다. 대표적인 메뉴는 라이스 앤 커리와 샌드위치, 햄버거, 롤 등이며, 커피를 비롯한 음료와 디저트도 판매하고 있다. 규모는 작지만 외국인들이 많이 찾는 인기 있는 레스토랑 겸 카페다. 단, 에어컨이 없고, 천장에 매달린 팬만 있어서 더위를 많이 타는 사람은 다소 힘들 수 있다. 불치사 입구 옆, 내추럴 커피와 같은 라인에 위치해있어 찾아가기 쉽다.

주소 P.O. Box 21, Temple Street, Kandy **전화** 081-223-9870 **홈페이지** www.facebook.com/EmpireCafeKandy **시간** 08:30~20:30 **가격** 커피 370루피, 티 컨트리(Tea Country) 270루피, 라이스 앤 커리 450루피, 버거 650루피 **위치** 캔디 터미널에서 약 1.2km 떨어진 불치사 입구에 위치. 도보로 약 15분 소요.

화이트 하우스 White House Restaurant

맛도 있고 양도 많은 레스토랑

캔디의 번화가 '달라다비디야(Dalada Veediya)'에 위치한 레스토랑으로, 스리랑카, 인도, 중국, 서양식 등 여러 나라의 음식을 맛볼 수 있는 곳이다. 영국 식민지 시대에 지어진 건물 2층에 자리한 화이트 하우스는, 나무를 테마로 한 아늑한 인테리어에 음식도 맛있어 현지인뿐 아니라 외국인 관광객도 많이 찾는 곳이다. 1층에 신선한 빵을 판매하는 대형 베이커리도 함께 운영하고 있는데, 빵 종류가 많아 늘 사람들로 북적인다. 1층 한쪽에 테이블이 몇 개 있는데 주로 빵이나 케이크, 음료와 같은 간단한 식사를 하는 사람들이 이용한다.

주소 P.O. Box 21, Dalada Veediya, Kandy **전화** 081-223-2765 **홈페이지** www.whitehouse.lk **시간** 08:30~23:00 **가격** 하이데라바드 치킨 비리야니 460루피, 탄두리 치킨 480루피, 난 160루피, 라임 주스 100루피 **위치** 캔디 역에서 약 350m 떨어진 캔디 시티 센터 옆에 위치. 도보로 약 10분 소요.

캔디안 아츠 레지던시 Kandyan Arts Residency

맥주 주문이 가능한 고급 뷔페

스리랑카와 몽골, 서양 음식을 뷔페식으로 즐길 수 있는 고급 레스토랑이다. 캔디 시내에서 조금 떨어져 있지만, 정갈한 음식과 직원들의 세심한 서비스, 탁 트인 풍경으로 외국인 손님이 많은 곳이다. 오픈 키친(Open Kitchen)으로, 요리사들과 소통할 수 있다는 점은 이곳의 가장 큰 메리트이다. 따끈따끈할 때 먹어야 제맛이 나는 호퍼와 로티 같은 음식은, 요리사에게 주문하면 그 즉시 만들어 준다. 맥주를 주문할 수 있는 흔치 않은 음식점이며, 에어컨이 없지만 테라스를 항상 오픈해 두어 크게 덥지는 않다. 외국인을 위한 기념품 숍과 호텔을 함께 운영하고 있다.

주소 P.O. Box 839, Peradeniya Rd, Kandy **전화** 081-222-9825 **홈페이지** www.hotelkandyanarts.com **시간** 06:00~23:00 **요금** 점심, 저녁 뷔페 1,500루피 **위치** 캔디 역에서 약 2.5km 떨어진 곳에 위치. 뚝뚝으로 약 10분 소요.

Hotel & Resort

캔디에서 호텔을 선택할 땐, 접근성과 전망 중 하나를 선택해야 한다. 도시가 분지의 형태이다 보니, 전망이 좋은 곳은 지대가 높아서 접근성이 조금 떨어진다. 에살라 페라헤라(Esala Perahera)가 있는 8월에는 불치사 근처 호텔의 객실이 모두 꽉 차니, 예약을 서둘러야 한다.

오조 호텔 Ozo Hotel

심플하고 현대적인 호텔

2015년에 오픈한 심플하고 현대적인 느낌의 호텔이다. 오조는 홍콩과 태국에도 체인이 있는 글로벌한 호텔 브랜드로, 스리랑카에선 콜롬보에 이어 두 번째로 캔디에 지어졌다. 총 122개의 객실이 있으며, 그중 일부는 캔디 호수를 바라보고 있어 발코니에서 불치사의 황금 돔을 볼 수 있다. 최근에 문을 연 만큼 객실뿐 아니라 수영장, 피트니스 센터 등 모든 시설이 매우 깨끗하다. 옥상에 바(Bar)가 있는데, 푸른 산으로 둘러싸인 캔디 호수를 바라보면서 칵테일이나 맥주를 마실 수 있다. 아침, 저녁은 뷔페식으로 운영되며, 투숙객이 아닌 사람들도 자주 찾을 정도로 맛이 좋다. 캔디 시내에서 10분 거리에 위치해 있다.

주소 P.O. Box 31, Saranankara Mawatha, Kandy 전화 081-203-0700 홈페이지 www.ozohotels.com 요금 디럭스 15,400루피~ 위치 캔디 역에서 약 2km 떨어진 곳에 위치. 뚝뚝으로 약 10분 소요.

카페 아로마 인 Cafe Aroma Inn

저렴하지만 고급스러운 객실

카페 아로마 인 레스토랑과 함께 운영되고 있는 호텔이다. 레스토랑은 건물의 1층, 호텔은 2층과 3층에 자리 잡고 있다. 10개의 객실은 대리석 바닥으로 고급스럽게 꾸며져 있고, 화장대, 케이블 시청이 가능한 평면 TV, 에어컨 등이 갖춰져 있다. 비흡연자들을 위한 금연 객실이 따로 있다. 로비나 수영장 등 이용할 수 있는 편의 시설은 따로 없지만, 가격이 저렴하고 불치사 인근 번화가에 위치해 캔디의 주요 관광지를 걸어서 방문할 수 있다.

주소 P.O. Box No 98, Sir Benet De Soyza Street (Colombo Street), Kandy 전화 081-222-9951

홈페이지 www.cafearomainn.com 요금 스탠더드 8,400루피, 디럭스 16,800루피부터 위치 캔디 역에서 약 1.1km 떨어진 곳에 위치. 도보로 약 15분 소요.

호텔 스위스 Hotel Suisse

콜로니얼 스타일의 도심 호텔

다. 야외 수영장, 아유르베다 스파, 사우나, 라운지 바와 같은 편의 시설을 이용할 수 있다. 캔디 호수 바로 옆에 위치해 있어 접근성이 좋다.

주소 P.O. Box 30, Sangaraja Mawatha, Kandy **전화** 081-223-3024 **홈페이지** www.hotelsuisse.lk **요금** 디럭스 17,500루피~, 디럭스 2인실 19,500루피~ **위치** 캔디 역에서 약 3km 떨어진 곳에 위치. 툭툭으로 약 10분 소요.

오랜 역사를 가진 콜로니얼 스타일의 호텔로, 17세기에는 왕의 곡물 저장고를 관리하는 수석 장관의 저택이었다고 한다. 넓은 정원과 90개의 객실을 갖추고 있어 도심에 있는 호텔 중 가장 큰 규모를 자랑한다. 고가구와 무거운 커튼 등 객실의 인테리어는 식민지 시대의 느낌을 충분히 살리고 있

퀸즈 호텔 Queens Hotel

호텔에서 '에살라 페라헤라'를 보다

1895년 문을 연 3성급 호텔이다. 스리랑카에서 가장 오래된 호텔 중 하나로, 건물의 역사는 그보다 더 앞서 160여 년의 역사를 자랑한다. 콜로니얼 스타일의 세련되고 우아한 80개의 객실을 가지고 있다. 불치사 입구 바로 맞은편에 위치해 있어, 숙박비가 저렴한 편이 아닌데도 늘 관광객이 많은 편이다. 특히 캔디의 유명한 에살라 페라헤라 축제 기간에는 호텔 내에서 축제 행렬을 볼 수 있다는 이 점 때문에 객실이 만원이니, 예약을 원한다면 서둘

러야 한다.

주소 P.O Box 4, Dalada veediya, Kandy **전화** 081-223-3026 **홈페이지** www.queenshotel.lk **요금** 스탠더드 10,200루피~, 디럭스 15,500루피~(축제 기간 제외) **위치** 캔디 역에서 약 1.2km 떨어진 불치사 사원 입구에 위치. 도보로 약 15분 소요.

랜드홀리 럭셔리 리조트 Randholee Luxury Resort

매혹적인 풍경을 담은 호텔

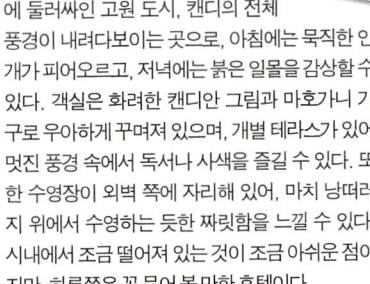

캔디의 고지대에 위치한 전망 좋은 호텔이다. 산에 둘러싸인 고원 도시, 캔디의 전체 풍경이 내려다보이는 곳으로, 아침에는 묵직한 안개가 피어오르고, 저녁에는 붉은 일몰을 감상할 수 있다. 객실은 화려한 캔디안 그림과 마호가니 가구로 우아하게 꾸며져 있으며, 개별 테라스가 있어 멋진 풍경 속에서 독서나 사색을 즐길 수 있다. 또한 수영장이 외벽 쪽에 자리해 있어, 마치 낭떠러지 위에서 수영하는 듯한 짜릿함을 느낄 수 있다. 시내에서 조금 떨어져 있는 것이 조금 아쉬운 점이지만, 하루쯤은 꼭 묵어 볼 만한 호텔이다.

주소 Heerassagala Road, Bowalawatta, Kandy 전화 081-221-7741 홈페이지 www.randholeeresorts.com 요금 디럭스 10,600루피~, 위치 캔디 역에서 약 5km 떨어진 곳에 위치. 뚝뚝으로 약 20분 소요.

더 그랜드 캔디안 호텔 The Grand Kandyan Hotel

2014년 재개장한 5성급 호텔

도심에서 약 1.5km 떨어져 있는 5성급 호텔로, 2014년 대대적인 리모델링을 거쳐 새로 오픈했다. 대형 창문이 있는 100개의 객실에는 고풍스러운 카펫이 깔려 있고, 소파와 전용 발코니, 미니바 등이 갖춰져 있다. 식사는 스리랑카식과 서양식이 함께 준비되는 뷔페식이며, 간단한 스낵과 술을 마실 수 있는 바는 따로 있다. 그 외에 키즈 풀을 갖춘 실외 수영장과 피트니스 센터, 스파, 마사지 시설 등도 이용할 수 있다.

주소 P.O. Box 89/10, Lady Gordon's Drive, Kandy 전화 081-203-0400 홈페이지 www.tgrandkandyan.com 요금 디럭스 16,500루피~ 위치 캔디 역에서 약 3.5km 떨어진 곳에 위치. 뚝뚝으로 약 10분 소요.

틸랑카 호텔 Thilanka Hotel

푸른 호수와 숲이 보이는 호텔

캔디 호수가 내려다보이는 언덕 위에 위치한 4성급 호텔이다. 디럭스룸과 스위트룸으로 이루어진 80개의 객실이 있으며, 각 객실에는 에어컨, 업무용 책상, 커피 포트, 평면 TV 등이 갖춰져 있다. 개별 발코니로 나가면 아름다운 캔디 호수와 유다와타켈레(Udawattakele)의 푸른 숲을 만날 수 있다. 호텔 내에 있는 아유르베다 센터에는 의사가 있어, 정확한 진단을 통해 자신의 몸에 꼭 맞는 마사지를 받을 수 있고, 베이비시팅(babysitting) 서비스를 이용할 수도 있다. 그 밖에 수영장과 사우나, 기념품점이 있으며, 조식은 뷔페식으로 준비된다.

주소 P.O. Box 03, Sangamitta Mawatha, Kandy 전화 081-447-5200 홈페이지 www.thilankahotel.com 요금 디럭스 17,500루피~ 위치 캔디 역에서 약 4km 떨어진 곳에 위치. 뚝뚝으로 약 15분 소요.

시나몬 시타델 Cinnamon Citadel

'비밀의 성' 느낌의 4성급 호텔

마하웰리 강가에 위치한 4성급 호텔이다. 산세에 둘러싸인 비밀의 성 같은 느낌을 주는 호텔로, 캔디 시내에서 2km 정도 떨어진 곳에 위치해 있다. 분주한 도심을 벗어나 조용하고 편안히 휴식을 취하고 싶은 관광객들을 위한 호텔이다. 레스토랑에는 야외 테라스가 있어, 해 질 녘 낭만적인 강가 풍경을 바라보면서 식사를 즐길 수 있다. 각 객실에는 무선 인터넷, 에어컨 등의 편의 시설이 잘 구비되어 있으며, 금연 객실이 따로 있다.

주소 P.O. Box 124, Srimath Kuda Ratwatte Mawatha, Kandy 전화 081-223-4365 홈페이지 www.cinnamonhotels.com 요금 디럭스 10,800루피~ 위치 캔디 역에서 약 5km 떨어진 곳에 위치. 뚝뚝으로 약 15분 소요.

마하웰리 리치 호텔 Mahaweli Reach Hotel

마하웰리 강변의 5성급 호텔

마하웰리 강변에 있는 5성급 호텔이다. 객실은 나무 바닥과 목가구로 고전미를 살렸으며, 전용 발코니를 통해 열대 녹지의 멋진 풍경을 볼 수 있다. 산과 강에 둘러싸인 별장 같은 호텔은 수영장, 테니스 코트, 아유르베다 스파, 피트니스 센터를 갖추고 있으며, 3km 이내에 골프장도 있다. 원한다면 마하웰리 강에서 수상 스포츠를 즐길 수도 있으며, 자전거 대여도 가능하다. 스리랑카 요리가 메인인 레스토랑에선 매일 저녁 라이브 공연이 펼쳐진다.

주소 P.O. Box 78.35, P.B.A. Weerakoon Mw, Kandy 전화 081-247-2727 홈페이지 www.mahaweli.com 요금 디럭스 15,500루피~ 위치 캔디 역에서 약 2km 떨어진 곳에 위치. 뚝뚝으로 약 10분 소요.

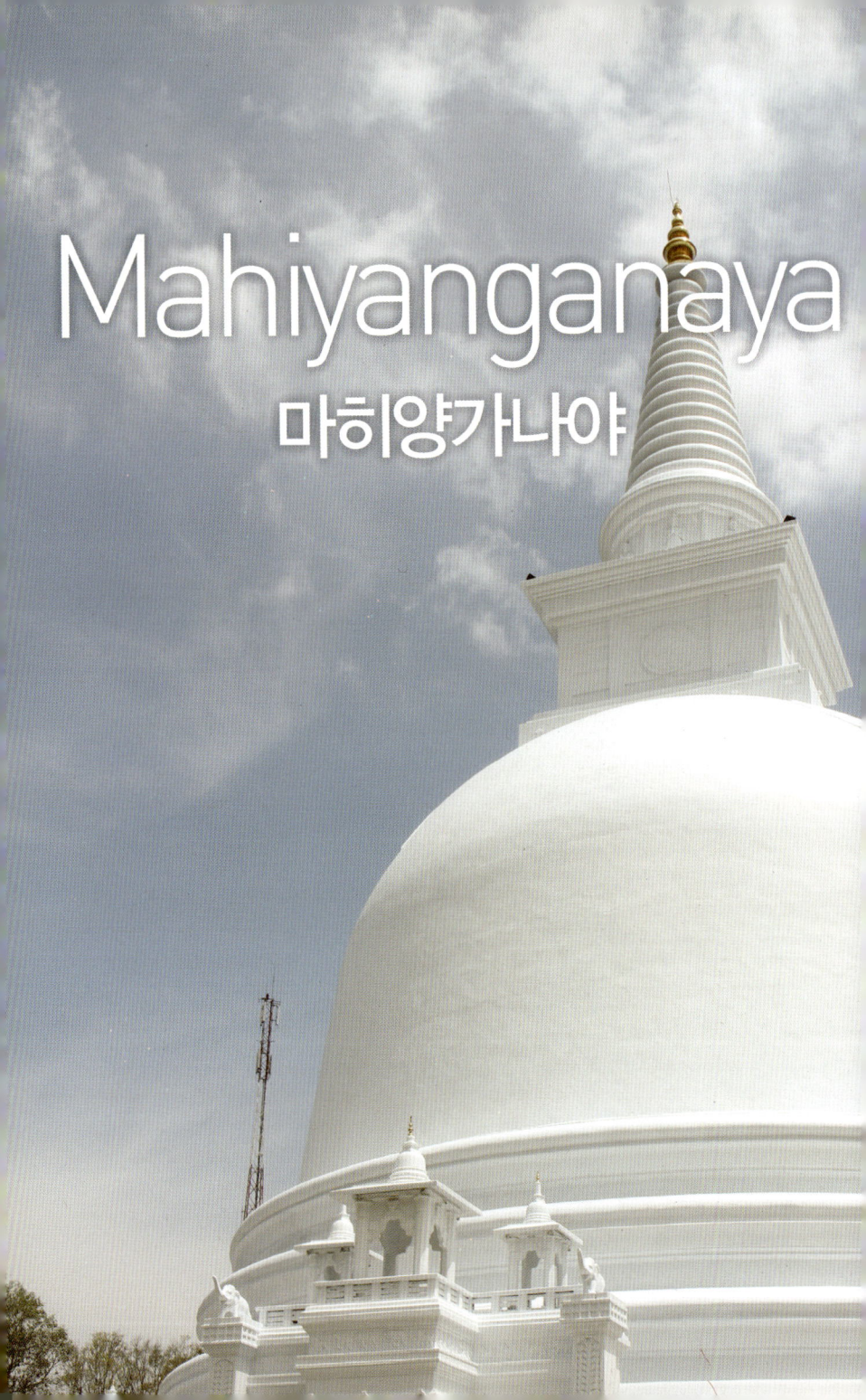

베다족이 사는 원시 밀림의 땅

스리랑카 중부, 우거진 밀림 속에 원시 부족을 품고 있는 고장이 마히양가나야이다. 마히양가나야는 맨몸에 작은 천 하나만을 허리에 둘러매고 살아가는 베다족(Vedda) 마을로 유명하지만, 석가모니가 직접 와 설법하고 머리카락 사리까지 남긴 불탑 사원이 있어 불교 성지로도 알려진 곳이다. 베다족은 이색적인 복장 외에 눈에 띄는 특징이 하나 더 있는데, 자신만의 부족 언어를 사용한다는 점이다. '혼다마이'는 베다족의 언어로 '안녕하세요'를 뜻한다. 베다족 마을에 갈 땐 싱할라어의 '아유보완'이나 영어의 '헬로우' 대신 '혼다마이'를 써 보자. 베다족 사람들이 더욱 환한 미소로 반겨 줄 것이다.

마히양가나야에서 꼭 해야 할 일! BEST 3
① 스리랑카 최초로 세워진 불탑 사원 방문
② 베다족 마을 안에 있는 원주민 문화유산 박물관 견학
③ 상아로 만든 베다족 수공예품 쇼핑하기

마히양가나야 가는 방법

콜롬보에서 가기

콜롬보에서 마히양가나야로 이동하려면 바로 가는 방법과 캔디를 경유해서 가는 방법이 있다. 콜롬보에서 바로 이동하려면 센트럴 터미널이나 민영 버스 터미널에서 버스를 타야 한다. 새벽 5시 40분부터 저녁 6시 30분까지 운행하는 일반 버스를 이용할 수 있다. 요금은 250루피이며, 약 5시간이 소요된다.

캔디에서 가기

캔디를 경유해서 가는 여행객이라면 캔디 여행을 마치고 바로 마히양가나야로 이동하면 된다. 캔디 버스 터미널에서 새벽 5시 30분부터 저녁 7시 10분까지 한 시간 간격으로 운행하는 일반 버스를 타야 한다. 요금은 120루피이며 약 3시간이 소요된다.

 ## 마히양가나야 반나절 코스

마히양가나야에서 볼거리는 '베다족 마을'과 '마히양가나야 불탑 사원'뿐이라, 모두 둘러보는 데 반나절이 채 안 걸린다. 버스 터미널 앞에서 흥정을 통해 뚝뚝(운전기사 포함)을 반나절 대절하여, 기사의 안내대로 이동하는 게 가장 편리하고 안전하다.

마히양가나야 불탑 사원

뚝뚝 30분

원주민 문화유산 박물관

도보 2분

베다족 마을

마히양가나야 불탑 사원 Mahiyanganaya Raja Maha Vihara

스리랑카에서 붓다의 첫 방문지

석가모니가 스리랑카를 처음 방문했을 때, 가장 먼저 들러서 설법한 곳이다. 사원 안에는 붓다의 머리카락과 경추 사리가 안치된 불탑이 있는데, 스리랑카에 세워진 첫 불탑이다. 9월에는 이곳에서 아흐레 동안 페라헤라 축제가 열리는데, 토착 원주민인 베다족의 전통 춤을 볼 수 있다. 축제는 보름이 되는 날 그 막을 내린다. 마히양가나야 불탑 사원은 스리랑카 사람들이 매우 신성하게 여기는 사원이므로, 살을 드러내는 민소매나 반바지, 짧은 치마를 입어선 안 되며, 반드시 모자도 벗고 들어가야 한다.

주소 Mahiyanganya Raja Maha Viharaya, Mahiyanganya **전화** 055-225-7825 **시간** 07:00~19:00 **요금** 무료 **위치** 마히양가나야 버스 터미널에서 약 2km 떨어진 곳에 위치. 뚝뚝으로 약 10분 소요.

베다족 마을 Dambana Vedda Village

원시의 삶을 놓지 않는 베다족

21세기에도 원시의 삶을 이어가고 있는 베다족이 사는 마을이다. 스리랑카 교과서에도 실려 있어 답사하러 찾아오는 학생들을 쉽게 볼 수 있다. 볏짚으로 만든 집들이 모여 있는 마을로 들어서면 우선 족장(Uru Warige Wannila Aththo)을 만난 뒤, 마을과 박물관을 둘러보게 된다. 곳곳에 돗자리를 펴고 앉아 수공예품을 파는 베다족 상인들이 있는데, 상아로 만든 반지와 펜던트가 예쁘다. 하나에 500루피 정도로, 기념품으로 사기에 괜찮은 물건이다.

주소 Dambana Veddas Village, Mahiyanganya **전화** 072-118-2444 **시간** 원주민 문화유산 박물관 08:00~17:00 **위치** 마히양가나야 버스 터미널에서 약 20km 떨어진 담바나(Dambana) 라는 곳에 위치. 개인 차량이나 렌트카로 이동해야 함.

원주민 문화유산 박물관 Indigenous Heritage Museum

원주민의 역사가 살아 있는 곳

베다족 마을 안에 있는 박물관으로, 베다족의 문화유산을 잘 보존하기 위해 설립되었다. 안뜰을 중심으로 그 둘레에 여러 개의 전시관이 배치되어 있다. 사냥이나 일상에서 사용하던 여러 도구들이 전시되어 있고, 마네킹이나 그림을 통해 베다족의 역사와 삶의 방식을 친절하게 설명하고 있다. 내부가 약간 어두운 편인데, 그래서인지 작은 박쥐가 날아다니기도 한다.

주소 Dambana Veddas Village, Mahiyanganya **전화** 072-118-2444 **시간** 08:00~17:00 **요금** 500루피 **위치** 마히양가나야 버스 터미널에서 약 20km 떨어진 담바나 지역에 위치. 자동차로 약 30분 소요.

베다족 Vedda

스리랑카의 최초 거주민으로 추정되는 키가 작고 곱슬머리에 넓은 코를 가진 원시 부족이다. 남성들은 허리부터 무릎까지 내려오는 길이의 짧은 사롱을 입고, 일부일처제를 지키며, 그들 고유의 베다 언어를 사용한다. 활사냥과 채집을 통해 야생 동식물, 고구마, 꿀, 과일, 견과류를 주식으로 삼으며 살아 왔다. 어리거나 임신한 동물은 절대 죽이지 않고 오로지 식량을 얻기 위해서만 사냥을 하는데, 현재는 사냥보다는 농업에 종사하는 사람이 더 많다.

전 족장인 티사하미 아디오(Tisahami Aththo)는 부계 전통에 따라 15살에 족장이 되어 100년 이상 베다족을 이끌었으며, 그 뒤를 이어 현재는 그의 아들(Uru Warige Wannila Aththo)이 족장 역할을 수행하고 있다.

Nuwara Eliya

누와라 엘리야

싱그러운 차밭이 그득한 빛의 도시

'빛의 도시'라는 뜻을 가진 누와라 엘리야는 스리랑카 중남부의 고원 도시이다. 푸른 하늘과 녹색 차밭이 광활하게 펼쳐져 있고, 열대의 나라답지 않은 서늘한 기후로 이색적인 느낌을 주는 곳이다. 세계적인 홍차 생산지인 만큼 실론티 공장이 유명하며, 그 밖에 도심에 있는 영국식 공원인 빅토리아 공원, 스리랑카에서 세 번째로 높은 호튼 플레인스 국립 공원이 주요 관광 명소이다. 축제가 있는 4월에는 누와라 엘리야의 모든 호텔이 꽉 차고, 방이 있더라도 가격이 몇 배로 뛰므로 예약을 서둘러야 한다. 또한 해발 1,868m에 위치해 스리랑카의 다른 지역보다 기온이 10도 정도 낮으므로, 긴팔 카디건 정도는 반드시 준비해 가야 한다.

누와라 엘리야에서 꼭 해야 할 일! BEST 3
① 홍차 공장 견학 및 실론티 구입하기
② 도시 전체가 들썩이는 누와라엘리야 축제 즐기기
③ 호튼 플레인스에서 '세상의 끝'과 마주하기

누와라 엘리야 가는 방법

콜롬보에서 가기

	기차(포트 역)	버스(민영 터미널)
첫차	05:55	05:30
막차	20:00	20:30
운행시간	05:55, 08:30 09:45, 20:00	일정하지 않음
요금	1등석 1,000루피 2등석 600루피 3등석 400루피	일반 235루피 A/C 465루피

콜롬보에서 바로 누와라 엘리야로 이동하려면 콜롬보 포트 역에서 바둘라(Badulla)행 기차를 타고 나누오야(Nanu Oya) 역에서 내리면 된다. 누와라 엘리야에는 기차역이 없고, 나누오야까지만 기차가 연결된다. 나누오야 역은 누와라 엘리야에서 약 10km 떨어져 있어, 버스나 뚝뚝을 타고 이동해야 한다. 버스 요금은 20~30루피이며, 뚝뚝 요금은 400~500루피 정도 나온다.

캔디에서 가기

만약 캔디에 여행을 마치고 누와라 엘리야로 가는 여행객이라면 캔디에서 나누오야행 기차를 타고 이동하면 된다. 캔디에서 나누오야로 가는 기차는 오전 8시 47분과 11시 10분에 각각 운행하고 있다.

누와라 엘리야 하루 코스

시내의 주요 관광 명소만 둘러본다면 하루 코스로도 충분하다. 시내에서 12~17km 떨어져 있는 홍차 공장을 제외하면, 다른 관광 명소들은 서로 밀지 않은 곳에 위치해 있어 도보나 뚝뚝으로 빠른 이동이 가능하다.

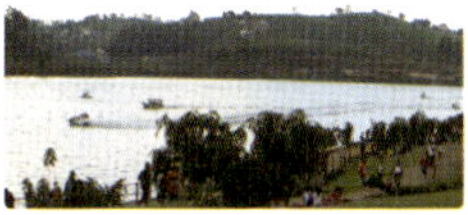

그레고리 호수

뚝뚝 30~40분

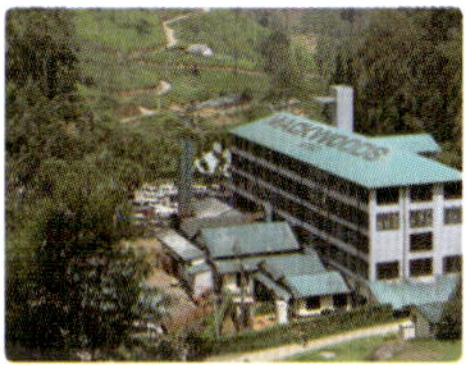

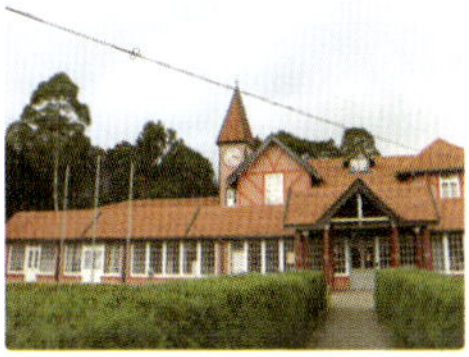

누와라엘리야 우체국

뚝뚝 30분

홍차 공장견학

뚝뚝 5분

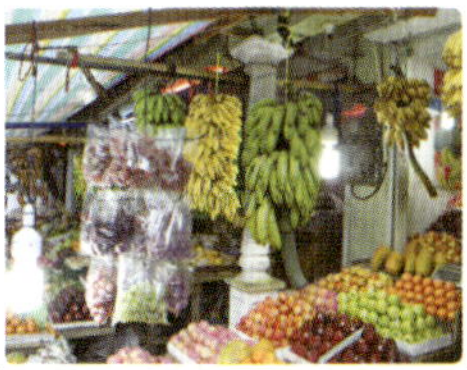

과일 시장

도보 10분

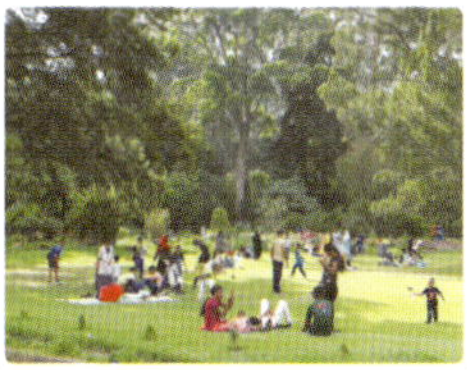

빅토리아공원

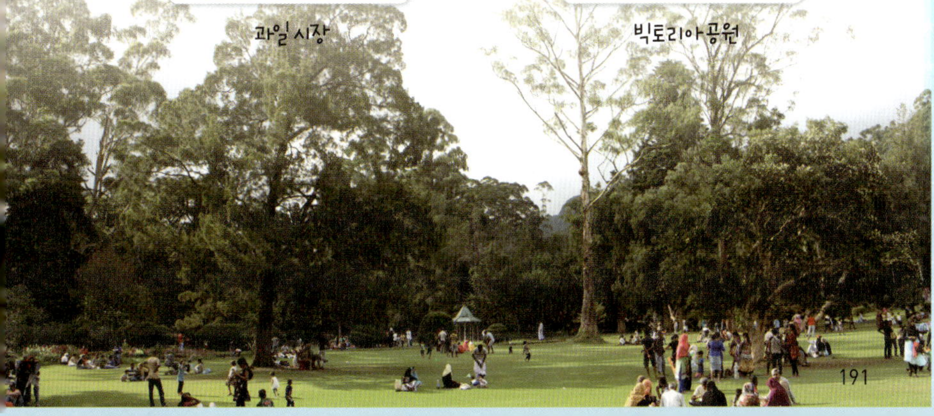

그레고리 호수 Lake Gregory

여가를 위한 아름다운 호숫가

영국 식민지 시대에 조성된 아름다운 호수로, 시내 중심가에 위치해 있다. 처음에는 작은 언덕에 있는 늪이었는데 영국인 주지사가 타운의 확장을 위해 피두루탈라갈라(Pidurutalagala) 산으로부터 물을 끌어오도록 지시하면서 만들어졌다. 호수 주위를 산책하거나, 원한다면 보트, 제트 스키와 같은 수상 스포츠를 즐길 수도 있다. 축제가 있는 4월에는 호숫가에 놀이기구가 들어서는 등 볼거리가 더욱 풍성해진다. 불교, 힌두교, 이슬람교 등 종교에 따라 다른 복장을 한 현지인들이 한데 모여 여가를 즐기는 모습을 볼 수 있는 곳이다.

주소 Nuwara eliya Gregory Lake, Nuwara Eliya **위치** 누와라엘리야 버스 터미널에서 약 2km 떨어진 곳에 위치. 툭툭으로 약 5분 소요.

누와라 엘리야 우체국 Nuwara Eliya Post Office

120여 년의 역사를 가진 우체국

스리랑카에서 가장 오래된 우체국 중 하나로, 1894년 전통적인 고딕 양식에 화려한 장식을 더한 튜더 양식(Tudor-style)으로 영국에 의해 지어졌다. 시계 첨탑이 있는 붉은 우체국 앞뜰에는, 식민지 시절에 영국에서 가져온 원통형의 우체통이 서 있다. 120여 년 동안 한자리를 지킨 오래된 우체국에서 그리운 이에게 엽서 한 장 부치는 건 여행길에서 누리는 작은 낭만이다.

주소 Queen Elizabeth Dr, Nuwara Eliya **전화** 052-222-2150 **시간** 08:30~ 17:00(주말 휴무) **요금** 무료 **위치** 누와라엘리야 버스 터미널 바로 맞은편에 위치.

빅토리아 공원 Victoria Park

아이와 어른 모두의 쉼터

누와라 엘리야의 도심 속 공원이다. 1897년, 영국 빅토리아 여왕의 즉위 60주년을 기념하는 의미에서 '빅토리아 공원'으로 불리기 시작했다. 꽃과 우거진 나무와 너른 잔디밭이 있고, 작은 호수에선 희귀한 새들이 지저귄다. 아이들은 뛰놀고, 어른들은 옹기종기 모여 사는 얘기를 나누는 현지인들의 쉼터이다. 공원 내에 간단한 음식과 음료를 파는 매점이 있고, 아이들을 위한 놀이터도 있다.

주소 Nuwara Eliya Victoria Park, Nuwara Eliya **전화** 052-222-2275 **시간** 07:00~18:00 **요금** 어른 300루피 / 어린이 100루피 **위치** 누와라엘리야 버스 터미널에서 그레고리 호수 방향으로 약 300m 떨어진 곳에 위치. 도보로 약 10분 소요.

Travel Tip

누와라 엘리야 축제(Nuwara Eliya Festival)

스리랑카가 새해를 맞는 4월, 누와라 엘리야는 축제 분위기로 들썩인다. 누와라 엘리야 축제는 4월 1일부터 4월 말까지 계속되는데, 말과 자동차 경주, 골프 토너먼트와 같은 스포츠 행사와 더불어 꽃 박람회, 건강한 아이 선발 대회, 학교 밴드 공연과 같은 문화적인 행사도 열린다. 누와라 엘리야 어디를 가나 신나는 음악이 흐르고, 결코 가라앉을 것 같지 않은 달뜬 분위기를 느낄 수 있다.

누와라 엘리야 중앙 시장 Central Market

건물 안으로 숨은 재래시장

누와라 엘리야 버스 터미널을 정면에서 바라봤을 때 왼편의 허름한 베이지색 건물이 중앙 시장이다. 건물 바깥쪽에는 대형 마트와 빵, 옷을 파는 상점들이 늘어서 있고, 내부에는 과일, 야채 등을 파는 재래시장이 형성되어 있다. 접근성이 좋아서 외국인들도 많이 이용하는 시장이다.

주소 Nuwara Eliya Central Market, Nuwara Eliya 시간 07:00~20:30 위치 누와라 엘리야 버스 터미널 바로 옆에 위치. 도보로 약 2분 소요.

과일 시장 Fruit Market

상큼한 열대 과일의 향연

누와라 엘리야 우체국을 등지고 오른쪽으로 조금 걸어 내려오면, 색색의 상큼한 열대 과일들이 쭉 진열되어 있는 과일 시장이 나온다. 열 개 정도의 작은 상점이 모인 시장으로 규모는 크지 않지만, 망고, 파파야, 파인애플, 포도 등 싱싱한 과일을 종류별로 맛보고 사는 재미가 있는 곳이다.

주소 Nuwara Eliya Fruit Market, Nuwara Eliya 시간 07:00~20:00 위치 누와라 엘리야 버스 터미널에서 약 500m 떨어진 곳에 위치. 도보로 약 5분 소요.

누와라 엘리야 시티 투어 Nuwara Eliya City Tour

이층 버스에서 바라본 이국의 풍경

시티 투어 버스는 4월 초부터 4월 말까지, 누와라 엘리야 축제 기간에만 운행한다. 이층 버스를 타고, 그레고리 호숫가를 한 바퀴 돌아오는 코스로 되어 있다. 출발은 누와라 엘리야 버스 터미널 앞에서 하는데, 어느 정도 사람이 차지 않으면 운행을 하지 않기 때문에 다소 불편한 점이 있다. 그러나 만약 여럿이 여행을 갔다면, 함께 버스 이층에 앉아 고원 도시의 시원한 바람을 맞으면서 이국의 풍경을 눈에 담는 것도 좋을 것이다. 요금은 성인은 150루피, 어린이는 100루피로 매우 저렴하다.

주소 Nuwara Bus Terminal, Nuwara Eliya 전화 052-222-2380 시간 08:00~19:00 요금 성인 150루피 / 어린이 100루피 위치 누와라 엘리야 버스 터미널 앞.

홍차 공장 견학 Ceylon Tea Factory Tour

맥우드와 블루 필드

스리랑카의 홍차는 스리랑카의 옛 이름인 '실론'을 따서 실론티라 불린다. 사방이 차밭인 누와라 엘리야에는 홍차 공장이 여러 개 있는데, 대표적인 곳이 맥우드(Mackwoods)와 블루 필드(Blue Field)이다. 홍차의 제조 과정을 전부 볼 수 있는 공장이라는 점과, 좋은 품질의 홍차를 살 수 있는 매장이 있다는 점은 두 공장이 같다. 그러나 맥우드가 시내에서 좀 더 가깝다는 점, 블루 필드에선 무료로 홍차를 한 잔 대접한다는 점이 다르다. 시간 여유가 있다면, 조금 더 쾌적한 느낌의 블루 필드 공장 견학을 추천한다. 공장 견학은 무료이며, 안내 직원이 함께 다니면서 제조 과정을 영어로 설명해 준다.

블루 필드(Blue Field)
주소 Blue Field Tea Garden, Ramboda 전화 052-492-7703 홈페이지 www.bluefieldteagarden.com 시간 09:00~18:30 위치 누와라 엘리야 버스 터미널에서 캔디 방향으로 약 17km 떨어진 곳에 위치. 자동차로 약 35분 소요.

맥우드(Mackwoods)
주소 Mackwoods Tea Estate Factory Shop, Labookellie, Nuwara Eliya 전화 052-223-6226 / 011-267-9598(본사) 홈페이지 www.mackwoodstea.com 시간 09:00~18:00 위치 누와라 엘리야 버스 터미널에서 캔디 방향으로 약 12km 떨어진 곳에 위치. 자동차로 약 20분 소요.

Travel Tip
블루 필드 홍차 공장(Blue Field Tea Factory)의 견학 순서

① 외국인 손님이 공장을 방문하면, 안내원이 1, 2층 공장 라인을 함께 돌면서 홍차 생산 과정을 하나하나 설명해 준다. 영어가 가능하다면, 스리랑카 홍차와 관련해 궁금한 점들을 물어볼 수 있다.

② 생산 라인 투어가 끝나고, 블루 필드에서 생산하는 홍차 종류를 설명하는데, 이때 머릿속으로 본인이 사고 싶은 홍차를 생각해 둔다.

③ 공장 옆에 있는 매장(Tea Shop)에 딸린 라운지에서 무료로 홍차를 맛볼 수 있다. 밀크 티와 플레인 티(black tea) 등이 있으니, 취향에 맞는 차를 골라 마신다.

④ 차를 다 마신 뒤, 매장에서 차를 구매한다. 구입을 원하지 않으면 그냥 나와도 된다.

> **Travel Tip**
>
> ### 실론티(Ceylon Tea)
>
> 세계 최대의 홍차 수출국인 스리랑카에서 생산되는 홍차를 '실론티'라고 부른다. 홍차는 중앙 고원 지대에서 주로 재배되는데, 중앙부의 누와라 엘리야, 동쪽의 우바, 서쪽의 담불라, 북쪽의 캔디, 남쪽의 루후나 등이 유명하다. 해발 600m 정도의 저지대에서 재배되는 차를 로우 그로운(Low Grown), 해발 600~1,200m 사이에서 재배되는 차를 미디엄 그로운(Midium Grown), 해발 1,200m 이상의 고지대에서 재배되는 차를 하이 그로운(High Grown)이라고 부른다. 그중에서도 하이 그로운 차는 찻잎의 성장 속도가 느린 고지대에서 자라, 밝은 오렌지 빛깔에 깊고 은은한 맛을 내어 최고급 홍차로 분류된다. 대표적인 것이 누와라 엘리야, 우바, 담불라 홍차로, 고유의 풍미를 즐기려면 우유를 넣지 말고 스트레이트 티로 마시는 것이 좋다.

학갈라 식물원 Hakgala Botanical Garden

연간 50만 명이 찾는 인기 식물원

스리랑카에서 두 번째로 큰 식물원으로 해발 1,706m에 자리 잡고 있다. 약 1만여 종의 온열대 작물이 심어져 있으며, 특히 난과 장미가 아름답기로 유명하다. 최적의 방문 시기는 연례 꽃 전시가 열리는 3월 중순부터 4월 말까지(누와라엘리야 축제 시즌)이다. 연간 방문객이 약 50만 명에 달하며, 식물에 관심 있는 사람이라면 꼭 한번 가 볼 만한 곳이다.

주소 Hakgala Botanical Gardens, Nuwara Eliya
전화 075-840-9857 **시간** 08:00~17:30 **요금** 성인 1,100루피 / 어린이 550루피 **위치** 누와라 엘리야 버스 터미널에서 바둘라 방향으로 약 10km 정도 떨어진 곳에 위치. 뚝뚝으로 약 20분 소요.

칸데 엘라 호수 Kande Ela Lake

지나칠 수 없는 멋진 풍광의 호수

암베웰라 목장으로 가는 길에 만나는 아름다운 인공 호수다. 차를 타고 가다보면, 호수와 나란히 가게 되는 길이 반 킬로미터 정도 되는데, 차에서 내리지 않을 수 없을 만큼 그 풍광이 멋지다. 현지인들은 호수에 몸을 담가 더위를 식히고, 관광객들은 플라스틱 카누를 타고 물위를 유유히 흐른다. 목장에 오가면서 잠시 쉬어가기에 좋은 곳이다.

위치 누왈라 엘리야 버스 터미널에서 약 8km 떨어진 곳이 위치. 자동차로 약 20분 소요.

암베웰라 목장 Ambewela Farms

스리랑카의 작은 뉴질랜드

파란 하늘 아래, 푸른 초원이 끝없이 펼쳐져 '작은 뉴질랜드'라고 불리는 목장이다. 관광객은 물론 현지인도 즐겨 찾는 관광 명소로, 먼저 젖소들이 한가로이 풀을 뜯고 있는 초원과 농장을 둘러본 뒤, 스낵바에 들러 갓 짜낸 신선한 우유나 요구르트를 마시면서 시간을 보낸다. 가격은 밀크 커피(Fresh Milk Coffee) 60루피, 데운 우유(Hot Milk) 50루피, 우유(Fresh Milk) 1리터짜리가 185루피 정도이다. 참고로, 암베웰라 유제품은 편의점(Food City)이나 일반 식료품 가게에서도 판매하고 있으니, 목장에 안 가더라도 맛볼 수 있다. 목장은 호튼 플레인스 국립 공원으로 가는 길에 자리 잡고 있다.

주소 Ambewela Farm, Ambewela, Nuwara Eliya **전화** 052-567-0728 **시간** 08:30~17:30 **요금** 성인 200루피 / 어린이 100루피 **위치** 누와라엘리야 버스 터미널에서 약 18km 떨어진 곳에 위치. 차량으로 약 40분 소요.

호튼 플레인스 국립공원 Horton Plains National Park

희귀한 동식물의 중요 서식지

스리랑카에서 세 번째로 높은 고원으로, 누와라 엘리야를 찾는 여행자들이 꼭 들르는 명소다. 숲과 초원이 어우러진 호튼 플레인스는 삼바 사슴을 비롯해 다양하고도 희귀한 동식물의 중요 서식지로, 2010년 유네스코 세계자연유산으로 지정됐다. 입구에서 700미터 정도 들어가면, 명소 안의 명소 '베이커 폭포'와 '세상의 끝'으로 가는 두 종류의 길이 나온다. 어느 쪽으로 가든 베이커 폭포와 세상의 끝을 만날 수 있지만, 갈림길에서 왼쪽 길은 그늘진 숲길이고, 오른쪽 길은 탁 트인 초원 위의 오솔길이다. 그날 내키는 길을 선택하면 된다. 왕복 4시간 정도 소요되고, 해가 뜨기 전에 출발해야 덥지 않게 다녀올 수 있다. 입구에서 소지품 검사를 통해 음식과 비닐, 플라스틱류를 걸러내므로, 간소한 차림으로 가는 게 좋다. 단 물은 소지 가능하며, 햇빛을 차단할 수 있는 모자와 선글라스는 필수다.

주소 Horton Plains National Park, Nuwara eliya **전화** 052-353-9042 **시간** 06:00 ~ 16:00 **요금** 2050루피, 차량 250루피, 기사 250루피 **위치** 누와라엘리야 버스 터미널에서 약 30km 정도 떨어진 곳에 위치. 자동차로 약 1시간 10분 소요.

베이커 폭포 Baker's Fall

열대의 더위를 식혀주는 폭포

영국의 유명한 탐험가 '사무엘 베이커'의 이름을 딴 폭포다. 폭포의 높이는 20m 정도로, 검은 바위 위에서 시원하게 쏟아지는 폭포수가 열대의 더위를 식혀준다.

위치 호튼 플레인스 국립공원 안에 위치

세상의 끝 World's End

안개가 피어오르는 신비로운 절벽

약 1,200m 높이의 깎아지른 절벽으로, 절벽 아래로부터 빠른 속도로 안개가 피어오르는 모습이 탄성을 지를 정도로 멋있다. 밑을 내려다보면, 왜 '세상의 끝'이라는 이름을 붙였는지 알게 된다. 안전 울타리가 없어 한 발 잘못 내딛으면, 정말 세상의 끝을 보게 되니 조심 또 조심하는 게 좋다. 세상의 끝에서 1km 정도 걸어 내려가면, 높이 300m의 '리틀 세상의 끝(Little World's End)'이 있다.

주소 Horton Plains National Park, Nuwara eliya **전화** 052-353-9042 **시간** 06:00 ~ 16:00 **요금** 2050루피, 차량 250루피, 기사 250루피 **위치** 누와라엘리야 버스 터미널에서 약 30km 정도 떨어진 곳에 위치. 자동차로 약 1시간 10분 소요.

Restaurant & Café

누와라 엘리야 최고의 맛집은 모두 그랜드 호텔 근처에 있다. 그랜드 커피 바, 그랜드 인디언, 그랜드 타이가 그것이다. 특히 그랜드 인디언(Grand Indian)은 인기가 너무 좋은 나머지, 손님이 입구부터 길게 줄을 서 기다리는 진풍경이 자주 연출되니 점심 시간보다 조금 일찍 가는 것이 좋다.

그랜드 커피 바 Grand Coffee Bar

빵과 커피가 맛있는 빨간 지붕 카페

그랜드 호텔에서 운영하는 카페로, 빨간 지붕이 마치 동화 속의 과자집을 연상케 하는 곳이다. 케이크, 샌드위치, 피자, 파이 등 갖가지 빵을 판매하고 있으며, 음료로는 커피와 생과일 주스가 준비되는데, 커피의 경우 '나차(Nacha)'라고 하는 태국 치앙마이에서 나는 커피콩을 사용한다. 빵과 커피가 맛있어 서양인 손님이 즐겨 찾는 곳으로, 테이크아웃도 가능하다. 그랜드 호텔 앞에 위치해 있다.

주소 Grand Hotel Rd, Nuwara Eliya 전화 052-222-2881 시간 07:00~19:00 요금 에스프레소 170루피, 아메리카노 180루피, 치킨 샌드위치 280 루피 위치 누와라 엘리야 버스 터미널에서 약 300m 떨어진 곳에 위치. 도보로 약 10분 소요.

그랜드 인디언 Grand Indian

인도 북부의 정통 음식 레스토랑

그랜드 호텔에서 운영하는 인도식 레스토랑이다. 인도 북부의 정통 음식을 맛볼 수 있는 곳으로, 점심·저녁 시간에는 으레 줄을 서서 기다려야 식사를 할 수 있을 정도로 인기가 좋다. 고급스러운 원목으로 인테리어되어 있는 실내는 패밀리 레스토랑의 분위기를 풍기고, 서비스는 빠르고 친절하게 이루어진다. 무엇보다 음식이 깔끔하고 맛있다. 입구의 미니 칠판에 적혀 있는 프로모션 메뉴를 저렴한 가격에 인도 음식을 맛볼 수 있는 기회를 제공한다. 그랜드 호텔 앞, 그랜드 커피 바(Grand Coffee Bar) 바로 옆에 위치해 있다.

주소 Grand Hotel Rd, Nuwara Eliya 전화 052-222-2881 홈페이지 www.tangerinehotels.com 시간 런치 12:00~15:30, 디너 18:30~22:00 요금 난 150루피, 탄두리 치킨 1,200루피, 치킨 비리야니 850루피, 망고 라씨 300루피 위치 누와라 엘리야 버스 터미널에서 약 300m 떨어진 곳에 위치. 도보로 약 10분 소요.

그랜드 타이 Grand Thai

누와라 엘리야에서 타이를 맛보다

그랜드 호텔에서 운영하는 타이식 레스토랑으로, 호텔 건물 1층에 위치해 있다. 부드러운 조명, 블루&화이트가 조화된 도자기 꽃병과 식기들, 그리고 타이 음악이 흘러나오는 공간은 이곳이 타이가 아닌가 착각할 정도로 타이풍으로 세련되게 꾸며져 있다. 식사가 나오는 데에 시간이 다소 걸리지만, 그 시간을 보상해 줄 만큼 음식 맛이 좋다. 주문하면서 조금 서둘러 달라고 요청한다면 기다리는 시간을 단축할 수 있을 것이다.

주소 Grand Hotel Rd, Nuwara Eliya 전화 052-222-2881 홈페이지 www.tangerinehotels.com 시간 런치 12:00~15:30, 디너 19:00~22:10 요금 타이 해물 볶음밥 850~900루피, 그랜드 타이 샐러드 600루피, 마사만 커리(massaman curry) 800루피 위치 누와라 엘리야 버스 터미널에서 약 300m 떨어진 곳에 위치. 도보로 약 10분 소요.

밀라노 Milano

한국인들이 자주 찾는 저렴한 맛집

스리랑카식, 서양식, 중국식 음식을 모두 맛볼 수 있는 레스토랑으로, 누와라 엘리야에 거주하는 한국인들이 자주 찾는 맛집으로 유명하다. 맛도 좋지만 가격이 매우 저렴해 500루피가 채 안 되는 돈으로 한 끼 식사를 해결할 수 있기 때문에, 늘 손님들로 북적인다. 볶음밥은 양이 많으므로, 만약 여성 두 명이 식사한다면 한 명은 볶음밥, 다른 한 명은 사이드 메뉴를 주문하는 게 적당할 것이다. 중앙 시장 맞은편 건물 2층에 위치해 있어서 접근성이 좋다.

주소 P.O Box 24, New Bazaar, Nuwara Eliya 전화 052-222-2763 홈페이지 www.foodlands.lk 시간 07:30~22:00 요금 해물 볶음밥 460루피, 데블드 치킨(Devilled Chicken) 400루피, 믹스 샐러드 200루피, 주스 120루피 위치 누와라 엘리야 버스 터미널에서 중앙 시장 방향으로 약 50m 떨어진 곳에 위치. 도보로 약 5분 소요.

Hotel & Resort

매년 4월, 누와라 엘리야에선 빈 방을 찾기 힘들다. 한 달 동안 계속되는 축제 때문인데, 만약 그때 여행 계획이 있다면 호텔 예약을 서둘러야 한다. 하나 아쉬운 점은, 누와라 엘리야의 호텔들은 비싼 방값에 비해 욕실 청결도가 조금 떨어진다.

그랜드 호텔 Grand Hotel

영국식 정원이 아름다운 최고의 호텔

여행자들이 누와라 엘리야에서 최고의 호텔로 꼽는 호텔이다. 엘리자베스 시대의 건축 양식으로 지어졌으며, 한때 스리랑카 총독 에드워드 반즈(Edward Barnes)의 저택으로 사용되다가 이후 호텔로 개조되었다. 호텔 앞에는 영국식 정원이 아름답게 조성되어 있고, 파라솔 테이블이 비치되어 있어 한가로이 휴식을 취할 수 있다. 객실은 아담하고 고풍스럽게 꾸며져 있으며, 메인 레스토랑은 푸른 정원을 내려다보고 있다. 호텔 안에 당구장, 스파, 와인 바, 커피숍, 타이 레스토랑, 쇼핑센터 등이 갖춰져 있으며, 호텔 객실은 총 154개, 그중 디럭스룸은 144개다.

주소 Grand Hotel, Nuwara Eliya 전화 052-222-2881 홈페이지 www.tangerinehotels.com 요금 디럭스 35,000루피~ 위치 누와라 엘리야 버스 터미널에서 약 300m 떨어진 곳에 위치. 도보로 약 10분 소요.

제트윙 세인트 앤드류스 Jetwing St. Andrews

백 년이 넘은 튜더 양식의 영국식 호텔

산과 차밭으로 둘러싸인 해발 1,884m에 위치해 있으며, 아침저녁으로 신비롭게 펼쳐지는 안개를 볼 수 있는 호텔이다. 튜더 양식으로 지어진 영국식 건물은 백 년 이상 되었으며, 화려하고도 넓은 정원이 인상적이다. 호텔 내 당구장에는 117년 된 앤틱 테이블이 있는데, 스리랑카에서 가장 오래된 것 중 하나라고 한다. 자동차 대여가 가능하며, 요청하면 아기 침대도 이용할 수 있다. 식사는 뷔페식이며, 시내와 가까워 한국인 여행자들이 많이 찾는 호텔이다.

주소 P.O Box 10, St. Andrew's Drive, Nuwara Eliya **전화** 052-222-3031 **홈페이지** www.jetwinghotels.com **요금** 슈피리어 21,800루피, 디럭스 28,000루피~ **위치** 누와라 엘리야 버스 터미널에서 약 1.3km 떨어진 곳에 위치. 뚝뚝으로 약 5분 소요.

아랄리야 그린 힐즈 Araliya Green Hills Hotel

심플하고 쾌적한 4성급 호텔

풀숲에 둘러싸인 4성급 호텔이다. 규모가 큰 호텔답게 객실 역시 널찍하고, 바닥에는 고급스런 카펫이 깔려 있으며, 평면 TV와 미니 바, 무선 인터넷, 커피포트, 화장대를 갖추고 있다. 비흡연자들을 위한 금연 객실은 따로 마련되어 있다. 여가 시설로는 피트니스 센터, 사우나, 골프장(3km 이내), 실내 수영장, 스파 등이 있으며, 자전거 대여도 가능하다. 호텔 내 레스토랑에선 현지 음식을 비롯한 세계 각국의 요리를 즐길 수 있다. 누와라 엘리야의 주요 관광지에 쉽게 접근할 수 있는 도심에 위치해 있다.

주소 P.O. Box 10, Glenfall Road, Nuwara Eliya **전화** 052-222-4150~59 **홈페이지** www.araliyagreenhills.com **요금** 디럭스 24,500루피~ **위치** 누와라 엘리야 버스 터미널에서 약 1.5km 떨어진 곳에 위치. 뚝뚝으로 약 10분 소요.

오크레이 서머 힐즈 브리즈 Oak-Ray Summer Hills Breeze

훌륭한 전망, 저렴한 요금의 호텔

산악 지대에 위치한 전망 좋은 호텔이다. 이 호텔의 강점은 도심과 가까우면서도 시내가 한눈에 내려다보이는 탁 트인 전망을 갖췄다는 것, 그리고 객실 요금이 매우 저렴하다는 것이다. 25개의 객실이 준비되어 있으며, 모든 객실에는 평면 TV, 다리미, 책상, 헤어드라이어가 갖춰져 있다. 레스토랑에선 중국 음식을 비롯해 동·서양의 음식을 다양하게 맛볼 수 있다.

주소 P.O. Box No 49/1, Unique View Road, Nuwara Eliya 전화 052-223-4437 홈페이지 www.oakraysummerhillbreeze.com 요금 디럭스 11,900루피 위치 누와라 엘리야 버스 터미널에서 약 1.5km 떨어진 곳에 위치. 뚝뚝으로 약 10분 소요.

로얄 힐즈 Royal Hills

누와라 엘리야에서 가장 깔끔한 호텔

시내 중심가에 위치한 현대적인 느낌의 호텔이다. 객실이 스무 개뿐인 작은 호텔이지만, 누와라 엘리야에서 가장 깔끔하고 쾌적한 호텔이라고 해도 과언이 아닐 만큼 관리가 잘 되고 있다. 객실이 크진 않지만, 인테리어가 말끔하게 되어 있어 뽀송뽀송한 느낌을 자아낸다. 전용 발코니에서 내다보면 그레고리 호수와 넓은 차밭이 고요하게 펼쳐진다. 지대는 다소 높지만, 그레고리 호수와 가까워 산책하기에도 좋다.

주소 P.O. Box 109, Upper Lake Road, Nesby Road, Nuwara Eliya 전화 052-222-3966 홈페이지 www.royalhills.lk 요금 디럭스 24,5000루피~ 위치 누와라 엘리야 버스 터미널에서 약 3km 떨어진 곳에 위치. 뚝뚝으로 약 10분 소요.

누와라 엘리야 골웨이 포레스트 로지 Nuwara Eliya Galway Forest Lodge

누와라 엘리야의 자연 속에 머물다

골웨이 산림 보호 구역 옆에 위치한 호텔이다. 자연 속에 머무는 것을 즐기는 여행자들이 좋아할 만한 호텔로, 주변 산책로에서 다양한 새들을 감상할 수 있다. 52개의 객실이 있으며, 아침저녁으로 쌀쌀한 누와라 엘리야의 날씨를 감안해 모든 객실에는 개별 히터와 두툼한 카펫이 깔려 있다. 식사는 동·서양식으로 준비되는데, 호텔 정원에서 가꾼 신선한 채소를 사용한다고 한다. 도심에서 조금 떨어져 있다는 것이 아쉬운 점이다.

주소 P.O. Box 89, Upper Lake Road, Havelock Drive, Nuwara Eliya 전화 052-223-4717 홈페이지 www.galwayforesthotel.bookings.lk 요금 디럭스 9,500루피~ 위치 누와라 엘리야 버스 터미널에서 약 3km 떨어진 곳에 위치. 뚝뚝으로 약 15분 소요.

Ratnapura
라트나푸라

총면적의 90%에 보석이 매장된 '보석의 도시'

'인도양의 보석 상자(Jewel Box)'라 불리는 라트나푸라. 전체 면적의 90%에 보석이 매장되어 있는 이 도시는 아시아 최대의 보석 산지다. 시내로 들어서면 곳곳에 원두막이 눈에 띄는데, 보석 채굴이 이뤄지고 있는 곳이다. 사파이어, 루비, 가넷 등 다양한 유색 보석이 꾸준히 발굴되고 있으며, 세계에서 가장 큰 블루 사파이어 '아담의 별'이 발견되어 화제가 되기도 했다. 다른 도시에 비해 볼거리가 많은 편은 아니지만, 저렴한 가격에 보석을 살 수 있고, 석가모니가 스리 파다에서 내려온 뒤 제자들과 함께 쉬어 갔다는 '디와 구하와 석굴 사원'이 근교에 있으며, 스리 파다와 신하라자 포레스트 국립 공원으로 가는 거점이라는 메리트가 있으니 계획만 잘 세운다면 알찬 여행이 될 것이다.

라트나푸라에서 꼭 해야 할 일! BEST 3
1. 디와 구하와 석굴 사원 방문하기
2. 다나자 보석 박물관에서 보석 쇼핑하기
3. 히델라나 홍차 공장 견학하기

라트나푸라 가는 방법

콜롬보에서 가기

라트나푸라는 큰 도시답게 대중교통이 잘 발달되어 있다. 콜롬보에서 라트나푸라까지 기차편은 없지만 버스편을 다양하게 이용할 수 있다. 콜롬보-라트나푸라 직행 버스 노선을 이용해도 되고, 라트나푸라를 경유하는 모나라갈라(Monaragala)나 엠빌리피티야(Embilipitiya)행 버스를 타도 쉽게 접근할 수 있다. 이동 시간이 약 2시간 30분 걸리며 버스 요금은 일반 버스는 135루피, 에어컨 버스는 265루피 정도이다. 콜롬보 민영 버스 터미널 기준으로 첫차는 새벽 4시에 시작하며 막차는 저녁 7시에 끝난다. 배차 간격이 일정하지 않지만 대부분 40분~1시간 내외로 출발한다.

라트나푸라 버스 터미널

캔디에서 가기

캔디에서 라트나푸라로 이동하는 경우에 캔디 버스 터미널에서 라트나푸라로 가는 일반 버스를 이용하면 된다. 요금은 170루피다.

라트나푸라 하루 코스

관광 명소들이 서로 떨어져 있어 뚝뚝을 타고 이동하는 것을 추천한다. 하루면 여유도 있으면서 알차게 라트나푸라를 만끽할 수 있다. 보석 박물관에서 구경하다 보면 은근히 시간을 많이 소비하게 되므로, 미리 이동 계획을 잘 짜 두어야 한다. 너무 어두워지기 전에 '홍차 공장'과 '디와 구하와 석굴 사원'을 방문해야 한다는 것을 잊지 말 것!

라트나푸라시장

도보 10분

다나자 보석 박물관

뚝뚝 10분

라트나푸라 보석 장터

뚝뚝 40분

디와 구하와 석굴사원

뚝뚝 30분

히델라나 홍차 공장견학

다나자 보석 박물관 Dhanaja Gem Museum

보석 관람과 구매를 동시에

라트나푸라 시내에는 보석 박물관이 많은데, 전부 개인이 운영하는 박물관이다. 세계 각국의 다양한 보석 원석을 전시해 놓고, 그에 대해 영어로 설명을 해준다. 가공된 보석을 구입할 수도 있는데, 약간의 흥정을 통해 살짝 낮은 가격에 구입할 수도 있다.

그중에서 다나자 보석 박물관(Dhanaja Gem Museum)이 보석의 질과 가격, 시설, 친절도를 비교해 봤을 때 가장 우수하다. 30년 넘게 운영하고 있는 박물관답게, 다채롭고도 희귀한 보석들이 많이 전시되어 있다. 안전상의 문제로 전시관 입구의 문을 큰 자물쇠로 잠가 놓았지만, 관광객이 오면 바로 문을 열어 안내해 준다. 전시관 설명이 끝난 뒤, 블루 사파이어, 루비, 캣츠 아이(Cats Eye, 묘안석) 등 인기 있는 보석을 구입할 수도 있지만, 원하지 않으면 구입하지 않아도 된다. 그러나 라트나푸라의 보석을 한국으로 가져와 자기 스타일의 장신구로 가공한다면, 그것은 스리랑카 여행의 추억이 깃든 세상에 둘도 없는 애장품이 될 것이다.

주소 P.O Box 590, Colombo Road, New Town, Ratnapura **전화** 045-222-3559 **홈페이지** www.dhanajagems.com **시간** 08:30~17:00 **요금** 무료 **위치** 라트나푸라 버스 터미널에서 약 3.5km 정도 떨어진 곳에 위치. 뚝뚝으로 약 10분 소요.

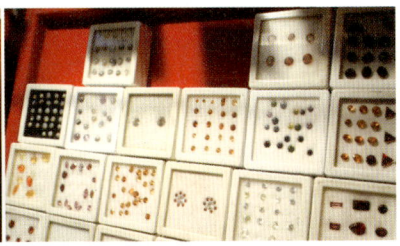

라트나푸라 보석 장터 Ratnapura Gem Market

보석업으로 생계를 잇는 사람들

라트나푸라 시계탑에서 멀지 않은 곳에, 보석 장터가 있다. 대다수가 보석업에 종사하는 라트나푸라 사람들의 삶을 엿볼 수 있는 현장이다. 보석을 사고파는 이 장터는 매일 아침 9시에 열려, 2시간 만에 끝이 난다. 외국인들에게 접근해 가짜 보석을 팔거나 바가지 가격을 제시하는 경우가 있으니 주의해야 한다.

위치 라트나푸라 버스 터미널에서 약 500m 떨어진 곳에 위치. 도보로 약 10분 소요.

Travel Tip

유색 보석과 22K 순금

스리랑카 보석 시장의 연간 규모는 약 1억 300만 달러에 달한다. 다이아몬드와 에메랄드를 제외하고 거의 모든 보석이 생산된다고 해도 과언이 아닐 정도로 그 종류가 다양하다. 그런데 이러한 유색 보석의 나라, 스리랑카 여인들의 장신구는 의외로 단순하다. 어린아이부터 할머니까지 거의 대부분의 여자들이 귓불에 딱 붙는 아담한 순금 귀걸이를 하고 있다. 크기와 디자인이 약간씩 다르지만, 22K 순금이라는 것은 동일하다. 22K 순금 귀걸이는 한 쌍에 약 4,500루피 정도의 가격에 판매된다. 라트나푸라에선 보석 장터 부근에 즐비한 귀금속 가게에서 살 수 있고, 그 외에 다른 지역의 주얼리 숍에서도 쉽게 구매할 수 있다.

라트나푸라 시장 Ratnapura Market

달콤한 과일과 신선한 채소가 가득

주로 현지인들이 이용하는 작은 재래시장으로, 낡은 건물 2층에 위치해 있다. 달콤한 열대 과일과 가지, 여주 등 신선한 라트나푸라산 채소들이 가득하다. 건물의 바깥 언저리로 난 통로에서 어육류도 판매하고 있다.

주소 Ratnapura Market, Ratnapura **시간** 05:00~22:00(포야 데이에는 휴무) **위치** 라트나푸라 버스 터미널에서 약 400m 떨어진 곳에 위치. 도보로 약 10분 소요.

히델라나 홍차 공장 견학 Hidellana Tea Factory

실론티에 대해 배울 수 있는 기회

라트나푸라 역시 홍차 재배로 유명한 지역이다. 만약 실론티에 대해 배우고 싶은 마음이 있다면, 히델라나 홍차 공장(Hidellana Tea Factory)으로 가면 된다. 홍차의 모든 제조 공정을 단계별로 볼 수 있고, 차 시음도 할 수 있는 곳이다. 공장 견학은 무료이며, 안내는 영어로 한다. 원한다면 고품질의 신선한 차를 구입할 수도 있다. 입구의 문이 닫혀 있을 경우, 공장 견학을 왔다고 하면 바로 열어 준다.

주소 Hidellana Tea Factory, Hidellana, Ratnapura **전화** 045-226-2211 **홈페이지** www.rtstea.com **시간** 09:00~17:00 **요금** 별도 문의 **위치** 라트나푸라 버스 터미널에서 약 3.5km 정도 떨어진 곳에 위치. 뚝뚝으로 약 10분 소요.

디와 구하와 석굴 사원 Diwa Guhawa

붓다와 500명의 제자들이 머문 사원

붓다가 스리 파다(Sri Pada)에 발자국을 남긴 뒤 500명의 제자와 함께 와서 쉬었던 곳으로, 흔히 '천상의 석굴'로 불린다. 주차장부터 이어지는 길을 따라 오르면, 그 정상에 석굴사원이 있다. 불당과 힌두교 신당, 그리고 작은 불탑이 하나 있는데, 불당 외벽에 그려진 프레스코화와 조각들이 마치 미술관에 온 듯한 착각을 불러일으킨다.

주소 Diwa Guhawa, Batathota, Kuruwita **시간** 07:00~21:00 **요금** 무료 **위치** 라트나푸라 버스 터미널에서 약 12km 정도 떨어진 쿠루위타 바타토타(Kuruwita Batathota) 지역에 위치. 뚝뚝으로 약 30분 소요.

스리 파다 Sri Pada

신의 발자국이 있는 거룩한 성산

흔히 '아담스 피크(Adam's Peak)'로 불리는 스리 파다는 스리랑카의 모든 종교계가 거룩하게 여기는 성산(聖山)이다. 해발 2,243m의 산 정상에 남겨진 18m 크기의 신성한 발자국 때문인데, 이것을 불교에선 석가모니, 힌두교에선 시바, 이슬람교에선 아담, 천주교에선 성 토마스의 발자국이라고 믿는다. 정상에 오르면 종이 하나 있는데, 스리 파다에 오른 횟수만큼 종을 치면 된다. 방문하기 좋은 시즌은 12월부터 4월까지이며, 왕복 기본 5시간이 소요된다.

주소 Siri Pada, Ratnapura **위치** 라트나푸라에서 팔라바달라(Palabaddala) 방향으로 18km 떨어진 곳에 위치.

신하라자 포레스트 국립 공원 Sinharaja Forest Reserve

원시 열대 우림의 표본

남서부의 저지대 습지에 위치한 신하라자 포레스트 국립 공원은 원시의 열대 우림을 볼 수 있는 곳으로, 1988년 유네스코 세계 자연 유산으로 지정됐다. 동서로 21km, 남북으로 7km에 걸쳐 펼쳐진 대지 위에 곤충, 조류, 파충류, 포유류 수백 종이 서식하고 있으며, 그중 대다수가 스리랑카에서만 볼 수 있는 고유종이다. 자연 학습장으로 이만한 곳이 없지만, 거머리가 많아 아이들과 함께 가려면 철저한 대비가 필요하다.

주소 Sinharaja Forest, Kudawa, Waddagala, Kalawana 전화 045-345-4376 홈페이지 www.forestdept.gov.lk 시간 05:45~18:00(매표소 ~16:15) 요금 575루피(부가세 별도, 서비스 요금 1,000루피) 위치 라트나푸라에서 칼라와나(Kalawana) 방향으로 49km 떨어진 곳에 위치. 자동차로 약 1시간 30분 소요.

우다왈라웨 국립 공원 Udawalawe National Park

스리랑카의 야생 코끼리를 만나다

총면적이 32,315헥타르에 달하는 우다왈라웨 국립 공원은 1972년에 조성됐다. 스리랑카의 야생 코끼리를 보기 위해 외국인 관광객들이 많이 찾는 곳으로, 현재 코끼리만 600마리가 있고 그 밖에도 사슴, 악어, 새 등 다양한 야생 동물들이 서식하고 있다. 사파리용 지프를 타고 들어가야 하며, 차량은 입구에서 빌릴 수 있다. 비용은 운전기사와 흥정을 잘해야 하는데, 6인승의 경우, 3시간에 3,500루피가 적정선이다. 만약 근처 호텔에 묵고 있다면 호텔을 통해 사파리 차량을 미리 빌릴 수도 있지만, 비용이 조금 비싸다. 사파리 체험 시, 동물 보호 협회 직원인 가이드 한 명이 동행한다. 사파리를 하기에 가장 좋은 시간은 새벽 6시부터 오후 2시까지이며, 오후 6시 전에는 반드시 밖으로 나와야 한다.

주소 Udawalawa National Park, 7th Mile Post, Sevanagala, Monaragala 전화 047-347-5892 홈페이지 www.wildlifetourssrilanka.com 시간 06:30~16:30 요금 2,900루피(차량 대여는 별도) 위치 우다왈라웨 삼거리에서 약 12km 떨어진 곳에 위치. 자동차로 약 20분 소요.

우다왈라웨 코끼리 고아원 Udawalawe Elephant Transit Home

최종 목표는 야생으로의 복귀

코끼리 서식지로 유명한 우다왈라웨 국립 공원 내에 위치한 코끼리 고아원이다. 부상당하거나 어미를 잃은 아기 코끼리들의 자생력 함양과 야생으로의 빠른 복귀를 위해 1995년에 설립되었다. 생후 두 달에서 5살까지의 아기 코끼리 마흔다섯 마리가 보호를 받고 있다. 코끼리들은 먹이 주는 시간에 와서 우유를 먹고 다시 숲으로 돌아간다. 인간에게 적응되지 않도록 접촉을 최소화하고 있어서 관광객들은 아기 코끼리들이 우유 먹는 모습을 볼 수 있지만, 직접적인 접촉은 할 수 없다. 하루 네 번, 20분 동안 우유를 먹이는 시간이(09:00, 12:00, 15:00, 18:00)이 정해져 있으니, 잘 맞춰서 가야 한다. 입구로 들어가면 왼편에 인포메이션 센터가 있는데, 그곳에서 약 30분간 안내 동영상을 본 뒤 아기 코끼리들을 만나게 된다(매 먹이 시간 30분 전에 영상 시청 시작).

주소 Eelephant Transit Home, Udawalawa 전화 047-223-2147 시간 08:30~18:30 요금 어른 500루피 / 어린이 250루피 위치 우다왈라웨 삼거리에서 약 3.5km 떨어진 곳에 위치. 뚝뚝으로 약 10분 소요.

Hotel & Resort

라트나푸라에는 외국인 관광객이 머물 만한 숙소가 거의 없다. 안전과 위생을 생각한다면, '레이크 세레니티 부티크 호텔'로 가는 것이 최선이다.

레이크 세레니티 부티크 호텔 Lake Serenity Boutique Hotel

새들이 지저귀는 평온한 호숫가 호텔

라트나푸라에서 이 호텔을 물으면, 거의 모든 사람이 엄지손가락을 치켜들 만큼 이 지역에서 최고로 인정받는 호텔이다. '세레니티(Serenity)'라는 이름처럼 평온한 느낌의 호텔로, 안뜰에 인공 호수가 넓게 드리워져 있고, 그 사방이 차밭으로 가득 차 있다. 또한 호텔 자체가 녹지와 습지로 둘러싸여, 다양한 조류들을 쉽게 목격할 수 있는 자연 친화적인 공간이다. 객실과 발코니가 넓고 쾌적하며, 무엇보다 고급스럽다. 점심 식사를 하기 위해 외출하고 싶지 않다면, 룸서비스를 요청해도 만족스러울 것이다. 볶음밥과 데블드 치킨의 맛이 좋다. 투숙객은 무료로 홍차 체험을 할 수 있으니, 원한다면 안내 데스크에 요청하면 된다.

주소 Gonapitiya, Kuruwita, Ratnapura **전화** 045-492-8666 **홈페이지** www.lakeserenity.lk **요금** 14,700루피~ **위치** 라트나푸라 버스 터미널에서 약 15킬로 떨어진 곳에 위치. 뚝뚝으로 약 30분 소요.

Kataragama
카타라가마

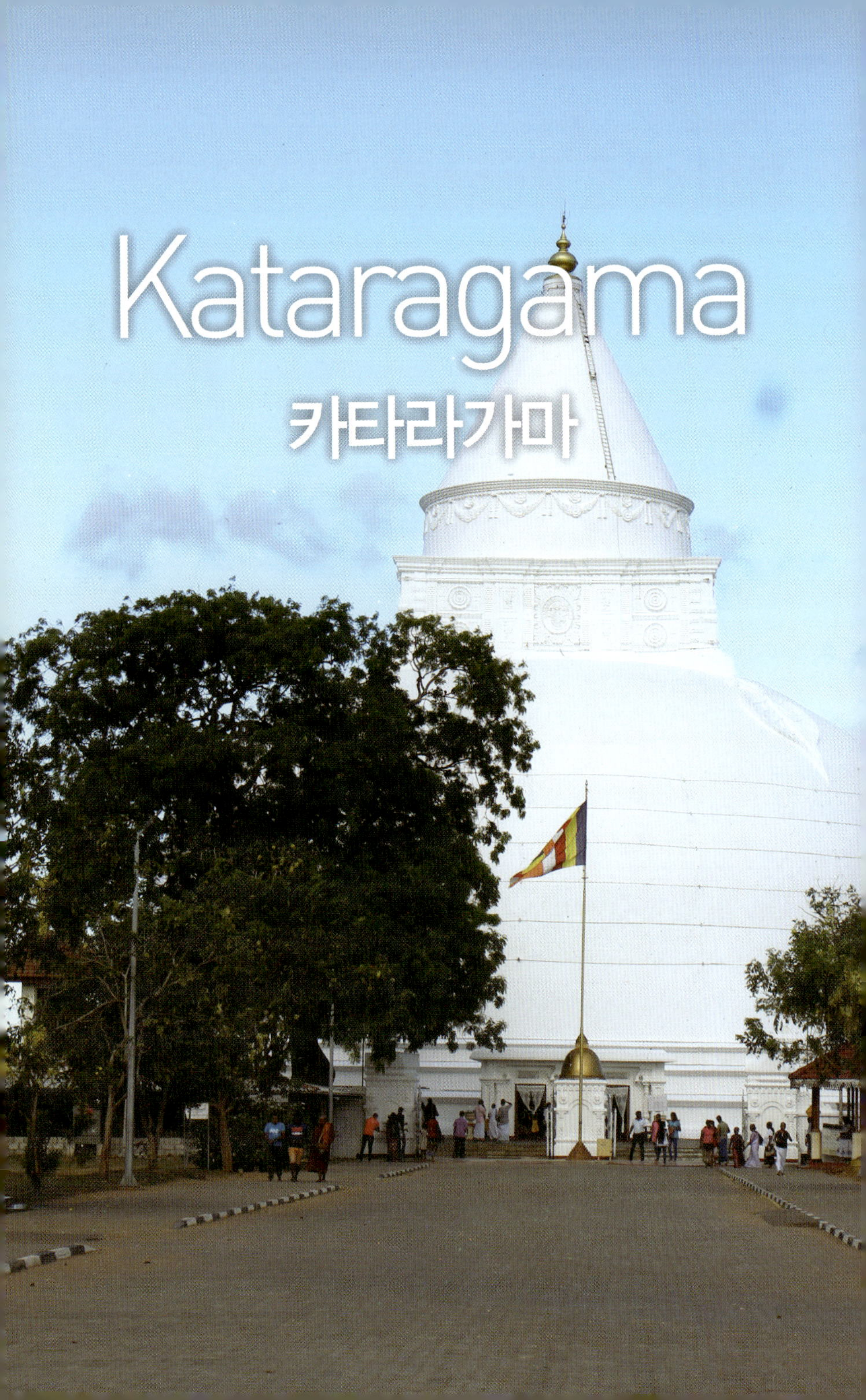

순례자들로 붐비는 스리랑카의 성지

스리랑카 남동부의 작은 도시, 카타라가마는 콜롬보에서 자동차로 무려 5시간을 쉬지 않고 달려가야 닿을 수 있는 곳이다. 그런데도 사람들이 그곳으로 가는 이유는, 불교도와 힌두교도와 베다족이 숭배하는 성지(聖地) 카타라가마 사원이 있기 때문이다. 도시 자체는 작은 시골 마을처럼 조용하지만, 카타라가마 사원과 그 주변은 평일, 주말 할 것 없이 각지에서 모여든 순례자들로 늘 붐빈다. 카타라가마 사원은 저녁 푸자(Puja)로 유명한데, 이는 화려하면서도 경건한 힌두교의 기도 의식으로 신자들이 사원 천장에 달린 종들을 일제히 치고 흔드는 모습은 한 번 보면 잊히지 않을 정도로 인상적이다. 근교에 사파리로 유명한 얄라 국립 공원이 있으며, 남쪽으로 조금 내려가면 석가모니가 제자들과 함께 머물며 명상을 했다는 텃사 사원이 있다.

카타라가마에서 꼭 해야 할 일! BEST 3
① 카타라가마 사원의 저녁 푸자 참여하기
② 섬뜩한 전설을 가진 텃사 호숫가 산책하기
③ 얄라 국립 공원에서 스릴 있는 사파리 체험

카타라가마 가는 방법

카타라가마는 콜롬보에서 자동차로 약 6시간 거리에 위치한 도시다. 새벽에 반다라나이케 국제공항에 도착한 여행객이라면, 공항에서 카타라가마까지 가는 데 반나절 이상 걸린다고 생각하면 된다.

콜롬보에서 카타라가마까지 이동할 때는 직행 버스를 타는 것이 가장 간단한 방법이다. 기차를 이용하려면, 콜롬보 포트 역에서 기차를 타고 마타라(Matara) 역에서 내려 카타라가마행 버스로 갈아타야 한다.

콜롬보 민영 버스 터미널에서 카타라가마로 가는 일반 버스는, 첫차가 새벽 3시 30분에 출발하고 막차가 새벽 1시 30분에 끝난다. 낮 시간에는 1시간 간격으로 운행하지만 밤이 되면 간격이 길어진다. 일반 버스 요금은 320루피다. 에어컨(A/C) 버스는 콜롬보에서 카타라가마까지 운행하지 않고 마타라(Matara)까지만 운행한다.

카타라가마 하루 코스

'새벽부터 황혼까지' 꽉 찬 하루 코스다. 새벽 6시, 얄라 국립 공원에서의 사파리 체험으로 스릴 있게 시작된 하루가 저녁 6시 반, 카타라가마 사원의 저녁 푸자(Puja, 기도 의식)로 경건하게 막을 내린다. 사파리 체험 뒤 피곤하다면, 점심 무렵 잠시 호텔에서 쉬다가 나와도 좋을 것이다.

얄라 국립 공원 — 뚝뚝 30분 — 팃사마하라마 사원

뚝뚝 3분 또는 도보 10분

카타라가마 사원 — 뚝뚝 30분 — 팃사 호수

카타라가마 사원 Kataragama Temple

영험한 카타라가마 신을 모시다

두투가무누 왕이 자신의 소원을 들어준 카타라가마 신에게 봉헌한 사원이지만, 경내 한쪽에 보리수와 불탑이 함께 조성되어 있어 힌두교, 불교 신자 모두에게 신성시되는 곳이다. 스리랑카 사람들은 사원 앞을 흐르는 매닉 강에서 깨끗이 몸을 씻고, 여섯 개의 얼굴과 열두 개의 손을 가진 카타라가마 신에게 빌면 소원이 이루어진다고 믿는다. 매년 7월 카타라가마 힌두 축제가 열리는데, 축제가 아니더라도 매일 저녁 푸자(Puja, 기도 의식)가 굉장히 화려하고 웅장하게 거행되니, 참여해 보면 잊지 못할 추억이 될 것이다. 사원 입구에서 신발과 모자를 벗고 들어가야 한다.

주소 Ruhunu Maha Katharagama Devalaya, Katharagama **전화** 047-223-5122 **홈페이지** www.katharagama.lk **시간** 04:30~19:00 **요금** 무료 **위치** 카타라가마 버스 터미널에서 약 500m 정도 떨어진 곳에 위치. 도보로 약 10분 소요.

Travel Tip

푸자(Puja)

개신교에서는 예배, 가톨릭에서는 미사, 불교에서는 예불이라 불리는 기도 의식을 힌두교에선 '푸자'라고 부른다. 카타라가마 사원의 푸자는 하루 세 번, 새벽 4시 30분, 오전 10시 30분, 오후 6시 30분에 진행된다. 신자들은 푸짐한 과일 바구니를 가지고 와서, 카타라가마 신에게 바치고 기도한 뒤, 주위 사람들과 함께 나누어 먹는다.

Travel Tip

카타라가마 신(Kataragama Deviyo)

스리랑카의 수호신으로, 전쟁과 승리의 힌두 신인 스칸다(Skanda) 혹은 무루간(Murugan)과 동일시되는 신이다. 활과 신의 창인 벨(Vel)을 든 채 공작을 타고 다니며, 여섯 개의 얼굴과 열두 개의 손으로 대중을 두루 살펴보아 누구의 어떤 기도든 다 들어주는 영험한 신으로 알려져 있다. 불교, 힌두교, 이슬람교 등 종교를 초월해 스리랑카 사람들 사이에서 매우 인기 있는 신으로, 전국 각지의 많은 사원이 카타라가마 신을 모시고 있다.

보리수 Bodhi Tree

인도 보드가야 보리수의 손자뻘 나무

석가모니가 그 밑에서 깨달음을 얻었다는 인도 보드가야 보리수의 묘목을 가져다 심은 게 아누라다푸라의 스리 마하 보리수이고, 그 스리 마하 보리수에서 나온 묘목을 가져다 심은 것이 카타라가마 사원 뒤편에 있는 바로 이 보리수이다. 따라서 신성한 보드가야 보리수의 손자뻘 되는 나무로, 불교 신자들은 색색의 물통에 물을 담아 보리수에 정성껏 부으면서 기도를 올린다.

주소 Ruhunu Maha Katharagama Devalaya, Katharagama 전화 047-223-5122 홈페이지 www.katharagama.lk 시간 04:30~19:00 요금 무료 위치 카타라가마 버스 터미널에서 약 500m 정도 떨어진 곳에 위치. 도보로 약 10분 소요.

키리 비하라 Kiri Vihara

석가모니의 설법에 대한 보답

보리수를 지나 뒷문으로 나간 뒤, 길을 따라 쭉 걸어가면 그 끝에 하얀 불탑이 하나 있다. 높이 29m, 둘레 85m의 키리 비하라이다. 전설에 따르면, 붓다가 세 번째 스리랑카를 방문했을 때 마하세나(Mahasena) 왕을 만나 불법을 전했는데, 마하세나 왕이 그에 대한 감사의 표시로 키리 비하라를 세웠다고 한다.

주소 Kiri viharaya, Katharagama 전화 047-223-5122 홈페이지 www.katharagama.lk 시간 04:30~19:00 요금 무료 위치 카타라가마 버스 터미널에서 약 500m 정도 떨어진 곳에 위치. 도보로 약 10분 소요.

팃사 호수 Tissa Lake

섬뜩한 전설을 삼키는 아름다움

기원전 3세기 루후나 왕조 초기에 조성된 인공 호수로, 논이나 인근 도시에 물을 충분히 공급하기 위해 만들어졌다. 깊이가 4m 정도 되는 이 호수와 관련해 무서운 전설이 하나 전해 내려온다. 호수가 매년 산 사람을 한 명씩 데려간다는 것이다. 그러나 호수의 아름다움에 전설의 섬뜩함이 묻히고, 사람들은 오늘도 그림처럼 구름이 떠 있는 팃사 호수에 몸을 담근다.

위치 팃사(Tissa) 버스 터미널에서 약 2km 정도 떨어진 곳에 위치. 뚝뚝으로 약 10분 소요.

팃사마하라마 사원 Tissamaharama Raja Maha Vihara

붓다가 머물면서 명상을 한 곳

기원전 2세기 경, 루후나 왕조의 카반팃사 왕이 만든 사원이다. 석가모니가 스리랑카를 세 번째 방문했을 때, 500명의 아라한과 함께 들러 명상을 했던 곳이다. 사람들은 거대한 불탑을 바라보면서 오래도록 기도를 올린다. 정문 안쪽에 미니 불상과 향꽂이 같은 불교 용품과 도자기로 만든 컵, 화병, 코끼리 인형 등을 파는 작은 가게가 있다.

주소 Tissa Rajamaha Viharaya, Tissamaharamaya **전화** 047-223-7236 **시간** 상시 오픈 **요금** 무료 **위치** 팃사(Tissa) 버스 터미널에서 약 800m 정도 떨어진 곳에 위치하고 있다. 도보로 약 15분 소요.

얄라 국립 공원 Yala National Park

야생 동물의 왕국

스리랑카에서 사파리(Safari)로 가장 유명한 곳으로, '야생 동물의 왕국'이라고 할 만큼 야생 동물의 개체수가 많은 곳이다. 1900년에 야생 동물 보호 구역으로 지정되었으며, 몬순 숲부터 해양 습지까지 인간의 손을 타지 않은 생태 환경 속에서 공작, 코뿔새 등 약 215종의 조류와 사슴, 코끼리, 몽구스 등 44종의 포유류가 살고 있다. 또한 세계에서 표범의 밀도가 가장 높은 곳이기도 하다. 사파리 전용 지프를 대여해서 가야 하며, 렌트비는 6인용의 경우, 3시간에 4,500루피 정도다. 동물 보호 협회 직원인 가이드 한 명이 동행해, 동물을 발견하는 데 도움을 준다.

주소 Yala National Park, Yala 전화 047-348-9297 홈페이지 www.yalasrilanka.lk 시간 06:00 ~ 16:30 요금 성인 2,056 / 아동 1,096루피(입장료 이외에 차량 250루피, 서비스 요금 1,096루피, 세금 11%, 운전기사 60루피) 위치 팃사(Tissa) 버스 터미널에서 약 19km 정도 떨어진 곳에 위치. 자동차로 약 40분 소요.

Travel Tip

얄라 사파리를 할 때 알고 가면 좋을 것들

① 사파리는 보통 3시간 정도 걸린다. 사파리하기 가장 좋은 시간은 오전 6시에서 오후 2시 사이인데, 오픈 시간(06:00)에 맞춰 매표소에 도착하면 더워지기 전에 사파리를 마칠 수 있다.

② 날씨 등 여러 요인으로 보고 싶은 야생 동물이 모습을 드러내지 않을 수 있다. 그러나 불현듯 표범과 코끼리가 달려올 수도 있으니 방심하진 말자.

③ 11월과 1월 사이에는 비가 많이 온다. 이 시기는 살짝 피하는 게 좋다.

④ 9월 7일부터 약 45일간은 사파리를 운영하지 않는다.

⑤ 사파리 도중, 정해진 장소에서 잠시 쉬는 시간이 있다. 간단한 간식을 가져가면 좋은데, 전날 밤 호텔 측에 '다음날 조식을 못 먹으니, 도시락을 준비해 달라'고 하자. 호텔 도시락이 의외로 맛이 좋다!

분달라 국립 공원 Bundala National Park

스리랑카 최초로 람사르 습지로 지정

이동성 물새들의 월동지로, 국제적으로 그 중요성을 인정받아 1991년 스리랑카에선 처음으로 람사르 습지로 지정된 곳이다. 약 197종의 조류가 서식하는데, 관광객들에게 가장 인기가 좋은 건 플라밍고다. 매년 최소 2,000마리 이상의 플라밍고가 겨울을 나기 위해 이곳을 찾는다. 조류 외에도 코끼리, 악어 등 야생 동물이 자유롭게 살아가고 있다. 새를 좋아하는 사람이라면 스리랑카에 머무는 동안 한번쯤은 꼭 가볼만한 명소다.

주소 Bundala National Park, Bundala **전화** 047-348-9070 **홈페이지** www.yalasrilanka.lk **시간** 06:00 ~ 18:00 **요금** 3300루피 **위치** 팃사(Tissa) 버스터미널에서 약 20km 정도 떨어진 곳에 위치. 자동차로 약 35분 소요.

스리랑카에서 만난 동물들

'야생 동물의 낙원'이라고 불리는 땅, 스리랑카. 그러나 대부분의 야생 동물은 인간의 눈과 손을 타지 않는 국립 공원에 모여 산다. 그렇다면 일부러 찾아 나서지 않아도 일상에서 흔히 볼 수 있는 스리랑카의 동물은 어떤 게 있을까? 인간과 어우러져 살아가는 스리랑카의 동물들을 소개한다.

▶ 도마뱀붙이 Geckos

스리랑카 사람들은 집도마뱀붙이를 흔히 '후나(Huna)'라고 부른다. 야행성으로 낮에는 숨어 있다가 날이 어두워지면 곤충을 잡아먹기 위해 나타난다. 보통 곤충들이 잘 모여드는 현관등 근처의 벽에 많이 붙어 있는데, 집 안팎을 수시로 드나든다. 인간에게 먼저 달려들거나 해를 끼치지 않지만, 위협하거나 괴롭힐 경우 무는 경우도 있다고 한다. 그러나 상처가 나지 않을 정도로 아주 가볍게 문다고 한다. 수명은 5년 정도이며, 몸체의 길이는 15~150mm 정도다. 행동이 재빨라 깜짝 놀랄 수 있으나, 가만히 보면 기어가는 모습이 귀여운 순한 동물이다.

▶ 원숭이 Monkeys

스리랑카에 서식하는 원숭이는 적갈색 털에 긴 꼬리를 가진 '토크 마카크(Toque Macaque)'로, 아누라다푸라, 폴론나루와와 같은 내륙 저지대에서 흔히 볼 수 있다. 나이가 들어감에 따라 암컷의 얼굴이 점점 핑크색으로 변하며, 수명은 약 35년 정도다. 파인애플, 쌀, 망고 등이 주식이지만, 다람쥐와 같은 작은 동물을 먹기도 한다. 스리랑카는 먹이를 얻기가 어렵지 않은 환경이다 보니, 사람에게 거의 달려들지 않고, 가까이 가도 먼 산 쳐다보듯 한다. 원숭이에게 일부러 가까이 가거나 만지는 것은 위험할 수 있다.

🔴 소 Cows

스리랑카의 소들은 자유롭다. 차로에, 거리에, 관광지에 주인도 없이 자기들끼리 무리 지어 다닌다. 사실 주인이 있지만 낮 동안 자유롭게 다니면서 풀을 뜯어먹도록 풀어놓은 것이고, 일정한 시간이 지나면 소들이 스스로 집으로 돌아간다고 한다. 소 몸통에 매직으로 크게 글씨가 쓰여 있는 경우가 있는데, 그건 바로 주인의 이름이다. 소가 모여 있는 곳에는 여기저기 큼직한 소똥이 있어, 미끄러질 위험이 있으니 주의해야 한다.

🔴 코끼리 Elephants

약 6,000여 마리의 야생 코끼리가 살고 있는 스리랑카에선 사파리 지대가 아닌 곳에서도 코끼리를 만날 수 있다. 자주 목격되는 곳이 아누라다푸라나 폴론나루와와 같은 내륙 지방으로 가는, 숲을 관통하는 도로이다. 도로에서 코끼리를 마주쳤을 땐 신기하다고 소리를 지른다거나 차에서 내려선 안 된다. 자신을 공격한다고 생각한 코끼리가 먼저 공격할 수 있기 때문이다. 실제로 코끼리가 자동차를 짓밟아 탑승자 전원이 사망하는 경우가 심심치 않게 벌어지니 절대 자극해선 안 된다. 멀찍이 떨어진 곳에 차를 세운 뒤, 조용히 바라보는 건 괜찮다.

 떠돌이 개 Stray Dogs

스리랑카에는 주인 없는 떠돌이 개가 많다. 길을 가다 보면, 여기저기서 쓰러져 있는 개들과 마주친다. 죽은 것처럼 보이기도 하지만, 사실 무더위에 기운이 없어 누워 있는 것이다. 대부분 무척 마르고 지쳐 보이는데, 순해 보인다고 손으로 직접 만져서는 안 된다. 거의가 피부병을 앓고 있으며 기생충에 감염되어 있다고 한다. 간혹 교통사고를 당해 불구가 된 개를 마주치기도 한다. 스리랑카의 여러 구호 단체들이 떠돌이 개 문제를 해결하려고 노력하고 있으나, 워낙 그 수가 많아 쉽게 해결되지 않고 있다.

Restaurant & Café

카타라가마의 두 맛집이 팃사마하라마 도로(Tissamaharama Rd)를 사이에 두고 서로 마주 보고 있다. 두 집은 재미있게도, 메뉴 역시 비슷하다. 맛집이 두 개뿐이어도, 질릴 걱정은 하지 않아도 된다. 매 끼니마다 주문을 달리할 수 있을 만큼의 다양한 음식을 판매하고 있기 때문이다.

리프레시 Refresh Restaurant

카타라가마에서 가장 유명한 맛집

카타라가마에는 레스토랑이 많지 않다. 리프레시 레스토랑은 이 지역에서 가장 잘 알려진 맛집이다. 스리랑카, 인도, 태국, 중국, 이탈리아 등 여러 국적의 음식을 판매하고 있어 선택의 폭이 넓다는 게 가장 큰 특징이며, 점심 때는 특별히 '현지 뷔페식' 메뉴가 추가된다. 시원한 맥주를 비롯해 다양한 주류를 판매하고 있다. 팃사에서 카타라가마로 가는 도로변에 위치해 있어 어렵지 않게 찾을 수 있다. 에어컨이 없다는 것이 조금 아쉬운 점이다.

주소 Akurugoda, Thissamaharama 전화 047-223-7357 홈페이지 www.refreshsrilanka.com 시간 08:00~21:00 요금 왕새우구이(Grilled Jumbo Prawn) 3,250루피, 믹스 라이스(Mix Rice) 850루피, 망고 주스 290루피 위치 팃사(Tissa) 버스 터미널에서 약 2km 정도 떨어진 곳에 위치. 뚝뚝으로 약 10분 소요.

캘로리언 레스토랑 Calorian Restaurant

손님이 끊이지 않는 음식점

리프레시 레스토랑 바로 맞은편에 위치하고 있다. 개방형의 레스토랑이라 에어컨도 없고, 와이파이도 이용할 수 없지만, 리프레시만큼이나 손님이 끊이지 않는 음식점이다. 비교적 저렴한 가격의 볶음밥이나 라이스 앤 커리조차 외국인 여행자의 입맛을 단번에 사로잡을 만큼 맛이 좋고, 정갈하게 제공된다.

주소 Kataragama Road, Thissamaharama 전화 047-223-8808 홈페이지 없음 시간 08:00 ~ 21:00 요금 데블드 프로운(Devilled Prawn) 1,200루피, 라이스 앤 커리 790루피, 치킨 프라이드 라이스 590루피 위치 팃사(Tissa) 버스 터미널에서 약 2km 정도 떨어진 곳에 위치. 뚝뚝으로 약 10분 소요.

Hotel & Resort

카타라가마에는 저렴하지만 시설이 탁월한 호텔이 몇 개 있다. 특히 숙박비가 우리 돈으로 5만원 남짓인 '님 빌라스(Neem Villas)'가 그러하다. 만약 카타라가마에 머무는 중에, 얄라 국립 공원으로 사파리를 가고 싶다면 호텔 데스크에 사파리 전용 지프차 대여를 요청하면 된다.

만다라 로젠 호텔 Mandara Rosen Hotel

스리랑카 남부 유일의 4성급 호텔

스리랑카 남부에서 유일하게 4성급으로 인정받은 호텔이다. 전체적으로 깔끔하고 고급스러운 분위기를 풍기며, 총 58개의 객실이 준비되어 있다. 이 호텔은 특히 욕실이 매우 깨끗하게 정비되어 있어, 산뜻한 느낌을 준다. 또한 남동부의 더운 날씨를 잠시나마 식힐 수 있는 대형 수영장이 마련되어 있는데, 수중 음악이 흘러나와 다른 호텔에선 느끼지 못할 색다른 감흥을 맛볼 수 있다. 카타라가마 사원 근처에 위치해 있다.

주소 Mandara Rosen Hotel, Kataragama 전화 047-223-6030 홈페이지 www.mandararosen.com 요금 디럭스 21,700루피~ 위치 카타라가마 버스 터미널에서 약 1.9km 정도 떨어진 곳에 위치. 뚝뚝으로 약 10분 소요.

찬드리카 호텔 Chandrika Hotel

널찍한 발코니가 있는 코티지 객실

카타라가마 근처에 위치한 호텔로, 고급스러운 시설에 비하면 숙박비가 저렴한 편이다. 객실은 일반 객실과 코티지 형식의 2층 객실 두 종류가 있다. 독립적인 공간이 좀 더 확보되는 코티지 객실이 선호도가 높으며, 널찍한 발코니가 마련되어 있다. 한낮 더위를 식힐 수 있는 야외 수영장이 있으며, 여독이 쌓인 몸을 풀어줄 자쿠지(Jacuzzi)도 설치되어 있다. 아유르베다 마사지를 받을 수도 있으며, 식사는 뷔페식으로 제공된다.

주소 Hotel Chandrika, Kataragama Road, Kataragama 전화 047-223-7143 홈페이지 www.chandrikahotel.com 요금 디럭스 11,900루피, 디럭스 샬레 15,400루피~ 위치 카타라가마 버스 터미널에서 약 1km 정도 떨어진 곳에 위치. 뚝뚝으로 약 10분 소요.

님 빌라스 Neem Villas

갤러리 느낌의 저렴한 호텔

약용으로 쓰이는 님(neem), 타마린드(tamarind), 우드애플(woodapple)과 같은 풍성한 열대 나무 아래 자리 잡고 있어 '님 빌라스'라는 이름이 붙었다. 외관이 매우 심플하고 감각적이어서 호텔이 아닌 갤러리처럼 보인다. 내부로 들어가면 눈길 닿는 곳마다 인테리어에 심혈을 기울인 흔적이 역력하지만, 감사하게도 숙박비는 매우 저렴한 편이다. 직원이 많지 않지만 깨끗하게 잘 관리되어 있으며, 외따로 떨어진 1층짜리 코티지 객실과 안내 데스크 건물 2층에 마련된 일반 객실이 있다. 일반 객실이 조금 더 쾌적하고 고급스럽다.

주소 P.O. Box 218, Mahasenpura, Tissamaharamaya. 전화 047-223-7320 홈페이지 www.neemvillas.lk 요금 4,500루피~5,500루피 위치 팃사(Tissa) 버스 터

미널에서 약 2.8km 정도 떨어진 곳에 위치하. 뚝뚝으로 약 15분 소요.

키탈라 리조트 Kithala Resort

초록 평원 위에 자리한 호텔

뒤뜰과 맞닿은 곳에 드넓은 초록 평원이 펼쳐지는, 탁 트인 조망을 자랑하는 호텔이다. 객실은 깨끗하며 개별 발코니가 있다. 야외에 바비큐 시설이 마련되어 있어, 원한다면 작은 파티를 즐길 수도 있다. 호텔 내에 바(Bar)와 야외 수영장이 갖춰져 있으며, 자전거를 타고 주변을 돌아볼 수도 있다. 팃사 버스 터미널에서 멀지 않은 곳에 위치해 있으며, 얄라 국립 공원, 팃사마하라마 사원으로의 접근이 용이하다. 점심 도시락 요청이 가능하다.

주소 Kithala Resort, Kataragama Road, Tissamaharamaya 전화 047-223-7206 홈페이지 www.theme-resorts.com/kithalaresort 요금 디럭스 8,500루피~, 스위트룸19,600루피~ 위치 팃사(Tissa) 버스 터미널에서 약 2.6km 정도 떨어진 곳에 위치. 뚝뚝으로 약 15분 소요.

더 사파리 호텔 The Safari Hotel

사파리 체험이 특화된 호숫가 호텔

팃사 호숫가에 위치한 호텔로, 풍경이 아름답기로 유명한 곳이다. 3개의 스위트룸과 47개의 디럭스 룸이 준비되어 있으며, 객실 대부분이 팃사 호수를 바라보고 있다. 호텔 이름에서 알 수 있듯이 이곳은 사파리 체험을 위한 관광객들이 즐겨 찾는 곳이다. 얄라 국립 공원과 분달라 국립 공원으로의 사파리를 원할 경우, 호텔에서 사파리 전용 지프를 준비해 준다(유료). 여름 시즌에 맞춰 최대 50%까지 다양한 할인 혜택을 주고 있다.

주소 Kataragama Road, Tissamaharama. 전화 047-567-7620~3 홈페이지 www.thesafarihotel.lk 요금 디럭스 21,700루피~ 위치 팃사(Tissa) 버스 터미널에서 약 1.7km 정도 떨어진 곳에 위치. 뚝뚝으로 약 10분 소요.

카타라가마

Galle
갈레

식민 시대의 아픔이 꽃으로 피어난 항구 도시

포르투갈, 네덜란드, 영국의 식민지로 살았던 시간은 아픔이었지만, 아픔 속에서 꽃이 피었다. 스리랑카 남부의 항구 도시, 갈레에 가면 마치 타임머신을 타고 17세기로 돌아간 느낌이 든다. 시계탑이 있는 메인 게이트를 통해 갈레 포트 지구로 들어서면, 교회, 도서관, 박물관 등 네덜란드 시대에 지어진 건축물들이 반갑게 인사를 건넨다. 갈레의 주요 명소는 우나와투나 해변을 빼면, 모두 이 갈레 포트 지구 내에 자리하고 있어서, 탁 트인 인도양의 바람을 마시면서 여유롭게 걸어서 구경할 수 있다.

갈레에서 꼭 해야 할 일! BEST 3
1. 우나와투나 해변에서 수상 스포츠 즐기기
2. 갈레 포트 또는 야데히물라 거리에서 기념품 쇼핑
3. 갈레 요새에서 인도양의 일몰 감상

갈레 가는 방법

콜롬보에서 바로 가기

갈레는 콜롬보에서 쉽게 접근할 수 있는 관광 도시이다. 대중교통이 매우 발달되어 있으므로 기차, 에어컨(A/C) 버스, 일반 버스 등을 모두 이용할 수 있다. 콜롬보에서 갈레로 가려면 마타라(Matara) 방향으로 가는 기차나 버스를 타면 된다. 이동 시간이 3시간 정도 걸린다.

	기차	버스(민영 터미널)
첫차	05:35	03:45
막차	18:50	20:45
운행 시간	05:35, 08:17 10:20, 14:19 15:44, 16:44 17:29, 17:34 17:55, 18:50	40분 간격
요금	1등석 340루피 2등석 180루피 3등석 100루피	일반 145루피 A/C 285루피

마하라가마에서 고속버스 타기

스리랑카에도 고속도로가 생기면서 콜롬보에서 갈레로 가는 길이 더욱 빨라졌다. 고속도로를 이용해 갈레에 가려면, 먼저 콜롬보 시내에서 마하라가마(Maharagama)로 가서 고속버스를 타야 한다. 콜롬보에서 138번 시내버스를 타면 마하라가마까지 갈 수 있다. 마하라가마에서 갈레까지 약 1시간 40분 걸리며 요금은 420루피다.

갈레 역

갈레 버스 터미널

갈레 하루 코스

"포트 지구만 봐도 갈레를 알 수 있다"고 말할 수 있을 만큼 포트 지구에 갈레의 거의 모든 것이 담겨 있다. 일곱 개의 관광 명소는 반나절이면 둘러보지만, 포트 지구 안에 즐비한 카페, 레스토랑, 기념품 숍 등을 들르다 보면 순식간에 몇 시간이 지나간다. 포트 지구 내에선 도보로 이동하고, 우나와투나 해변에 갈 때에만 뚝뚝을 이용하면 된다.

갈레 국립박물관

도보 1분

네덜란드 개신교회

도보 1분

갈레 도서관

도보 2분

갈레 등대

도보 1분

미란 모스크

도보 5분

국립해양박물관

도보 1분

갈레 요새

뚝뚝 15분

우나와투나해변

도보 3분

야데쉬물라거리

갈레 국립 박물관 National Museum of Galle

식민지 시대의 유물이 가득

건물이 지어진 것은 1656년이지만, 박물관으로 문을 연 것은 1986년이다. 갈레 포트 지구 내에서 가장 오래된 네덜란드 시대의 건물이다. 박물관 내부에는 가구, 그림, 도자기, 문서, 무기 등 포르투갈과 네덜란드, 그리고 영국 식민지 시기의 유물들이 가득하다. 스리랑카와 중국의 오랜 무역 관계를 보여 주는 유물도 전시되어 있다.

주소 Galle National Museum, Galle Fort, Galle **전화** 091-223-2051 **홈페이지** www.museum.gov.lk **시간** 08:30~19:00 **요금** 어른 300루피 / 아동 150루피 **위치** 갈레 버스 터미널에서 약 700m 정도 떨어진 곳에 위치. 도보로 약 15분 소요.

네덜란드 개신교회 Dutch Reformed Church

엄숙하고 고풍스러운 예배당

1755년 네덜란드에 의해 지어진 교회이다. 당시 갈레 포트 지구에서 가장 높은 지점에 세워졌는데, 그 때문인지 2004년 쓰나미의 피해가 없었다고 한다. 1760년에 콜롬보에서 가져온 중고 파이프 오르간과 스테인드글라스 창문이 고풍스럽다. 교회 안팎이 네덜란드 사람들의 묘비로 장식되어 있어 엄숙함을 자아낸다.

주소 Church Street, Fort, Galle **홈페이지** www.museum.gov.lk **시간** 08:30~19:00 **요금** 무료 **위치** 갈레 버스 터미널에서 약 750m 정도 떨어진 곳에 위치. 도보로 약 15분 소요.

갈레 도서관 Galle library

스리랑카에서 가장 오래된 도서관

책장에는 시간의 더께가 내려앉은 낡은 책들이 가득하고, 새것은 오로지 오늘 발행된 따끈따끈한 신문뿐인 느낌이다. 네덜란드 개혁 교회 바로 옆에 위치해 있다.

1832년에 설립된 갈레 도서관은 스리랑카에서 가장 오래된 도서관이다. 현재도 운영되고 있지만, 회비를 내고 회원제에 등록한 사람만 이용할 수 있다.

주소 Galle National Library, Galle Fort, Galle **전화** 091-222-7267 **시간** 08:30~19:30(일요일 휴무 / 토요일 ~12:30) **요금** 어른 500루피 / 아동 무료 **위치** 갈레 버스 터미널에서 약 750m 정도 떨어진 곳에 위치. 도보로 약 15분 소요.

국립 해양 박물관 National Maritime Museum

난파선의 흔적을 전시하다

1671년에 지어진 건물로, 1992년 박물관으로 새로이 문을 열었다. 눈에 띄는 것은, 난파선에서 발견된 물품들이다. 수중 탐사를 통해 찾아낸 지도, 담배 파이프, 맥주컵, 총, 신발 등 난파 당시의 선상 생활을 알 수 있는 다양한 유물이 전시되어 있다. 그 밖에 스리랑카 남부의 해상 무역에 사용된 선박 모형과 고래를 비롯한 다양한 해양 동식물의 표본 등을 볼 수 있다. 2004년 쓰나미로 인해 큰 피해를 입은 뒤 보수 공사를 거쳐, 내부가 무척 깔끔하게 정돈되어 있다.

주소 Galle Maritime Museum, Galle Fort, Galle **전화** 091-224-7640 **홈페이지** www.ccf.lk **시간** 08:30~16.30(휴일 휴무) **요금** 어른 500루피 / 아동 250루피 **위치** 갈레 버스 터미널에서 약 750m 정도 떨어진 곳에 위치. 도보로 약 15분 소요.

미란 모스크 Meeran Mosque

화려한 타일과 스테인드글라스가 매력

약 350년 전 고딕 이슬람 건축 양식으로 지어진 회교 사원으로, 무슬림 인구가 많은 갈레 포트 지구에서 매우 중요시되는 곳이다. 각각 다른 문양의 타일로 장식된 기도실과 복도, 그리고 창문의 스테인드글라스가 매우 화려하고도 아름답다. 모스크가 남성만의 공간이 아니라는 마인드를 가진 사원으로, 작지만 여성들의 기도 공간도 마련되어 있다.

주소 Rampart Street, Galle Fort, Galle **시간** 04:30~20:00 **요금** 무료 **위치** 갈레 버스 터미널에서 약 1.4km 정도 떨어진 곳에 위치. 도보로 약 25분 소요.

갈레 등대 Galle Lighthouse

스리랑카에서 가장 오래된 등대

1848년 영국에 의해 건설된, 스리랑카에서 가장 오래된 등대다. 현재의 모습은 1939년에 다시 만들어진 것으로, 등대의 높이는 26.5m 정도다. 그곳에 서면, 갈레 항구로 들어오는 모든 배들이 한눈에 들어온다.

주소 Galle Fort, Galle 요금 무료 위치 갈레 버스 터미널에서 약 1.4km 정도 떨어진 곳에 위치. 도보로 약 25분 소요.

갈레 요새 Galle Fort

환상적인 일몰을 볼 수 있는 곳

유럽 열강에 의해 지어진 아시아에서 가장 큰 요새로, 1988년에 세계 문화유산으로 지정됐다. 1633년 네덜란드 식민지 시대에 건설됐으며, 이후 영국에 의해 더욱 견고해졌다. 총 11개의 요새가 있지만, 군사적인 이유로 현재 관광객에겐 두 개만 개방되고 있다. 갈레 등대 부근에 있는 위트레흐트 요새(Point Utrecht Bastion)와 그 오른편으로 쭉 따라가면 만나게 되는 트리톤 요새(Triton Bastion)가 그것이다. 트리톤 요새는 그곳에서 바라보는 인도양의 일몰이 아름답기로 유명하다. 참고로, 11개의 갈레 요새로 둘러싸인 공간을 통틀어 '갈레 포트 지구'라고 부른다.

주소 Galle Fort, Galle 요금 무료 위치 갈레 버스 터미널에서 약 1.2km 떨어진 곳에 위치. 갈레 포트 지구의 메인 게이트에서 1km 떨어진 곳에 위치. 메인 게이트로부터 도보로 약 15분 소요.

우나와투나 해변 Unawatuna Beach

산호로 유명한 바나나 모양의 해변

갈레 시내에서 5km 정도 떨어진 작은 해안 도시 '우나와투나'에 위치해 있다. 바나나 모양의 해변과 아름다운 산호로 유명한 곳이다. 야자수로 둘러싸인 황금 모래 해변에는 선 베드가 늘 준비되어 있고, 말간 청록색의 바다는 기분 좋게 넘실댄다. 외국인 관광객뿐만 아니라 현지인들도 많이 찾는 해변으로, 다이빙, 스노클링, 서핑을 즐길 수 있다.

위치 갈레 버스 터미널에서 약 6km 정도 떨어진 곳에 위치. 뚝뚝으로 약 20분 소요.

실론 워터 스포츠 센터 Ceylon Water Sports

체계적인 다이빙 교육 센터

우나와투나에서 유명한 워터 스포츠 센터다. 이곳을 통해 스노클링, 다이빙, 보트 트립(Boat Trips) 등 다양한 수상 스포츠를 체험할 수 있다. 직원 대부분이 다이빙에 관한 전문 지식과 경험이 많은 강사들이라 패디(PADI, Professional Association of Diving Instructors) 코스와 같은 체계적인 다이빙 교육을 받기 위해 찾아오는 사람들도 많다.

주소 P.O Box 668, Matara Road, Unawatuna **전화** 091-224-4693 **홈페이지** www.unawatunadiving.com **시간** 07:30~18:00 **요금** 딥 다이버 코스(Deep Diver Course 03 dives) 25,200루피, 디스커버 스쿠버 다이빙(Discover Scuba Diving) 6,300루피 **위치** 갈레 버스 터미널에서 약 6.2km 정도 떨어진 곳에 위치. 뚝뚝으로 약 20분 소요.

야데히물라 거리 Yadehimulla Road

배낭족이 많은 명물 거리

우나와투나 해변 뒤편에 길게 이어져있는 명물 거리다. 저렴한 게스트 하우스와 호텔, 레스토랑, 찻집, 기념품 숍, 주얼리 숍 등이 모여 있어, 걷는 것만으로도 즐거움을 주는 곳이다. 외국인 배낭족들이 많이 찾는 곳이어서 그런지, 분위기도 매우 자유롭고 활기차다. 난감한 처지에 놓인 여행자를 위한 유료 관광 안내소(Tourist Information Center)도 있다.

위치 갈레 버스 터미널에서 약 6km 정도 떨어진 곳에 위치. 뚝뚝으로 약 20분 소요.

스틸트 피싱 Stilt Fishing

관광 사업이 된 외다리 낚시

갈레는 스틸트 피싱, 즉 '외다리 낚시'로도 유명하다. 해 질 녘, 인도양을 배경으로 외다리 낚시를 하고 있는 어부들의 모습은 스리랑카를 소개하는 관광 책자에 어김없이 실리는 사진이다. 그만큼 멋지지만, 현재 외다리 낚시로 생계를 잇는 어부는 거의 없어서 자연스러운 낚시 장면을 보긴 힘들다. 관광객이 오면 장대 위에 올라 포즈를 취하거나 낚시 체험을 하게 해 준 뒤 얼마간의 돈을 받는 어부는 있다. 전통 낚시 체험이 목적이라면, 한번쯤 가 볼 만하다.

시간 05:30~17:30 **위치** 코깔라(Koggala) 역에서 약 1km 떨어진 코깔라 해변에 위치.

Travel Tip

고래 투어(Whale Watching)

스리랑카 남해안을 여행할 때 빠질 수 없는 것이 고래 투어다. 전 세계에서 고래를 볼 수 있는 최고의 장소로 스리랑카 미리싸(Mirissa)가 꼽히고 있다. 고래 투어 시즌은 매년 11월부터 5월까지다. 투어 시간은 보통 4~6시간으로, 배를 타고 새벽 6시 30분에 출발해서 오전 11시 30분에 항구로 돌아온다. 1인당 투어 비용은 5,000루피 안팎인데, 요금 경쟁 때문에 조금 할인해 주는 업체도 있다. 배 한 척에 보통 10명에서 많게는 40명까지 탑승한다. 출발하자마자 샌드위치, 음료, 빵, 오믈렛 등이 아침 식사로 제공되고, 신나는 고래투어를 마치고 오는 길에 다시 과일과 스리랑카 난 등이 제공된다. 스리랑카의 고래 투어는 워낙 유명해 많은 외국인 관광객들이 찾아오기 때문에, 시간 여유가 있으면 미리 예약하고 가는 것이 좋다. 배가 출발하는 미리싸 항은 우나와투나 해변에서 약 45분 떨어진 곳에 위치해 있다.

예약 홈페이지 www.whalewatchingclub.com **전화** 041-225-0843, 077-128-7200

Shopping

갈레에선 갤러리를 둘러보는 느낌으로 쇼핑을 하자. 가게마다, 하나하나 작품 아닌 것을 찾아보기 어려울 정도로 예술적인 물건들이 많다.

케이케이 KK The Collection

독특한 공예품으로 가득 찬 가게

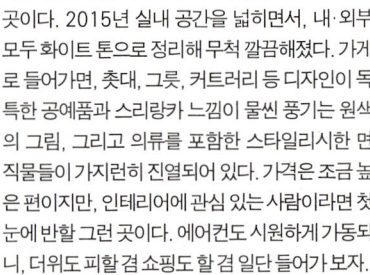

갖가지 공예품과 선물용품을 파는 가게로, 우아하고 고급스러운 물건이 많기로 소문이 자자한 곳이다. 2015년 실내 공간을 넓히면서, 내·외부 모두 화이트 톤으로 정리해 무척 깔끔해졌다. 가게로 들어가면, 촛대, 그릇, 커트러리 등 디자인이 독특한 공예품과 스리랑카 느낌이 물씬 풍기는 원색의 그림, 그리고 의류를 포함한 스타일리시한 면직물들이 가지런히 진열되어 있다. 가격은 조금 높은 편이지만, 인테리어에 관심 있는 사람이라면 첫눈에 반할 그런 곳이다. 에어컨도 시원하게 가동되니, 더위도 피할 겸 쇼핑도 할 겸 일단 들어가보자.

주소 P.O Box 72, Pedlar Street, Galle Fort, Galle **전화** 071-721-2391 **시간** 09:00~20:00 **위치** 갈레 버스 터미널에서 1.2km 정도 떨어진 갈레 요새에 위치. 도보로 약 20분 소요.

더 스리 The Three

아기자기하고 세련된 기념품 숍

아기자기하면서도 세련된 기념품과 인테리어 소품이 많은 가게다. 토마스(Thomas), 패트릭(Patrick), 바딤(Vadim)이라는 세 명의 외국인이 세계 여러 나라를 여행하면서 쌓은 경험을 토대로 창업해, 가게 이름이 세 사람 이름의 앞 글자를 따 '더 스리 바이 티피브이(The Three by TPV)'다. 공예품, 가방, 의류, 홍차, 그림, 팔찌까지 디자인과 가격이 다양한 물건들이 꽉 들어차 있는데, 모두 세 사람이 직접 디자인한 것이다. 스리랑카에서 자주 볼 수 있는 도마뱀 '후나(Huna)' 모양의 장식품이 있는데, 기념품으로 사 간다면 볼 때마다 스리랑카를 떠올릴 수 있을 것이다.

주소 P.O Box 43, Leyn baan Street, Galle Fort, Galle 전화 091-223-1778 홈페이지 www.thethreebytpv.com 시간 09:00~20:00 위치 갈레 버스 터미널에서 1.2km 정도 떨어진 갈레 요새에 위치. 도보로 약 20분 소요.

사프론 로브스 Saffron Robes

스리랑카의 특색을 살린 작품들

우나와투나 해변 뒤편 야데히물라 거리에 있는 작은 갤러리다. 스리랑카 현대 예술가들의 작품을 전시해 놓았는데, 규모는 작지만 캔버스가 쌓여 있을 정도로 작품 수는 많다. 대부분 스리랑카의 특색을 살린 그림들이며, 손바닥만 한 캔버스의 경우 1,000루피 정도에 살 수 있다. 그 밖에 컵받침, 코코넛 껍질로 만든 그릇과 국자, 열쇠고리, 수첩, 인형, 가방 등 기념품으로 살 만한 독특하고도 예쁜 물건들이 많다. 젊은 예술가들의 손을 거쳤음에도 가격은 저렴하다.

주소 Yaddehimulla Rd, Unawatuna 위치 갈레 버스 터미널에서 약 7.3km 정도 떨어진 우나와투나 해변 뒤쪽 야데히물라 거리에 위치. 뚝뚝으로 약 25분 소요.

Restaurant & Café

갈레 포트 지구의 페들러 거리(Pedlar Street)에 카페와 레스토랑이 옹기종기 모여 있다. 이곳 카페와 레스토랑의 특징은 무슬림이 사장인 경우가 많아, 금요일 오후 기도 시간(12:00~13:30)에는 잠시 가게 문을 닫는다는 점이다. 금요일을 기억하자.

크레이프-알러지 Crêpe-ology

옥상에 자리한 크레이프 카페

2012년에 오픈한, 스리랑카에 단 하나뿐인 크레이프(크레페, Crêpe) 카페다. 카페가 옥상(Rooftop)에 자리하고 있어 로맨틱한 분위기를 풍긴다. 크레이프와 샐러드를 비롯해 스무디, 밀크 티와 같은 시원한 음료를 판매한다. 식사 후에는 느긋하게 물담배(Shisha)를 즐길 수도 있다. 개방된 공간과 에어컨이 나오는 공간이 구분되어 있다. 와이파이를 무료로 사용할 수 있다.

주소 Crepe-ology, Galle Fort, Galle 전화 091-223-4777 홈페이지 www.crepe-ology.lk 시간 09:00~21:00 요금 몬슨 치킨(Monson Chicken) 950루피, 페스토 메스토(Pesto Mesto) 950루피, 치킨 버거 1,500루피, 라임 주스 200루피 위치 갈레 버스 터미널에서 1.2km 정도 떨어진 갈레 포트 지구에 위치. 도보로 약 20분 소요.

일 젤라토 카페 Il-Gelato Cafe

작지만 맛있는 젤라토 전문점

작은 젤라토 가게다. 다소 허름한 느낌이 들지만, 젤라토는 맛있다. 가격은 1스쿠프(Scoop)에 350루피, 2스쿠프에 490루피다. 어떤 맛을 먹을지 고민된다면 먼저 조금 맛을 보고, 선택할 수 있다. 실내에는 에어컨이 가동되며, 젤라토 외에 커피와 생과일 주스도 판매하고 있다.

주소 Illgelagto Cafe, Galle Fort, Galle 전화 091-222-5250 시간 08:30~20:00 요금 아포카토 알 카페(Affogato Al Caffe) 660루피, 파추고(Paciugo) 660루피, 스쿠프(Scoop) 350루피, 커피 230루피 위치 갈레 버스 터미널에서 1.2km 정도 떨어진 갈레 포트 지구에 위치. 도보로 약 20분 소요.

더 포트 프린터스 The Fort Printers

사진 갤러리처럼 꾸민 세련된 카페

갈레에서 유명한 인쇄 회사였던 '포트 프린터스(Fort Printers)'가 있던 건물 1층에 문을 연 세련된 레스토랑으로, 호텔과 함께 운영하고 있다. 내부는 흰 벽에 일정한 간격으로 사진 액자를 걸어 갤러리처럼 꾸며 놓았다. 실내 테이블과 야외 테이블 중 원하는 곳을 선택해서 앉으면 되며, 공간이 넓고 쾌적해 여유롭게 식사를 즐길 수 있다. 간단히 커피와 디저트를 먹으러 들어오는 외국인 손님도 많다. 맥주, 와인 등 알코올 음료를 판매하고 있다(포야 데이 제외).

주소 P.O Box 39, Pedlar Street, Galle Fort, Galle 전화 091-224-7977 홈페이지 www.thefortprinters.com 시간 런치 11:30~15:00 / 디너 18:30~22:30 요금 커리(Fish or Prawn Curry) 1,800루피, 비트 카르파초(Beetroot Carpaccio) 1,100루피, 과일 주스 500루피 위치 갈레 버스 터미널에서 약 1.2km 정도 떨어진 갈레 포트 지구에 위치. 도보로 약 20분 소요.

페들러스 인 카페 Pedlar's Inn Cafe

빈티지하고 아늑한 레스토랑

갈레 포트 지구의 페들러 거리에 자리한 붉은 기와지붕 레스토랑이다. 실내외 곳곳에 고가구를 배치해 빈티지한 느낌을 풍긴다. 입구에서 들여다보면 작은 레스토랑처럼 보이지만, 안으로 들어가면 아늑한 공간이 줄줄이 나온다. 스리랑카의 여느 레스토랑과 달리, 계산 시 음식 가격에 세금을 붙이지 않고 메뉴판에 표시된 가격으로 음식을 제공한다. 다양한 메뉴가 있지만, 한 잔에 650루피인 초콜릿 셰이크는 양도 많고 맛도 좋아, 더위에 지친 여행자에게 활력을 줄 수 있을 것이다.

주소 P.O Box 92, Pedlar Street, Galle Fort, Galle 전화 091-222-5333 홈페이지 www.pedlarsinn.com 시간 09:00~22:00(금요일 12:00~13:00 영업하지 않음) 요금 멕시칸 치킨 1,350루피, 비프 스테이크 1,600루피, 초콜릿 셰이크 650루피. 위치 갈레 버스 터미널에서 1.2km 정도 떨어진 갈레 포트 지구에 위치. 도보로 약 20분 소요.

페들러스 인 젤라토 Pedlar's Inn Gelato

쫄깃한 젤라토가 250루피

'페들러스 인 카페(Pedlar's Inn Cafe)'와 함께 운영하고 있는 젤라토 가게다. 젤라토 종류는 스무 가지 남짓이다. 가격이 1스쿠프에 250루피로 저렴해, 배낭 여행자들이 자주 찾는 곳이다. 가게 옆에 나무 벤치가 마련되어 있어 젤라토를 먹으면서 잠시 쉬어 갈 수 있다.

주소 P.O Box 61, Pedlar Street, Galle Fort, Galle **전화** 091-222-5333 **홈페이지** www.pedlarsinn.com **시간** 09:00~22:00(금요일 12:00~13:00 영업하지 않음) **요금** 초콜릿 스쿠프(chocolate scoop) 250루피, 캐러멜 250루피 **위치** 갈레 버스 터미널에서 1.2km 정도 떨어진 갈레 포트 지구에 위치. 도보로 약 20분 소요.

더 헤리티지 카페 The Heritage Cafe

스페셜한 라이스 앤 커리

갈레 포트 지구 내에 있는 부티크 스타일의 카페다. 메뉴는 남아시아에 초점을 두고 있으며, 인기 메뉴는 헤리티지 스페셜 라이스 앤 커리이다. 그러나 스프, 샐러드, 샌드위치, 파스타 등 서양 메뉴도 있다. 천장에 대형 팬이 달려 있는 실내, 햇볕이 잘 드는 테라스, 나무와 오래된 화덕이 있는 작은 안뜰 중 원하는 곳에서 식사할 수 있다. 간단하게 생과일 주스와 셰이크를 마실 수도 있다. 에어컨은 없다.

주소 P.O Box 53, Light House Street, Galle Fort, Galle **전화** 091-224-6668 **시간** 09:00~21:00 **요금** 스페셜 라이스 앤 커리 800루피, 믹스 시푸드 950루피, 카푸치노 460루피 **위치** 갈레 버스 터미널에서 1.2km 정도 떨어진 갈레 포트 지구에 위치. 도보로 약 20분 소요.

바리스타 라바짜 Barista Lavazza

깊고 진한 풍미의 커피를 원한다면

헤리티지 카페(Heritage Cafe)와 문 하나를 사이에 두고 붙어 있는 이탈리안 커피숍이다. 두 공간을 구분해 놓은 문은 거의 늘 열려 있고, 두 가게는 함께 운영되고 있다. 바리스타 라바짜는 본점이 이탈리아에 있는 커피 체인으로, 깊고 풍부한 향미를 지닌 이탈리아산 라바짜 커피만을 사용한다. 에어컨이 없는 점이 아쉬운데, 매니저의 말을 빌리면 유럽의 분위기를 살리기 위해 에어컨을 설치하지 않았다고 한다. 천장에 대형 팬이 설치되어 있어, 아이스커피를 마신다면 크게 덥지는 않을 것이다.

주소 P.O Box 53, Light House Street, Galle Fort, Galle **전화** 091-223-3099 **홈페이지** www.barista.lk **시간** 07:00~21:00 **요금** 아이스 카페모카 480루피, 아이리시 커피 셰이크 680루피, 카페라테 450루피 **위치** 갈레 버스 터미널에서 1.2km 정도 떨어진 갈레 포트 지구에 위치. 도보로 약 20분 소요.

오리지널 로켓 버거 The Original Rocket Burger

재미있는 이름의 수제 햄버거 가게

갈레 포트 지구에서 유명한 수제 햄버거 가게로, 페들러 거리에 위치해 있다. 이곳의 모든 햄버거는 100% 순수 쇠고기를 사용하며, 매일 배달되는 신선한 채소와 유제품으로 만들어진다. 햄버거의 종류만 여덟 가지인데 그 이름이 참 재미있다. 할머니(Grandma), 텍사스 카우보이(Texas Cowboy), 등대(Lighthouse), 그리고 한국 음식인 불고기(Bulgogi) 햄버거도 있다. 어린이를 위한 메뉴도 준비되어 있으며, 햄버거 외에 스파이스 치킨도 인기가 좋다.

주소 P.O Box 24, Pedlar Street, Galle Fort, Galle **전화** 091- 454-5488 **홈페이지** www.theoriginalrocketburger.com **시간** 11:00~21:00 **요금** 티키티키(Tiki Tiki) 600루피, 텍사스 카우보이 650루피, 불고기 850루피 **위치** 갈레 버스 터미널에서 1.2km 정도 떨어진 갈레 포트 지구에 위치. 도보로 약 20분 소요.

Hotel & Resort

관광 명소와 레스토랑, 기념품 숍이 모여 있는 갈레 포트 지구에 머물 것인가, 산호가 유명한 우나와투나 해변에 머물 것인가. 취향에 따라 둘 중 하나를 선택하면 된다. 참고로, 외국인 배낭족들은 저렴한 숙소를 찾아 우나와투나 해변 뒷골목으로 모여든다.

페들러스 인 호스텔 Pedlar's Inn Hostel

청량한 지중해 스타일의 호스텔

갈레 포트 지구 안에 있는 유일한 호스텔이다. 외관부터 화이트와 라이트 블루의 청량함이 지중해 분위기를 물씬 풍긴다. 에어컨과 발코니, 개별 욕실, 더블 침대가 있는 룸과, 공동 욕실을 사용해야 하고 에어컨이 없는 도미토리 룸이 있다. 숙박비에 조식이 포함되어 있으며, 시기별로 할인 혜택이 다르다. 조식은 함께 운영하고 있는, 갈레 포트 지구의 유명 레스토랑 페들러스 인 카페(Pedlar's Inn Cafe)에서 제공된다. 자전거 대여가 가능하고 숙박비가 무척 저렴해, 주머니 사정이 빈약한 배낭여행자에겐 반갑고 이상적인 숙소가 될 것이다.

주소 No 62-B, Light House Street, Galle Fort, Galle **전화** 091-222-7443 **홈페이지** www.pedlarsinn.com **요금** 호스텔 2,800루피~ **위치** 갈레 버스 터미널에서 약 1.3km 정도 떨어진 갈레 포트 지구에 위치. 도보로 약 20분 소요.

갈레 포트 호텔 Galle Fort Hotel

17세기의 우아함 속에서의 하룻밤

네덜란드 식민지 시기인 17세기에 개인 주택으로 지어졌고, 세월이 흘러 지금은 12개의 객실을 보유한 고풍스러운 호텔로 사용되고 있다. 콜로니얼 건축 양식으로 지어진 오래된 건물답게, 내부는 우아하고 세련되게 인테리어 되어 있으며, 야외 수영장과 바(Bar)를 갖추고 있다. 갈레 포트 지구 안에 위치해있다.

주소 No 28, Church Street, Galle Fort, Galle **전화** 091-223-2870 **홈페이지** www.seaviewdeepalvilla.com **요금** 가든 룸(Garden Rooms) 21,200루피~, 라이브러리 스위트(Library Suite) 25,240루피~ **위치** 갈레 버스 터미널에서 약 1km 정도 떨어진 갈레 포트 지구에 위치. 도보로 약 15분 소요.

글로리아 그랜드 호텔 Gloria Grand Hotel

최근에 지어진 말끔한 호텔

우나와투나 해변에서 200여 미터 떨어진 곳에 위치한 최신식 호텔이다. 최근에 지어진 호텔이다 보니 객실 환경이 아주 쾌적하다. 객실에는 냉장고와 전기 포트가, 욕실에는 헤어 드라이어가 구비되어 있다. 테라스에서 먼 산의 경치를 즐길 수 있으나, 길가에 위치해 있어 전망이 아주 좋다고 할 순 없다. 조식은 뷔페로 제공된다. 깨끗한 숙소를 찾는 여행자에게 적합한 호텔이다.

주소 Yaddehimulla Road, Unawatuna **전화** 091-225-0770 **홈페이지** www.gloriagrandhotel.com **요금** 럭셔리 14,000루피~ **위치** 갈레 버스 터미널에서 약 7km 정도 떨어진 우나와투나 해변 근처에 위치. 뚝뚝으로 약 20분 소요.

킹피셔 호텔 Kingfisher Hotel

우나와투나 해변의 전망 좋은 호텔

'물총새(Kingfisher)'라는 이름을 가진 이 호텔은 우나와투나 해변에 위치해 있다. 룸이 4개뿐이지만 호텔이라고 불리는 것은 그만큼 관리가 잘 되고 있기 때문이다. 럭셔리한 4개의 디럭스 룸에는 킹 사이즈 침대가 놓여있고, 큼지막한 욕실은 시멘트를 바른 뒤 광택을 내어 모던한 느낌을 주면서, 거대한 거울을 달아 클래식함도 곁들였다. 객실과 욕실의 창은 모두 바다를 향하고 있어, 언제든 시원한 인도양을 마주할 수 있다. 우나와투나 해변을 찾는 여행자라면 한 번쯤 묵어 볼 만한 호텔이다. 룸이 많지 않아 금세 꽉 차는 편이니, 미리미리 예약하는 것이 좋다.

주소 Basigewatte, Devala Road, Unawatuna 전화 091-225-0312 홈페이지 www.kingfisherunawatuna.com 요금 디럭스 18,200루피~ 위치 갈레 버스 터미널에서 약 7.2km 정도 떨어진 우나와투나 해변 근처에 위치. 뚝뚝으로 약 25분 소요.

시뷰 비치 호텔 Sea View Beach Hotel

부엌이 갖춰진 펜션식 호텔

우나와투나 해변가에 레스토랑과 함께 운영하고 있는 호텔이다. 모래사장에서 레스토랑으로, 다시 호텔로 연달아 연결되는 구조로, 바다가 멀지 않아 전망이 좋다. 코코넛 야자수 뜰이 있으며, 객실의 종류는 디럭스 룸과 패밀리 룸이 있다. 펜션처럼 싱크대, 가스레인지, 냉장고 등을 갖춘 부엌이 있는 객실이 있어 직접 요리를 해 먹을 수 있기 때문에 가족 단위의 현지인들이 즐겨 찾는 호텔이다. 상대적으로 오래된 건물이 있으니, 예약 시 새로 지은 건물에 묵겠다고 요청하는 게 좋다.

주소 Devala Road, Unawatuna 전화 091-222-4376 홈페이지 www.seaviewdeepalvilla.com 요금 럭셔리 14,000루피~ 위치 갈레 버스 터미널에서 약 7.3km 정도 떨어진 우나와투나 해변 근처에 위치. 뚝뚝으로 약 25분 소요.

타프로반 비치 하우스 Thaproban Beach House

객실 창으로 너른 바다가 보이는 호텔

우나와투나 해변에 위치한 전망 좋은 호텔이다. 객실 창으로 바다를 볼 수 있으며, 해 질 녘에는 야외 테이블에서 석양을 볼 수도 있다. 14개의 객실에는 에어컨과 평면 TV, 미니 바, 개별 발코니가 구비되어 있다. 자전거 임대가 가능하며, 공항 셔틀의 경우 일정 금액을 내면 하루 중 언제든 이용 가능하다. 숙박료가 저렴한 편이다.

주소 Thaproban Rooms & Restaurant, Unawatuna 전화 091-438-1722 홈페이지 www.thaprobanbeachhouse.com 요금 디럭스 10,700루피~ 위치 갈레 버스 터미널에서 약 6.4km 정도 떨어진 우나와투나 해변 근처에 위치. 뚝뚝으로 약 20분 소요.

Southwestern Beaches
남서부 해안

물빛이 고운 힐링과 휴양의 도시

콜롬보에서 남쪽으로 길게 이어진 콜롬보 갈레 로드 (Colombo-Galle Road)를 따라 내려가다 보면 아름다운 해안 도시인 베루왈라, 벤토타, 히카두와를 차례로 만나게 된다. 그곳의 해변들은 유독 물빛이 곱고, 수상 스포츠가 발달되어 있어 유럽인들이 많이 찾는 곳이다. 바닷가인 만큼 해산물 레스토랑이 많으며, 스리랑카의 전통 치료법 '아유르베다'를 통한 몸과 마음의 힐링을 모토로 내건 특별한 호텔도 있다. 남서부 해안의 몬순기는 5월부터 9월까지인데, 그땐 파도가 무척 거세서 입수 자체가 금지되니, 가능하면 11월에서 4월 사이에 여행 계획을 잡는 게 좋다.

남서부 해안에서 꼭 해야 할 일! BEST 3
① 히카두와 해변에서 물놀이하고 해산물 요리 맛보기
② 아리야팔라 가면 박물관에서 전통 가면 '락샤' 쇼핑
③ 아유르베다 전문 리조트에서 몸과 정신 힐링하기

남서부 해안 가는 방법

남서부 해안으로 가는 가장 편한 방법은 렌터카를 이용하는 것이다. 콜롬보에서 콜롬보-갈레 메인 로드(Colombo-Galle Main Road)를 따라 내려가면, 베루왈라, 벤토타는 1시간 40분, 히카두와는 2시간이면 도착할 수 있다. 대중교통을 이용하고 싶다면, 기차를 타야 한다. 벤토타나 베루왈라로 가고 싶다면, 콜롬보 포트 역에서 벤토타나 베루왈라행 직행 열차를 타고, 벤토타 역이나 베루왈라 역에서 내리면 된다. 히카두와로 가고 싶다면, 콜롬보 포트 역에서 갈레 또는 마타라(Matara)행 기차를 타고, 히카두와 역에서 내리면 된다. 요금은 2등석 기준으로 베루왈라 100루피, 벤토타 110루피, 히카두와 160루피 정도다. 참고로 베루왈라행 기차는 오전 11시 14분부터 밤 9시 34분까지 운행한다.

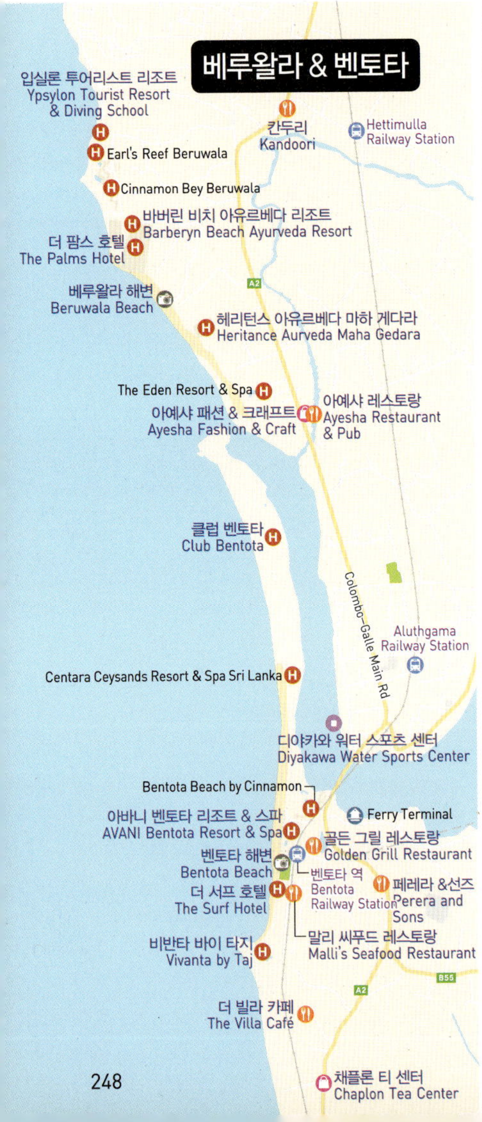

베루왈라 & 벤토타

- 입실론 투어리스트 리조트 Ypsylon Tourist Resort & Diving School
- 칸두리 Kandoori
- Earl's Reef Beruwala
- 헤티물라 Hettimulla Railway Station
- Cinnamon Bey Beruwala
- 바버린 비치 아유르베다 리조트 Barberyn Beach Ayurveda Resort
- 더 팜스 호텔 The Palms Hotel
- 베루왈라 해변 Beruwala Beach
- 헤리턴스 아유르베다 마하 게다라 Heritance Aurveda Maha Gedara
- The Eden Resort & Spa
- 아예샤 패션 & 크래프트 Ayesha Fashion & Craft
- 아예샤 레스토랑 Ayesha Restaurant & Pub
- 클럽 벤토타 Club Bentota
- Aluthgama Railway Station
- Centara Ceysands Resort & Spa Sri Lanka
- 디야카와 워터 스포츠 센터 Diyakawa Water Sports Center
- Bentota Beach by Cinnamon
- 아바니 벤토타 리조트 & 스파 AVANI Bentota Resort & Spa
- Ferry Terminal
- 골든 그릴 레스토랑 Golden Grill Restaurant
- 벤토타 해변 Bentota Beach
- 더 서프 호텔 The Surf Hotel
- 벤토타 역 Bentota Railway Station
- 페레라 & 선즈 Perera and Sons
- 비반타 바이 타지 Vivanta by Taj
- 말리 씨푸드 레스토랑 Malli's Seafood Restaurant
- 더 빌라 카페 The Villa Café
- 채플론 티 센터 Chaplon Tea Center

히카두와

- 히카두와 역 Hikkaduwa Railway Station
- Hikkaduwa Post Office
- 포세이돈 다이빙 스테이션 Poseidon Diving Station
- Hikkaduwa – Baddegama
- 히카두와 해변 Hikkaduwa Beach
- 코럴 샌즈 호텔 Coral Sands Hotel
- Jananandarama Temple Rd
- Sarath Goonawardana Mawatha
- 마마스 Mamas
- Bansei Hotel
- 사프론 로브스 Saffron Robes
- 히카 트랜즈 바이 시나몬 Hikka Tranz by Cinnamon
- Sanagi Mawatha Rd
- 마창 Machang
- 노르딕 하우스 Nordic House
- 리프레시 비치 레스토랑 Refresh Beach Restaurant
- 리프레시 호텔 Refresh Hotel
- 시트러스 호텔 Citrus Hotel
- 제이엘에이치 비치 레스토랑 & 바 JLH Beach Restaurant & Bar
- Chill Space Cafe
- 바이브레이션 뮤직 바 Vibration Music Bar
- Funky de Bar
- Bookworm Library Restaurant
- Colombo–Galle Main Rd
- Top Secret
- 아벤라 비치 호텔 Avenra Beach Hotel

베루왈라 해변 Beruwala Beach

황금 모래 해변의 시작점

콜롬보에서 한 시간 거리에 있는 남서부의 해안 도시, 베루왈라에 있는 해변이다. 골든 비치(Golden Beach)라고 부르는 130km에 달하는 황금 모래 해변의 시작점이기도 하다. 비치 베드에 편히 누워 남국의 뜨거운 태양을 만끽할 수도 있지만, 워터 스쿠터, 워터 스키, 윈드서핑, 패러세일링 등 흥미진진한 즐길 거리들이 눈앞에서 자꾸 손짓하는 곳이다.

주소 Beruwala Beach, Beruwala 위치 베루왈라 역에서 약 1km 정도 떨어진 곳에 위치. 뚝뚝으로 약 5분 소요.

벤토타 해변 Bentota Beach

서핑과 수상 스키 마니아를 위한 곳

콜롬보에서 약 65km 떨어져있는 벤토타에 있는 해변으로, 윈드서핑과 수상 스키로 유명하다. 끝없이 펼쳐진 푸른 바다 위에 오색 빛깔의 돛이 만들어내는 그림이 일품이다. 성수기를 제외하고는 크게 붐비지 않는 해변으로, 여유롭게 휴가를 즐기고 싶은 사람에게 이보다 좋은 휴식처는 없을 것이다.

주소 Bentota Beach, Bentota 위치 벤토타 역에서 약 500m 떨어진 곳에 위치. 도보로 약 10분 소요.

디야카와 워터 스포츠 센터 Diyakawa Water Sports Center

관광청에 등록된 수상 스포츠 센터

벤토타 강의 오른편에 자리한 워터 스포츠 센터로, 스리랑카 관광청에 등록되어 있어 여행자들이 가격, 안전성 면에서 믿고 이용할 수 있는 곳이다. 규모는 작지만 강과 바다에서 할 수 있는 거의 모든 수상 스포츠를 제공하고 있는데, 대표적으로 제트 스키, 워터 스키, 바나나 보트, 서핑, 카누, 낚시, 스노클링, 다이빙, 보트 사파리(리버 크루즈, River Cruise) 등이 있다.

주소 P.O.Box 10, Riven avenue, Aluthgama **전화** 034-454-5105 / 077-916-5330 **홈페이지** www.diyakawa.com **시간** 09:00~17:00 **요금** 바나나 보트 1,300루피, 모노 스키(Mono Skiing) 5,200루피, 제트 스키 5,200루피 **위치** 벤토타 버스 터미널에서 약 2km 떨어진 곳에 위치. 뚝뚝으로 약 15분 소요.

벤토타 강 보트 사파리 Bentota River Boat Safari

도심에서의 사파리 투어

벤토타 강은 아름다우면서 야생 동식물까지 품고 있다. 흩어져 있는 작은 섬들과 미로 같은 맹그로브 습지를 구불구불 통과하다 보면 악어와 물 도마뱀 같은 파충류부터 왜가리, 가마우지, 물총새 같은 다양한 물새들까지 만나게 된다. 도심에서의 사파리 투어는 생소하기에 더욱 신선한 경험이 될 것이다. 사파리 투어에는 1시간 반 정도가 소요되며, 디야카와 수상 스포츠 센터(Diyakawa Water Sports Center)가 보트 사파리로 유명한 업체다.

요금 4인 기준 $30 (1시간 30분 투어)

Travel Tip

벤토타 관광 안내 센터 (Bentota Tourist Information Center)

스리랑카 관광청에서 운영하는 관광 안내 센터다. 다양한 언어의 지도와 안내책자를 무료로 제공하고 있으며, 직원을 통해 지역 관광을 위한 상세한 정보를 얻을 수 있다.

주소 Bentota Tourist Information Center, Bentota **전화** 091-393-2157 **시간** 08:30~16:30 (공휴일 휴무) **위치** 벤토타 버스 터미널에서 약 1.1km 정도 떨어진 곳에 위치. 뚝뚝으로 10분 소요.

인두루와 바다거북 보호 센터 Induruwa Sea Turtle Conservation Center

위기에 처한 바다거북을 살리다

인간의 무분별한 포획과 환경 오염으로 멸종 위기에 처한 바다거북을 보호하기 위한 시설이다. 그물에 걸려 불구가 된 바다거북과 부화를 기다리는 거북 알, 그리고 갓 태어난 아기 거북이들을 볼 수 있다. 거북 알의 경우, 자연 상태에 두면 부화될 가능성이 낮기 때문에 이곳의 인공 부화장에서 부화시켜 바다로 돌려보낸다. 날이 어두워지면 그날 태어난 아기 거북이들을 바다로 돌려보내는데, 해변에서 바다를 향해 빠르게 기어가는 거북이들은 감동이라는 말로밖에는 설명할 길이 없다. 거북이 관련 기념품을 파는데, 수익금은 모두 바다거북의 보호를 위해 쓰인다고 한다.

주소 Galle Road, Kaikawala, Induruwa 전화 091-225-8373 홈페이지 www.marineturtles.web.com 시간 09:00~18:00 요금 500루피(1인당) 위치 벤토타 버스 터미널에서 약 5km 떨어진 곳에 위치. 뚝뚝으로 약 20분 소요.

아리야팔라 가면 박물관 Ariyapala Mask Museum

악마를 쫓는 베스무후누 가면

암발란고다(Ambalangoda)는 나무로 만든 가면과 인형으로 유명한 도시다. 가면은 대개 악마의 형상을 하고 있는데, 스리랑카에선 예로부터 악마를 쫓는 의식이나 축제 때 사용되어 왔다. 스리랑카의 전통 가면을 보통 베스무후누(Vesmuhunu, 다른 얼굴)라고 부른다. 아리야팔라 박물관에는 수작업으로 만든 120여 개의 가면이 전시되어 있고, 가면의 유래와 전설이 보기 쉽게 설명되어 있다. 박물관 이용은 무료다. 박물관 옆에는 작업장이 있어 가면의 제작 과정을 직접 볼 수 있고, 2층에는 가면을 파는 기념품 숍이 있다. 가격이 저렴한 편은 아니지만, 이곳에서만 볼 수 있는 특이한 가면들이 많아서 무척 흥미롭다.

주소 P.O.Box 426, Main Street, Ambalangoda 전화 091-225-8373 시간 08:30~17:30 홈페이지 www.masksariyapalasl.com 위치 암바란고다 버스 터미널에서 약 800m 떨어진 곳에 위치. 뚝뚝으로 약 5분 소요.

락샤 마스크 Raksha Mask

스리랑카의 전통 가면을 '베스무후누(Vesmuhunu)'라고 한다. 베스무후누 중에서 가장 대중적인 가면 종류가 바로 '락샤 마스크'이다. 여기서 락샤는 '악마(Devil)'이라는 뜻이다. 화려하고 다채로운 락샤 가면을 살펴보자.

▶ 지니델라 락샤 가면 Ginidella Raksha Mask

불(Fire Devil) 형상의 가면으로, 활활 타오르는 불꽃 모양의 머리를 갖고 있다. 빨강, 노랑, 오렌지 색으로 뜨거운 분노를 표출하고 있다.

▶ 나가 락샤 가면 Naga Raksha Mask

코브라(Cobra Devil) 형상의 가면으로, 열 마리 정도의 코브라가 달린 머리를 가지고 있다. 적의 냄새를 맡을 수 있고, 먹을 수 있다고 알려져 있다. 다채로운 색과 패턴을 사용하여 가장 눈에 띄는 가면이다.

▶ 마유라 락샤 가면 Mayura Raksha Mask

공작(Peacock Devil)의 형상을 한 가면으로, 평화와 조화, 부(富)를 가져온다고 알려져 있다. 보통 청량감이 드는 흰색과 파란색으로 만들어진다. 참고로, 공작은 힌두교의 신 '스칸다(Skanda)'가 타고 다니는 신성한 새다.

▶ 구룰루 락샤 가면 Gurulu Raksha Mask

새(Bird Devil) 형상의 가면으로, 힘과 명성을 가져온다고 알려져 있다. 입이 새의 부리 모양이며, 두 눈 사이로 코브라 한 마리가 튀어올라 있다. 머리는 새가 날개를 활짝 편 것처럼 양옆으로 벌어져 있다.

히카두와 해변 Hikkaduwa Beach

세계적인 산호 서식지

세계적인 산호 서식지이자 보드 서핑 스팟으로 유명한 해변이다. 밑창이 유리로 된 글라스 보트(Glass Boat)를 타고 나가거나, 다이빙이나 스노클링을 하면서 아름다운 산호를 마음껏 볼 수 있다. 바닷속에 여러 개의 난파선이 있어, 다이빙 애호가들의 발길이 끊이지 않는 곳이다.

주소 Hikkaduwa Beach, Hikkaduwa **위치** 히카두와 역에서 약 700m 떨어진 곳에 위치. 도보로 약 15분 소요.

포세이돈 다이빙 스테이션 Poseidon Diving Station

40여 년간의 다이빙 노하우를 전수하다

1973년 히카두와 지역에 처음으로 생긴 패디(PADI, Professional Association of Diving Instructors) 센터이다. 40여 년간 축적된 다이빙 노하우를 가지고 교육을 진행하며, 다이빙 외에도 보트 투어, 낚시 등 다양한 워터 스포츠를 제공하고 있다. 현재 미리싸(Mirissa), 트린코말리(Trincomalee)에서도 다이빙 센터를 운영하고 있다. 참고로 히카두와의 다이빙 시즌은 11월에서 4월까지다.

주소 P.O Box 304, Galle Road, Hikkaduwa **전화** 091-227-7294 **홈페이지** www.divingsrilanka.com **시간** 09:00~17:30 **위치** 히카두와 버스 터미널에서 약 300m 떨어진 곳에 위치. 도보로 약 10분 소요.

Shopping

남서부 해안은 휴양 도시들로, 이렇다 할 쇼핑몰이나 기념품 숍이 거의 없다. 그런 면에서 히카두와의 '사프론 로브스'는 아이러니하다. 콜롬보에 있어도 손색없을 정도의 세련미를 풍기기 때문이다. 해변 뒷길에는 늘 작고 허름한 향토 상점들이 즐비하니, 그곳을 구경해 보는 것도 좋을 것이다.

아예샤 패션 & 크래프트 Ayesha Fashion & Craft

의류와 수공예품을 파는 기념품 숍

아예샤 레스토랑 입구에 위치한 기념품 상점이다. 입구에서 왼편 건물 2층은 옷과 가방, 미니 코끼리 파우치, 액세서리 등을 파는 패션 기념품 숍이고, 오른편 건물 2층은 전통 가면과 거북이·코끼리 모양의 아기자기한 장식품, 특히 크고 작은 나무 조각품이 많은 수공예 기념품 숍이다. 매장 한쪽에선 홍차도 판매하고 있다. 가격표가 붙어 있지 않아, 일일이 물어봐야 하는 번거로움이 있지만, 아예사 레스토랑에서 식사를 한 뒤 잠시 둘러보기에 괜찮은 곳이다. 가격이 저렴하진 아니지만, 유달리 비싸지도 않다.

주소 Gall Road, Kaluwamodara, Aluthgama **전화** 034-229-8020 **홈페이지** www.ayeshagroupsrilanka.com **시간** 08:30~19:30 **위치** 베루왈라 버스 터미널에서 약 3.8km 떨어진 곳에 위치. 뚝뚝으로 약 15분 소요.

채플론 티 센터 Chaplon Tea Center

향긋한 홍차를 맛보고 살 수 있는 곳

영국 식민지 시대풍의 건물 안은 향긋한 홍차 향으로 가득하다. 덴마크인과 스리랑카인이 함께 운영하는 티 숍이다. 홍차를 파는 것은 여느 티 숍과 다르지 않지만, 채플론 티 센터만의 특별함이 하나 있다. 이곳에선 원하는 홍차를 먼저 맛보고 나서 살 수 있다. 실내 중앙에 배치된 30여 가지의 테스트용 홍차 중 원하는 것을 선택한 뒤 테라스에서 기다리면, 잠시 뒤 맑게 우린 홍차 한 잔을 가져다준다. 원하는 대로 얼마든지 맛보라는 사장님의 넉넉한 인심이 그윽한 곳이다. 선물용으로 좋은 갖가지 티백 홍차와 가루 홍차, 원색의 예쁜 티 포트와 홍차 보관함 등을 판매하고 있다.

주소 P.O.Box 190, Sirimadura, Robelgoda, Bentota **전화** 034-227-5754 **홈페이지** www.ranratea.com **시간** 07:30~20:30 **위치** 벤토타 버스 터미널에서 약 1.2km 떨어진 곳에 위치. 뚝뚝으로 약 10분 소요.

사프론 로브스 Saffron Robes

젊은 예술가의 아트 갤러리

스리랑카의 젊은 예술가 '딜리파 지완타(Dileepa Jeewantha)'가 운영하는 갤러리로, 스리랑카 현대 예술가들의 작품이 전시되어 있는 곳이다. 눈부신 화이트 컬러의 건물 외관처럼 내부 벽도 온통 흰색인데, 이는 작가들의 그림 및 예술 작품들을 더욱 돋보이게 한다. 독특하고도 다양한 화풍의 그림이 가장 눈길을 끌고, 그 외에 전통 가면, 나무 조각품, 코코넛 껍질로 만든 장식품, 촛대, 바틱 제품 등 아기자기하고 멋진 인테리어 소품들이 5층 건물에 가득 차 있다. 젊은 예술가들의 열정과 철학이 담긴 작품들은 결코, 당신이 빈손으로 나가도록 내버려두지 않을 것이다.

주소 P.O Box 285/1, Galle Road, Hikkaduwa **전화** 077-441-5777 **홈페이지** www.saffronrobes.com **시간** 09:00~21:00 **가격** 100루피~ **위치** 히카두와 버스터미널에서 약1.2km 떨어진 곳에 위치. 뚝뚝으로 약 10분 소요.

Restaurant & Café

남서부 해안에서 꼭 맛봐야 할 메뉴는 당연히 해산물이다. 가격이 다소 높지만 그 이상의 만족감을 준다. 히카두와에는 스리랑카의 밤 문화를 경험할 수 있는 펍(Pub)과 뮤직 바(Music Bar)가 있다. 스리랑카는 물론이고, 스리랑카를 찾은 세계의 청춘들이 모이는 곳이라고 하니 한 번 가보는 것도 괜찮을 것이다.

베루왈라

아예샤 레스토랑 Ayesha Restaurant & Pub
초록빛 강가의 운치 있는 레스토랑

작은 강 옆에 자리한 운치 있는 레스토랑 겸 술집이다. 강과 어우러진 초록빛 열대의 풍경을 바라보면서 식사를 즐길 수 있다는 점이 이 레스토랑의 가장 큰 메리트다. 식당은 넓고 깨끗한 편이지만, 사방이 오픈된 형태라서 에어컨은 없다. 처음 방문하는 손님을 위한 매니저의 추천 메뉴는 스리랑카식 라이스 앤 커리와 시푸드 파라다이스(Sea Food Paradise)다. 식당 한쪽에 미니 바가 있으며, 바는 오후 5시부터 밤 10시까지만 이용이 가능하다.

주소 Gall Road, Kaluwamodara, Aluthgama **전화** 034-227-9550 **홈페이지** www.ayeshagroupsrilanka.com **시간** 08:00~10:00 **메뉴** 라이스 앤 커리 1,050루피 **위치** 베루왈라 버스 터미널에서 약 3.8km 떨어진 곳에 위치. 뚝뚝으로 약 15분 소요.

칸두리 Kandoori
인도·할랄 음식 전문점

인도 음식과 할랄(Halal) 음식을 주로 판매하는 레스토랑이다. 내부는 어두운 나무 탁자와 의자, 대나무 발로 인테리어되어 있어 한국의 소박한 식당을 떠올리게 한다. 맛있는 데다 저렴하기까지 해 현지인뿐만 아니라 외국인들도 즐겨 찾는데, 특히 인도인들이 많이 찾아온다고 한다. 이슬람교도를 위한 할랄 음식 전문점이기 때문에 돼지고기로 만든 음식은 메뉴에 없다. 에어컨이 가동되어 시원하며, 음식 포장이 가능하다. 중국 음식도 판매하고 있다.

시간 11:00~10:00 (금요일은 14시부터 영업) **메뉴** 치킨 비리야니 480루피, 파라타(Parata) 60루피, 매튼 마살라(Matton Masala) 620루피 **위치** 베루왈라 버스 터미널에서 약 2.3km 떨어진 곳에 위치. 뚝뚝으로 약 10분 소요.

주소 P.O.Box 428, Gall Road, Hettimulla, Beruwala **전화** 034-493-5836 **홈페이지** www.kandoori.com

벤토타

더 빌라 카페 The Villa Café

이색적인 메뉴를 자체 개발하다

세계적인 건축가 '제프리 바와'가 설계한 공간으로, 파라다이스 로드(Paradise Road) 그룹이 호텔과 함께 운영하고 있는 카페다. 나무와 라탄 소재로 꾸민 공간은 정갈하면서도 시원하며, 곳곳에 배치한 대형 도자기는 가볍지 않은 부티크로서의 면모를 드러낸다. 메뉴는 스리랑카식부터 서양식까지 매우 다양한데, 이곳의 가장 큰 특징은 메뉴를 자체 개발한다는 점이다. 매니저 추천 메뉴는 흑돼지 커리(Black Pork Curry)와 레몬그라스 생강차(Lemongrass & Ginger Tea), 그리고 코코넛 사고 푸딩(Coconut Sago Pudding)이다. 맥주, 칵테일 등 알코올 음료도 판매하고 있다.

시간 08:00~22:00 메뉴 라이스 앤 커리 1,625루피, 타마린드 칠 마티니(Tamarind Chill Martini) 1,298루피, 푸딩 795루피 위치 벤토타 버스 터미널에서 약 1.2km 떨어진 곳에 위치. 툭툭으로 약 10분 소요.

주소 P.O.Box 138/18, Galle Road, Bentota 전화 034-227-5311 홈페이지 www.villabentota.com

골든 그릴 레스토랑 Golden Grill Restaurant

해산물로 만든 스리랑카의 전통 음식

해산물을 이용한 스리랑카 전통 음식 전문점으로, 벤토타 호수 옆에 자리하고 있다. 인도양으로부터 갓 잡아 올린 해산물과 생선으로 만들어, 음식이 신선하기로 유명하며, 열대 채소와 갖가지 향신료를 첨가해 스리랑카의 진정한 맛을 볼 수 있는 곳이다. 기본 메뉴는 라이스 앤 커리이며, 그중에서도 스리랑카의 남부 음식인 '붉은 숭어 커리(Red Mullet Curry)'와 북부 음식인 '자프나 게 커리(Jaffna Crab Curry)'가 인기가 좋다. 스리랑카 음식 외에 인도 음식도 판매하고 있다.

주소 P.O.Box 138/18, Galle Road, Bentota 전화 034-227-5455 홈페이지 www.goldengrill.lk 시간 11:00~10:00 메뉴 라이스 앤 커리 850루피, 믹스 그릴 1,900루피, 맥주 475루피 위치 벤토타 버스 터미널에서 약 1.1km 떨어진 곳에 위치. 툭툭으로 약 10분 소요.

말리 씨푸드 레스토랑 Malli's Seafood Restaurant

기찻길 옆 해산물 레스토랑

벤토타에서 해산물 하면 이곳을 알려 줄 정도로 유명한 해산물 레스토랑이다. 벤토타 기찻길 옆쪽에 자리해 있어, 레스토랑 창밖으로 여유롭게 지나가는 기차가 보인다. 호텔 밀집 골목에 위치해, 2010년 개업 후 줄곧 외국인 손님들로 북적인다고 한다. 음식 가격은 그때그때 시가(市價)에 따라 달라지며, 사장님 추천 메뉴는 해산물 모듬 구이(Seafood Mixed Grill)이다.

주소 Pitaramba, Bentota 전화 034-454-5311 시간 08:30~23:00 메뉴 당일 시가에 따라 가격 달라짐. 위치 벤토타 버스 터미널에서 약 1.4km 떨어진 곳에 위치. 툭툭으로 약 10분 소요.

페레라 &선즈 Perera and Sons

낮은 가격에 맞난 음식을 만나다

100년 이상 된 케이크 회사에서 운영하고 있는 베이커리 겸 간이식당이다. 1층은 머핀, 케이크, 핫도그, 페이스트리, 쿠키 등을 판매하는 베이커리이며, 2층은 라이스 앤 커리, 누들, 고뚜(Kottu), 볶음밥(정오부터 가능) 등을 먹을 수 있는 식당이다. 식당 내부와 음식 모두 청결한 편이며, 모든 음식값은 선불이다. 에어컨이 없다는 게 아쉽지만, 음식 값이 매우 저렴해 아쉬움을 희석해 준다. 오전 7시 반이면 영업을 시작하므로, 간단히 아침 식사를 하기에도 좋은 곳이다.

주소 P.O.Box 69/16, Galle Road, Angagoda, Bentota 전화 034-494-0228 홈페이지 www.pereraandsons.com 시간 07:30~19:30 메뉴 라이스 앤 커리 230루피, 치킨 누들 300루피, 고뚜 210루피 교통 벤토타 버스 터미널에서 약 800m 떨어진 곳에 위치. 뚝뚝으로 약 5분 소요.

히카두와

리프레시 비치 레스토랑 Refresh Beach Restaurant

남부에서 가장 큰 해산물 레스토랑

리프레시(Refresh)는 1986년에 론칭한 레스토랑 브랜드로, 히카두와 지점은 스리랑카 남부에서 가장 큰 비치 레스토랑이다. 또한 관광청에 등록된 믿을 만한 음식점이다. 랍스타, 게, 새우 등 해산물 요리가 가장 인기 있지만, 인도나 이탈리안, 스리랑카의 일반적인 음식도 주문 가능하다. 실내에 자리를 잡을 수도 있고, 해변 테이블에서 푸른 바다를 바라보면서 식사할 수도 있다. 신선한 해산물을 재료로 하기 때문에 가격이 저렴하진 않지만, 매니저 말로는 '한번 맛을 본 사람은 꼭 다시 찾는다'고 한다. 맥주, 와인, 양주 등 알코올 음료를 판매하고 있으며. 와이파이 무료 이용이 가능하다.

주소 P.O Box 384, Galle Road, Hikkaduwa 전화 091-227-5783 홈페이지 www.refreshsrilanka.com 시간 07:00~23:00 메뉴 해산물 바구니 2,590루피~, 매운 갑오징어(Devilled Cuttle Fish) 890루피, 왕새우(Jumbo Prawns) 2800루피 위치 히카두와 버스 터미널에서 약 150m 떨어진 곳에 위치. 도보로 약 10분 소요.

제이엘에이치 비치 레스토랑 & 바 JLH Beach Restaurant & Bar

풍경도 아름답고 맛도 아름다워

스리랑카 관광청에서 A등급으로 인정한 해산물 레스토랑으로 1979년에 문을 열었다. 이곳의 특징은 바다와 레스토랑의 거리가 다섯 걸음밖에 되지 않아, 언제든 바다로 뛰어들 수 있다는 것이다. 센 파도가 밀려올 때면 마치 테이블을 덮칠 것 같은 착각이 일기도 한다. 다양한 해산물 요리가 있으며, 볶음밥과 국수 같은 스리랑카의 대중 음식들도 주문 가능하다. 음식 가격은 저렴한 편이지만, 비주얼과 맛이 무척 뛰어나다. 알코올 음료도 판매하고 있다. 길가가 아닌 작은 골목 안쪽에 위치해 있어, 간판을 잘 보고 찾아가야 한다.

주소 P.O Box 382/1, Galle Road, Hikkaduwa 전화 091-227-7139 홈페이지 www.jlhrestaurant.com 시간 07:00~23:00 메뉴 해산물 바구니 3,600루피, 믹스 브라이스 라이스 490루피, 믹스 누들 490루피 위치 히카두와 버스 터미널에서 약 120m 떨어진 곳에 위치. 도보로 약 10분 소요.

노르딕 하우스 Nordic House

북유럽풍으로 꾸민 햄버거 가게

히카두와에서 유명한 햄버거 & 샌드위치 전문점이다. 맛집이라는 소문을 듣고 찾아온 외국인들이 테이블 곳곳을 차지하고 있다. 1층과 2층에 북유럽풍으로 인테리어된 홀이 있으며, 에어컨 시설이 잘 되어 있어 시원하고 여유롭게 식사를 즐길 수 있다. 베이컨 치즈 버거(Bacon Cheese Burger)와 바삭한 베이컨과 어니언 링이 들어간 캔사스 랜치(Kansas Ranch), 그리고 아이스커피가 인기 메뉴다. 도로변에 위치해 있지만 쉽게 눈에 띄지 않는데, 지푸라기 지붕과 검정색 간판을 기억하면 찾기가 보다 수월할 것이다.

주소 P.O Box 339, Galle Road, Hikkaduwa 전화 091-227-5970 시간 10:00~21:00 메뉴 아이스커피 350루피, 노르딕 블렌드(Nordic Blend) 500루피, 버거 밀(Burger Meal) 950루피 위치 히카두와 버스 터미널에서 약 1.1km 떨어진 곳에 위치. 뚝뚝으로 약 5분 소요.

마마스 Mamas

해산물 요리로 유명한 비치 레스토랑

1971년에 오픈한 비치 레스토랑으로, 비성수기에도 손님으로 바글바글한 곳이다. 색색의 배가 떠 있는 바다가 눈앞에 그림처럼 펼쳐지는 이곳은 해산물 요리로 유명하다. 특히 로브스터, 게, 새우 구이와 스프, 샐러드, 감자튀김 등으로 이루어진 푸짐한 모듬 해산물(Mixed Seafood)과 마마스 스페셜(Mamas Special) 메뉴가 인기가 좋다. 물론 라이스 앤 커리와 같은 스리랑카의 일반 음식도 주문 가능하며, 한편에 바(Bar)가 있어 취향에 맞는 술 한 잔을 곁들여 먹을 수도 있다. 주인이 손수 그림을 그려서 만든 메뉴판이 소소한 재미를 준다.

주소 P.O Box 338, Galle Road, Hikkaduwa 전화 091-227-5488 홈페이지 www.mamascoralbeach.com 시간 07:30~23:00 메뉴 라이스 앤 커리 690루피, 마마스 스페셜 690루피, 피나콜라다 850루피 위치 히카두와 버스 터미널에서 약 700m 떨어진 곳에 위치하고 있다. 뚝뚝으로 약 5분 소요.

마창 Machang

'어깨동무'를 뜻하는 펍 체인점

스리랑카의 펍(Pub) 체인점이다. 마창은 '어깨동무'라는 뜻으로, 스리랑카에서 친한 친구를 친근하게 부를 때 쓰는 단어다. 시원한 생맥주와 신나는 음악이 있고, 게다가 안주 가격까지 저렴해 현지인과 외국인 모두 즐겨 찾는 곳이다. 생맥주는 한 잔에 단돈 1달러, 칵테일은 해피 아워 칵테일즈(Happy Hour Cocktails)라고 하여 오후 5시 30분부터 7시 30분까지 3달러에 제공하고 있다. 건물 2층에 자리하고 있으며, 물담배를 피울 수도, 당구 게임을 할 수도 있다. 스리랑카에서 쉽게 접하기 힘든 펍 문화를 경험할 수 있는 곳이다.

주소 P.O Box 317, Galle Road, Hikkaduwa 전화 077-353-7691 시간 077-353-7691 메뉴 맥주 170루피, 매운 새우(Devilled Prawn) 650루피, 비프 위드 칸쿤(Beef With Kankun) 550루피 위치 히카두와 버스 터미널에서 약 1.2km 떨어진 곳에 위치. 뚝뚝으로 약 10분 소요.

바이브레이션 뮤직 바 Vibration Music Bar

히카두와 최고의 나이트클럽

2000년 이후 매주 금요일 밤 쩌렁쩌렁한 파티가 열리는 나이트클럽이다. 히카두와에서 가장 큰 규모의 클럽으로, 금요일에는 기본 600명 이상의 손님이 이곳으로 모여든다. 스리랑카 DJ와 외국인 DJ들의 퍼포먼스와 함께 전기에 감전된 듯 울려퍼지는 전자 댄스 음악은 순식간에 손님들을 흥분시키기에 충분하다. 이곳은 오로지 외국인 손님만을 받는다고 한다. 칵테일, 맥주, 와인을 판매하며, 평일에는 밤 12시에 문을 닫지만, 파티가 열리는 금요일에는 새벽 4시 30분까지 영업한다.

주소 P.O Box 495, Galle Road, Wewala, Hikkaduwa 전화 077-353-7691 홈페이지 www.vibrationhotel.com 시간 토~목 19:00~24:00 / 금 21:30~04:30 요금 입장료 2,000루피(주류 별도) 위치 히카두와 버스 터미널에서 약 1.2km 떨어진 곳에 위치. 뚝뚝으로 약 10분 소요.

Hotel & Resort

남서부 해안의 호텔들은 '완벽한 휴양'을 추구한다. 그래서 '쉼(休)'를 테마로 한 호텔들이 많은데, 그중에는 아유르베다 치료를 집중적으로 해 주는 아유르베다 전문 리조트도 있다. 이러한 리조트는 적어도 일주일 이상 머무는 손님만 받는 경우가 있으니 예약할 때 참고하자.

> 베루왈라

바버린 비치 아유르베다 리조트 Barberyn Beach Ayurveda Resort

45년 역사의 아유르베다 전문 리조트

스리랑카의 전통 약초 요법인 아유르베다 치료를 집중적으로 받을 수 있는 리조트로, 45년의 역사를 자랑한다. 이곳에 머무는 투숙객은 필수적으로 아유르베다 치료를 받아야 한다. 요가와 명상, 마사지, 자연 약초를 달인 보약 등이 포함된 아유르베다 치료비는 숙박비 외에 추가로 지불해야 하는데, 하루에 80유로(주당 560유로) 정도다. 투숙객으론 독일인들이 많은데, 한번 오면 무너진 신체 밸런스 회복을 위해 기본 일주일에서 14일 정도 패키지의 형태로 머무른다고 한다. 식사는 육류를 뺀 스리랑카 건강식으로 준비되며, 에어컨은 가동하지 않는다.

주소 Moragalla, Beruwala 전화 034-227-6036 홈페이지 www.barberynresorts.com 요금 21,700루피~ 위치 베루왈라 버스 터미널에서 약 3.2km 떨어진 곳에 위치. 뚝뚝으로 약 10분 소요

헤리턴스 아유르베다 마하 게다라 Heritance Aurveda Maha Gedara

'제프리 바와'가 건축한 럭셔리 호텔

기본 일주일 이상 머물면서 전문적으로 아유르베다 치료를 받을 수 있는 럭셔리 호텔이다. 열대 정원에 자리하고 있으며, 자연과 건물이 보기 좋게 어우러진 이 호텔은 20세기 건축계의 거장 '제프리 바와'가 설계한 것이다. 객실의 종류는 스탠다드, 디럭스, 럭셔리, 스위트가 있으며, 보통 숙박비는 치료비와 함께 묶어 패키지 형태로 지불한다. 아유르베다 집중 치료는 전문 의사의 지도를 받아 진행되며, 호텔에 머무는 동안 술, 담배는 철저히 금지된다.

주소 Heritance Ayurveda Maha Gedara, Beruwela 전화 034-555-5000 홈페이지 www.heritancehotels.com 요금 별도 문의(패키지 형식) 위치 베루왈라 버스 터미널에서 약 3.4km 떨어진 곳에 위치. 뚝뚝으로 약 10분 소요.

더 팜스 호텔 The Palms Hotel

만개한 연꽃이 아름다운 4성급 호텔

연꽃이 만개한 연못과 코코넛 야자수가 늘어선 아름다운 정원이 있는 4성급 호텔이다. 고풍스런 아케이드를 통해 로비로 연결되며, 3층 건물에 106개의 객실이 있다. 객실 창이 바다를 향하고 있어 전망이 좋으며, 깨끗하다. 메인 레스토랑 외에 해산물 레스토랑이 따로 있으며, 바(Bar)와 커피숍도 갖추고 있다. 여가 시설로는 수영장과 스파가 있다.

주소 The Palms Moragalla, Beruwela, **전화** 034-227-6041 **홈페이지** www.palmsberuwala.com **요금** 19,600루피 **위치** 베루왈라 버스 터미널에서 약 3km 떨어진 곳에 위치. 뚝뚝으로 약 10분 소요.

입실론 투어리스트 리조트 Ypsylon Tourist Resort & Diving School

다이빙 마니아들이 즐겨 찾는 리조트

독일 여성이 운영하는 리조트로, 다이빙 스쿨을 함께 운영하고 있어 다이빙 마니아들이 많이 찾는 곳이다. 객실은 총 28개로 내부가 고급스러운 편은 아니지만, 저렴한 숙박비를 생각하면 크게 손색은 없다. 객실에서 바라다 보이는 인도양이 매우 아름답다. 하나 아쉬운 점은 TV, 냉장고가 구비되어 있지 않다는 점이다. 에어컨이 없는 객실도 있으니, 예약 시 에어컨 유무를 반드시 확인해야 한다.

주소 Moragalla, Beruwala **전화** 034-227-6132 **홈페이지** www.ypsylon.info **요금** 5,600루피~ **위치** 베루왈라 버스 터미널에서 약 6km 떨어진 곳에 위치. 뚝뚝으로 약 20분 소요.

아바니 벤토타 리조트 & 스파 AVANI Bentota Resort & Spa

스파가 특화된 자연 친화적인 호텔

스리랑카의 국민 건축가 '제프리 바와'가 설계한 호텔로, 자연 친화적이면서 모던한 호텔이다. 객실은 세련된 가구로 채워져 있고 매우 깨끗하며, 창밖으로 인도양의 시원한 전경을 만끽할 수 있다. 이 호텔의 특징은 스파가 특화되어 있다는 점이다. 해변에서의 일광욕 뒤 피부를 진정시키고, 피로를 풀어 주는 다양한 아유르베다 마사지를 경험할 수 있다. 식사는 뷔페식이다.

주소 Avani Bentota, Bentota 전화 034-494-7878
홈페이지 www.minorhotels.com 요금 스탠더드 17,400루피~, 디럭스 18,800루피 위치 벤토타 버스 터미널에서 약 1.2km 떨어진 곳에 위치. 뚝뚝으로 약 10분 소요.

클럽 벤토타 Club Bentota

물 위의 낭만을 아는 호텔

마치 물 위에 떠 있는 섬 같은 낭만적인 호텔이다. 벤토타 강어귀에 위치해 있으며, 호텔로 들어가거나 나올 때 전용 보트를 타야 한다. 호텔 문을 연 지 30년이 넘었지만, 객실이나 욕실이 잘 관리되어 매우 깨끗하다. 식사는 뷔페식으로, 일반 뷔페와 해물 뷔페가 있어 취향에 따라 선택할 수 있다. 여가 시설로는 수영장, 아유르베다 스파가 있으며, 호텔 내에 서점과 쇼핑 아케이드가 있어 책을 사서 읽을 수도 있고, 쇼핑을 할 수도 있다.

주소 Paradise Island, Aluthgama 전화 034-227-5167
홈페이지 www.clubbentota.com 요금 스탠더드 11,200루피, 디럭스 13,200루피 위치 벤토타 버스 터미널에서 약 2.8km 떨어진 곳에 위치. 뚝뚝으로 약 15분 소요.

비반타 바이 타지 Vivanta by Taj

여가 시설이 잘 갖춰진 5성급 호텔

세계 곳곳에 호텔을 세운 타지 회사(Taj Company)에서 운영하는 전망 좋고, 여가 시설이 잘 갖춰진 5성급 호텔이다. 객실과 레스토랑의 대형 창으로 바다가 넘실대고, 굳이 밖으로 나가지 않아도 호텔 안에서 즐길 거리가 많다. 수영장과 피트니스 센터, 스파는 기본이고, 테니스와 당구, 탁구, 다트 게임을 할 수 있는 별도의 공간이 마련되어 있다. 또한 쇼핑 아케이드에서 쇼핑을 하고, 분위기 있는 바에서 칵테일을 마시며 시간을 보낼 수도 있다.

주소 Vivanta By Taj, Bentota **전화** 034-555-5555 **홈페이지** www.vivanta.tajhotels.com **요금** 스탠더드 11,200루피, 디럭스 13,200루피 **위치** 벤토타 버스 터미널에서 약 2km 떨어진 곳에 위치. 툭툭으로 약 10분 소요.

더 서프 호텔 The Surf Hotel

로비부터 시원해 기분 좋은 호텔

벤토타 해변 근처에 위치해 탁 트인 전망을 자랑하는 호텔이다. 스리랑카에선 흔히 않게, 로비부터 에어컨을 시원하게 가동하고 있는 쾌적하고 감각적인 호텔이다. 따뜻한 조명의 객실은 군더더기 없이 모던하고, 대형 발코니를 가지고 있다. 24시간 오픈되어 있는 깨끗한 라운지, 팩스나 복사 서비스를 무료로 이용할 수 있는 비즈니스 센터를 갖추고 있다. 하나 알아 둘 것은, 이 호텔은 운전기사 숙소를 무료로 제공하지 않는다는 점이다. (스리랑카 대부분의 호텔은 운전기사를 고용해 렌터카로 여행하는 관광객들을 위해 운전기사 숙소를 무료로 제공하고 있다.) 운전기사와 동행할 경우, 운전기사도 숙박비를 내고 객실을 따로 잡아야 한다.

주소 The Surf Hotel, Bentota **전화** 034—227-5126 **홈페이지** www.thesurfhotel.lk **요금** 슈페리어 18,200루피 **위치** 벤토타 버스 터미널에서 약 1.3km 정도 떨어진 곳에 위치하고 있다. 툭툭으로 약 10분 소요.

> 인두루와

데잔 비치 카바나스 Thejan Beach Cabanas

하늘이 보이는 오두막 욕실

인두루와 해변에 위치한 카바나(Cabana, 오두막)식 친환경 호텔이다. 객실은 카바나식과 일반식이 있는데, 카바나식 객실 안에 있는 하늘이 보이는 욕실은 자연의 일부가 된 듯한 특별한 경험을 선사한다. 또한 해변에 자리한 바(Beach Bar)는 인도양의 아름다운 일몰을 바라보기에 더할 나위 없이 좋다. 야외에서 바비큐 요리를 해 먹을 수 있으며, 자전거와 자동차 대여가 가능하다.

주소 Yalegama, Induruwa **전화** 034-494-1408 **홈페이지** www.thejanbeachcabanas.com **요금** 스탠더드 12,600루피, 카바나 26,600루피 **위치** 벤토타 버스 터미널에서 약 4.2km 떨어진 곳에 위치. 툭툭으로 약 20분 소요.

판다누스 비치 리조트 & 스파 Pandanus Beach Resort & Spa

루프톱 바가 있는 최신식 호텔

인두루와 해변 근처, 산들거리는 코코넛 나무들 사이에 자리 잡고 있는 5층짜리 리조트다. 2014년에 문을 열어, 최신식 시설을 갖춘 여든 개의 객실이 준비되어 있다. 객실은 천연 나무를 바닥에 깔아 고급스러움을 더했고, 개별 발코니에선 인도양이 훤히 내다보인다. 루프톱 바(Rooftop Bar)가 있어, 선선한 저녁 바람을 맞으면서 맥주나 와인 또는 칵테일을 한 잔 마실 수도 있고, 그러다 여행 파트너와 당구 한 게임을 하면서 즐거운 시간을 보낼 수도 있다. 스파 시설이 잘 되어 있어, 서양인들이 많이 찾아오는 호텔로도 유명하다.

주소 Galle Road, Yalegama, Induruwa 전화 034-227-5363 홈페이지 www.pandanusbeach.com 요금 슈피리어 19,200루피 위치 벤토타 버스 터미널에서 약 4.9km 떨어진 곳에 위치. 뚝뚝으로 약 20분 소요.

와두와

시달레파 아유르베다 헬스 리조트 Siddhalepa Ayurveda Health Resort

하루가 지날 때마다 건강해지는 호텔

스리랑카의 전통 치료법인 '아유르베다 트리트먼트'를 전문적으로 받을 수 있는 4등급 호텔이다. 아유르베다 치료를 원하는 사람들을 대상으로, 숙박비와 치료비(마사지 비용)를 묶어 패키지 형태로 운영하고 있다. 전문의와의 상담을 거쳐, 개인에게 적합한 치료법을 결정하게 된다. 식사는 뷔페식이며, 스리랑카의 전통 음식 중 건강에 좋은 것들로만 준비된다. 객실은 코티지 형태이며, 4등급 호텔답게 매우 고급스럽다. 욕실 또한 넓고 깔끔하며, 아유르베다 비누·샴푸 등이 무료로 제공된다. 객실과 레스토랑에서 몇 걸음만 걸어 나가면 바다에 몸을 담글 수 있다.

주소 Samanthara Road, Pothupitiya, Wadduwa 전화 038-229-6967 홈페이지 www.ayurvedaresort.com 요금 별도 문의(패키지 형식) 위치 칼루타라(Kalutara) 버스 터미널에서 약 7.2km 떨어진 곳에 위치. 뚝뚝으로 약 25분 소요.

히카두와

아벤라 비치 호텔 Avenra Beach Hotel

개업한 지 1년 된 최신식 호텔

2014년에 건축한 최신식 호텔로, 히카두와 해변에 위치해있다. 이집트의 피라미드가 연상되는 유니크한 입구로 들어서면 눈앞에 푸른 수영장이 펼쳐지고, 그 너머에 더 푸른 바다가 너울댄다. 객실은 60개의 넓은 디럭스 룸으로 구성되어 있으며, 숙박 인원에 따라 싱글, 더블, 트리플 중에서 선택하면 된다. 객실 내부는 아직 손때가 묻지 않아 매우 깨끗하며, 에어컨, 미니 바, 금고, 커피 메이커 등이 구비되어 있다. 필요하다면 다리미나 전기 어댑터, 아기 침대, 신문 등을 요청할 수 있다. 호텔 정문 옆에 풀문(Full Moon)이라는 테이크아웃 음식점을 함께 운영하고 있다.

주소 Narigama Hikkaduwa 전화 091-227-7186 홈페이지 www.avenrabeach.com 요금 디럭스 23,100루피~ 위치 히카두와 버스 터미널에서 약 12.4km 떨어진 곳에 위치. 뚝뚝으로 약 15분 소요.

시트러스 호텔 Citrus Hotel

감귤빛 노을이 객실을 노크하다

바(Bar), 클럽 등 밤 문화가 발달되어 있는 지역에 위치한 호텔이다. 객실은 총 54개로 깨끗하게 관리되고 있으며, 스탠더드·디럭스 룸의 발코니가 바다를 향해 있어, 감귤빛 노을을 편안히 감상할 수 있다. 해변 레스토랑에선 스리랑카 생선과 구운 로브스터, 타이거 새우 등의 해산물과 함께 세계 각국의 다양한 요리를 맛볼 수 있다. 여가 시설로는 수영장, 아유르베다 스파, 테니스 코트, 탁구대 등이 있는데, 아유르베다 스파는 숙련된 발리 치료사들에 의해 수행된다. 외국인 숙박객을 대상으로 할인 이벤트를 하는 경우가 많으니, 홈페이지를 반드시 확인하자.

주소 P.O. Box 400, Galle Road, Hikkaduwa 전화 091-438-3244 홈페이지 www.citrusleisure.com 요금 스탠더드 7,000루피~ 위치 히카두와 버스 터미널에서 약 1.3km 떨어진 곳에 위치. 뚝뚝으로 약 10분 소요.

코럴 샌즈 호텔 Coral Sands Hotel

투숙객에게 무료 발마사지 제공

40여 년의 역사와 그 역사에 걸맞은 세심한 서비스를 자랑하는 호텔이다. 스물다섯 번 이상 이 호텔만을 고집하는 단골손님이 있다는 사실 하나만으로도 시설과 서비스의 질을 미루어 짐작할 수 있다. 이 호텔의 가장 특별한 서비스는, 모든 투숙객에게 아유르베다 발마사지를 무료로 제공한다는 것이다. 매니저의 말에 따르면, 손님들은 보통 바다가 잘 보이는 디럭스 룸을 선호하며, 호텔 음식이 유독 맛있다는 말을 많이 한다고 한다. 한편 '더 스테이션(The Station)'이라는 이름의 바(Bar)

에선 늦은 밤 카테일 한 잔을 앞에 두고, 인도양에 총총히 떠있는 고깃배의 불빛을 볼 수 있다.

주소 P.O. Box 326, Galle Road, Hikkaduwa 전화 091-227-7513 홈페이지 www.coralsandshotel.com 요금 디럭스 10,900루피~ 위치 히카두와 버스 터미널에서 약 2km 떨어진 곳에 위치. 뚝뚝으로 약 10분 소요.

히카 트랜즈 바이 시나몬 Hikka Tranz by Cinnamon

세계로 뻗어나가는 호텔 브랜드 '시나몬'

스리랑카 대부분의 관광 도시에 호텔을 세우고 몰디브까지 진출한 호텔 및 리조트 업체, 시나몬(Cinnamon)이 운영하고 있는 럭셔리 호텔이다. 호텔의 규모가 크다 보니 객실 또한 넓고, 모던하게 인테리어되어 있다. 객실 종류는 슈피리어와 디럭스, 패밀리, 스위트가 있으며, 객실뿐 아니라 호텔 내 어디서나 바다가 보이는 탁 트인 전망을 자랑한다. 여가 시설로는 수영장과 스파(Spa)가 있으며, 수영장 옆에 풀 바(Pool Bar)가 있어 시원한 맥주를 마시면서 물놀이를 즐길 수 있다. 한편 손님의 요구 사항을 바로바로 접수하는 '24시간 응대 서비스'는 좋은 반응을 얻고 있다.

주소 Galle Road, Hikkaduwa 전화 091-227-7188 홈페이지 www.cinnamonhotels.com 요금 디럭스 13,400루피~ 위치 히카두와 버스 터미널에서 약 1km 떨어진 곳에 위치. 뚝뚝으로 약 5분 소요.

리프레시 호텔 Refresh Hotel

하늘에 닿을 듯 말끔한 루프톱 풀

스리랑카 관광청으로부터 A등급으로 인정받은 호텔로, 히카두와 해변에서 약 100미터 떨어진 곳에 위치해 있다. 큰 규모는 아니지만 지은 지 얼마 되지 않아 호텔이 깨끗해 손님들의 만족도가 높다. 총 10개의 객실에는 에어컨, 식탁, 미니 바, 헤어드라이어 등이 갖춰져 있고, 이용할 수 있는 여가 시설로 루프톱 풀(Rooftop Pool, 옥상 수영장)과 전문화된 아유르베다 스파가 있다. 또한 자동차 대여 서비스도 제공하고 있다. 하나 아쉬운 점은 객실 발코니에서 바다가 잘 보이지 않는다는 점이다. 리프레시 비치 레스토랑과 함께 운영하고 있다.

주소 P.O. Box 361, Galle Road, Hikkaduwa 전화 091-227-7327 홈페이지 www.refreshsrilanka.com 요금 디럭스 10,800루피~ 위치 히카두와 버스 터미널에서 약 1.2km 떨어진 곳에 위치. 뚝뚝으로 약 10분 소요.

테마 여행

- 스리랑카 미식 여행
- 홍차 체험 여행
- 열대 과일의 천국
- 축제 100배 즐기기
- 아유르베다

| THEME TRAVEL 01 |

이거 먹으러 스리랑카 간다!
스리랑카 미식 여행

마살라 문화권인 스리랑카의 주식은 라이스 앤 커리(Rice & Curry, 밥과 카레)이며, 거기에 보통 서너 가지 밑반찬을 혼합해 먹는다. 음식은 맛과 향을 다소 강하게 내어, 맵거나 짜거나 달게 먹는 편이다. 어디서나 손만 뻗으면 코코넛을 쉽게 얻을 수 있는 열대의 섬나라이다 보니, 코코넛 과육과 기름을 가미한 음식 또한 많다. 코코넛 특유의 향미는 여행자들의 식욕을 마구 샘솟게 하지만, 코코넛이 많이 함유된 음식은 많이 먹으면 배에 탈이 날 수 있으니 주의해야 한다. 음식은 이름을 알고 먹을 때 더 맛있는 법! 호텔이나 레스토랑에서 흔히 접할 수 있는 스리랑카의 음식들을 알아보자.

라이스 앤 커리
Rice & Curry

레스토랑뿐 아니라 패스트푸드점에도 기본으로 있는 메뉴다. 흰 쌀밥에 커리(Curry)와 밑반찬 몇 가지를 함께 섞어 먹는데, 우유 밥인 키리바스나 국수 형태의 스트링 호퍼, 구운 빵인 로티 등을 흰 쌀밥 대신 먹기도 한다. 커리 중에서 치킨 커리와 생선 커리가 인기가 좋다.

▶ 키리바스 Kiribath

코코넛 우유와 쌀을 섞어 끓인 우유 밥(Milk Rice)이다. 싱할라어로 '키리(Kiri)'는 우유, '바스(Bath)'는 밥을 뜻한다. 새해에 먹는 명절 음식으로, 밥이 다 되면 납작한 판 위에 펴 누른 후 다이아몬드 모양으로 잘라낸다. 코코넛 향이 풍기는 약간 심심한 맛인데, 보통 루누미리스 등 다양한 삼볼과 함께 먹는다.

▶ 호퍼 Hopper

현지인들은 '아퍼'라고 발음한다. 야자 술을 뿌려 발효시킨 묽은 쌀 반죽을, 뜨겁게 달군 둥근 주물 팬(Cheena Chatti)에 얇고 바삭하게 구워낸 음식이다. 쌀 반죽만으로 구워 낸 것은 플레인 호퍼(Plain Hopper), 가운데 계란을 하나 얹어 구운 것은 에그 호퍼(Egg Hopper)다. 주로 아침 식사로, 커리나 삼볼을 곁들여 먹는다.

스트링 호퍼 String Hopper

쌀가루 반죽을 압출기에 넣어서, 가는 면발로 뽑아낸 음식이다. 면발을 손바닥만 한 넓이로 돌려 가면서 뽑아서, 한 덩이씩 만들어 놓는다. 레스토랑에서 스트링 호퍼를 주문하면, 여러 덩이가 한 묶음으로 나온다. 국수처럼 생겼지만, 수저나 포크로(현지인들은 손으로) 잘게 부숴 커리나 폴 삼볼과 함께 섞어 먹는다.

피투 Pittu

쌀가루와 코코넛 가루를 섞어, 원통형 용기에 찐 음식이다. 한국 음식으로는 백설기, 스리랑카 음식으로는 키리바스와 비슷한 식감이지만, 더 거칠고 잘 부서진다. 보통 아침 식사로 커리, 삼볼과 함께 먹는다.

로티 Rotti

밀가루, 물, 소금을 섞은 반죽을 얇고 평평하게 구운 빵이다. 원래는 인도 음식이지만, 스리랑카에도 다양한 종류의 로티가 있다. 그중 코코넛 과육을 잘게 잘라 넣은 폴 로티(Pol Rotti, 코코넛 로티)가 가장 유명하다. 반죽에 초록색 고추나 양파를 첨가하기도 하며, 보통 루누미리스와 함께 먹는다.

파파덤 Papadum

콩 반죽을 손가락 길이로 납작하게 튀겨 낸 빵이다. 빵이라고는 하지만 코코넛 오일에 바삭하게 튀긴 것이어서 스낵에 가깝다. 반죽에는 흔히 구운 검정녹두, 렌틸콩, 병아리콩이 들어가며, 쌀, 감자가 첨가될 때도 있다. 보통 라이스 앤 커리와 함께 먹는 음식이지만, 전채나 간식으로 먹기도 한다.

커리 Curry

마살라(Masala)라고 불리는 혼합 향신료를 가미해 만든 음식으로, 스리랑카 커리는 맛이 매콤한 편이다. 보통 향신료를 미리 팬에 볶은 후 요리하며, 야채 커리가 주종인 인도와 달리 렌틸콩, 생선, 고기, 치킨, 해산물 등 다양한 재료를 사용한다. 가장 흔히 볼 수 있는 커리는 렌틸콩으로 만든 달 커리(Dhal Curry)이며, 현지인들은 생선 커리와 치킨 커리를 즐겨 먹는다.

삼볼
Sambol

고추, 후추 같은 향신료를 맷돌로 갈아 만든 양념으로, 스리랑카에선 밑반찬의 하나로 볼 수 있다. 일반적으로 쌀밥, 스트링 호퍼, 키리바스, 로티 등과 함께 먹으며, 코코넛, 양파, 여주 등 향신료 외에 들어가는 주재료에 의해 이름이 결정된다. 레스토랑에선 양념 그릇에 담아 식탁 위에 따로 내놓는다.

● 폴 삼볼 Pol Sambol

코코넛 과육과 고춧가루, 라임 주스, 양파를 한데 버무린 것으로, '폴(Pol)'은 코코넛을 의미한다. 매콤하면서도 고소한 맛으로, 외국인들에게 가장 인기 있는 양념이다.

● 시니 삼볼 Seeni Sambol

양파와 몰디브 피시, 향신료를 혼합해 걸쭉하게 볶은 양념이다. 설탕을 뜻하는 '시니(Seeni)'라는 이름처럼 달콤한 맛이 가장 강하며, 그 뒤에 매콤하고 신 맛이 따라온다. 식빵 속에 넣어 먹을 수도 있지만, 보통은 쌀밥, 호퍼와 함께 먹는다.

▶ 칠리 페이스트 Chili Paste

고춧가루를 마늘, 양파, 갖가지 향신료와 함께 볶은 것으로, 이름 앞에 '차이니즈(Chinese)'를 붙이기도 부른다. 보통 볶음밥을 주문하면 함께 나오는 경우가 많으며, 고추기름의 고소하고도 매콤한 향미가 식욕을 북돋워 준다.

▶ 루누미리스 Lunumiris

붉은 고추와 양파, 후추, 라임 등을 섞어 만든 양념으로, '어니언 삼볼(Onion Sambol)'이라고 부르기도 한다. 맛은 매콤하면서도 시큼하다. 한국의 김치처럼 스리랑카의 어느 가정집 식탁에나 오르는 기본 반찬이라고 할 수 있다.

▶ 카라빌라 삼볼 Karavila Sambol

얇게 썬 여주와 양파, 토마토 등을 함께 볶은 전형적인 스리랑카 스타일의 양념으로, '카라빌라(Karavila)'는 여주(Bitter Gourd)를 의미한다. 혈당과 콜레스테롤 지수를 낮춰 주는 효능을 가진 여주의 쌉싸래한 맛이 매력이다. 샐러드의 식감으로 어떠한 음식과도 잘 어울린다.

기타 요리

스리랑카 음식에서 라이스 앤 커리를 빼면 남는 요리가 별로 없다. 그만큼 라이스 앤 커리의 비중이 크다는 것인데, 그래도 뭔가 색다른 음식을 먹고 싶을 때 맛보면 좋은 이색 음식들이 있다. 스리랑카의 철판 요리 '고뚜'와 인도식 볶음밥 '비리야니', 중국식 양념 닭튀김 '데블드 치킨', 네덜란드 버거족의 '람프라이스' 등이 그것이다.

▶ 고뚜 Kottu

잘게 자른 로티와 야채, 고기, 계란 등 갖가지 재료를 향신료와 함께 볶은 철판 요리다. 음식점에서 그날 팔고 남은 로티를 처리하기 위해 만들기 시작한 요리라고 하는데, 그래서인지 스리랑카 사람들은 저녁 식사로 고뚜를 즐겨 먹는다. 양고기 고뚜, 닭고기 고뚜, 소고기 고뚜, 계란 고뚜, 야채 고뚜, 치즈 고뚜, 스트링 호퍼 고뚜 등 종류가 매우 다양하며, 식성에 따라 커리와 토마토 소스를 뿌려 먹기도 한다.

▶ 람프라이스 Lamprais

네덜란드 이주민의 후손인 버거(Burgher)족의 영향을 받은 음식으로, 밥과 고기·가지 커리, 시니 삼볼 등을 바나나 잎으로 한데 싸서 오븐에 구운 음식이다. 바나나 잎 특유의 향기가 밥에 향긋하게 밴 자연식으로, 가족이나 친구들이 모이는 특별한 날에 많이 먹는다.

볶음밥 Fried Rice

볶음밥은 라이스 앤 커리만큼이나 식당 메뉴판에 빠지지 않는 음식이다. 일상의 음식이면서 결혼식과 같은 특별한 날에 메인 요리로 등장하기도 한다. 야채, 치킨, 계란, 생선, 해산물 볶음밥과 계란, 베이컨, 햄, 치킨, 소시지 등을 함께 볶은 믹스 볶음밥이 있다. 보통 볶음밥은 1인분을 시키면 둘이 먹어도 될 만큼 많은 양이 나온다.

볶음국수 Fried Noodle

굵기가 가는 면을 삶은 뒤, 각종 재료와 함께 볶은 음식이다. 면은 부서지고, 색은 밍밍해 보이지만, 먹어 보면 고소하면서도 감칠맛이 있다. 여행에 지쳐 입맛이 없을 때 후루룩 먹기에 좋으며, 기름에 볶은 요리라 든든함도 느낄 수 있다. 종류는 야채, 계란, 치킨, 해산물 볶음국수 등이 있다.

비리야니 Biryani

인도에서 전해진 음식으로, 향신료를 넣어 지은 밥에 렌틸콩, 야채, 닭, 양고기 등의 재료를 첨가해 볶은 밥이다. 양고기 비리야니나 치킨 비리야니의 경우, 밥 속에 큼직한 고기가 들어 있어서 매우 푸짐하게 먹을 수 있다. 단, 밥에서 독특한 향이 나기 때문에 호불호가 갈리는 음식이다.

데블드 치킨 Devilled Chicken

한입 크기로 자른 프라이드 치킨을 매콤달콤한 소스로 버무린 스리랑카식 중국 요리다. 치킨 데블(Chicken Devil)이라고 하기도 하며, 한국의 양념통닭과 그 맛이 흡사하다. 볶음밥과 함께 먹으면 조합이 잘 맞는다.

디저트
Dessert

스리랑카엔 건강한 디저트가 많다. 건강한 디저트란 천연 재료를 가지고 정성과 시간을 들여 만든, 몸에 좋은 음식을 말한다. 미 키리와 칼루 도돌, 와데는 스리랑카에서만 맛볼 수 있는 특이하고도 맛있는 웰빙 디저트다.

▶ 미 키리 Mee Kiri

신선한 버팔로 우유를 응고시킨 것으로, 영어 이름은 커드(Curd, 응유)다. 스리랑카 사람들이 즐겨 먹는 전통 디저트로, 호텔 조식에도 빠지지 않고 등장한다. 되직하면서도 시큼한 플레인 요거트의 식감이며, 팜 시럽(Palm Syrup)을 뿌려서 먹는다. 입맛에 따라 견과류나 과일을 넣어 함께 먹기도 한다.

▶ 칼루 도돌 Kalu dodol

야자즙 조당과 쌀가루, 코코넛 우유로 만든 디저트로, 아이들에게 매우 인기가 좋다. 짙은 고동색으로 마치 브라우니와 유사한 모습이지만, 맛은 끈적하고 달콤한 양갱에 가깝다. 양갱과 다른 점은 고소한 맛이 난다는 점이다. 약한 불에 오랫동안 졸여야 하는, 많은 시간과 정성이 들어가는 음식이다.

▶ 와데 Vade

인도에서 전래된 야채 튀김 스낵이다. 렌틸콩 반죽에 감자, 고추, 새우, 향신료 등의 재료를 버무려 기름에 튀긴 음식이다. 작고 동그랗게 뭉쳐서 튀기는 게 보통이지만, 도넛 모양으로 만들기도 한다. 스리랑카 사람들이 즐겨 먹는 간식으로 기차나 버스에서 팔기도 하지만, 갓 튀겨 뜨겁고 바삭할 때 먹어야 가장 맛있다.

음료
Drink

스리랑카에서 일상 중 가장 많이 접하게 되는 음료는 실론티, 즉 홍차다. 그러나 한낮엔 더위를 식히기 위해, 킹 코코넛 주스나 시원한 진저 비어를 주로 마신다. 알코올 음료로는 라이언 맥주가 가장 인기가 좋다.

▶ 실론티 Ceylon Tea
스리랑카에서 나는 홍차 잎으로 우려낸 차다. 스리랑카 사람들은 보통 홍차를 매우 진하게 우려내, 따뜻한 우유와 과립 설탕을 듬뿍 넣어 먹는다.

▶ 킹 코코넛 주스 King Coconut Juice
스리랑카가 원산지인 주황색 코코넛의 과즙이다. 약간 싱거운 듯 하면서 달짝지근한 맛이다. 스리랑카 임산부들이 몸조리용으로 먹을 만큼 미네랄과 영양분이 풍부하다고 알려져 있다.

◈ 라이언 맥주 Lion Beer

130여 년의 역사를 자랑하는 스리랑카의 대표 맥주다. 라거(Larger)와 스타우트(Stout) 종류가 있는데, 상대적으로 연하고 거품이 많이 나는 라거가 인기가 더 좋다. 스리랑카뿐 아니라 몰디브에서도 판매율이 가장 높은 맥주다.

◈ 진저 비어 Ginger Beer

맛은 맥주처럼 톡 쏘지만 알코올이 들어 있지 않은 무알콜 맥주로, 생강과 이스트, 설탕을 발효시켜 만든다. 엘리펀트 진저 비어(Elephant Ginger Beer)라는 브랜드에서는 'No EGB, No Food(진저 비어 없이는 음식도 없다)'라는 광고 문구를 내놓았는데, 그 말이 딱 맞다. 스리랑카 사람들, 특히 남자들이 식사할 때 매우 즐겨 마시는 음료다.

◈ 아락 Arrack

코코넛 꽃을 발효시켜 만든 스리랑카의 전통 술로, 위스키에 가까운 맛이다. 브랜드에 따라 맛과 알코올 농도가 다르지만, 보통 33도에서 50도의 아락을 많이 마신다. 스트레이트로 마시기엔 부담이 있어서 콜라, 소다수, 라임 주스를 넣어 희석해서 먹는다.

| THEME TRAVEL 02 |

향기로운 실론티의 세계로!
홍차 체험 여행

스리랑카 홍차의 역사는 1850년으로 거슬러 올라간다. 스코틀랜드 태생인 제임스 테일러(James Taylor)라는 사람이 처음으로 스리랑카에서 차를 재배했다고 한다. 오늘날 스리랑카는 연간 30만 톤 이상의 홍차를 생산하는 세계 1위의 차 수출국으로 자리 잡고 있다. 스리랑카의 옛 이름을 따서 '실론 티(Ceylon Tea)'라고 불리는 스리랑카 홍차는 상쾌하고 풍부한 향과 연한 금색을 띠는 것이 특징인데, 지역별로 매우 다양한 홍차가 생산되고 있어 취향에 맞게 고를 수 있다. 차 재배 지역은 고도에 따라 구분되는데, 스리랑카에서도 품질이 높은 차는 고산 지대에서 생산된다. 같은 지역에서 생산된 찻잎이라도 품종이나 가공 방법에 따라 맛이 달라진다. 차밭에서 직접 손으로 딴 찻잎은 무게를 달고 공장으로 옮겨 건조시키며, 잘게 부수어 발효시킨 다음에 등급 분류 과정을 거쳐 포장하여 시장으로 출시하게 된다. 스리랑카에서는 지금까지도 전통적인 방법에 따라 차를 생산하기 때문에 최고 품질의 차를 꾸준히 맛볼 수 있는 것이다.

지역별 홍차

▶ 누와라 엘리야 Nuwara Eliya

스리랑카의 차 재배 지역 중 가장 잘 알려져 있는 누와라 엘리야는 울퉁불퉁하고 산이 많으며 평균 고도가 가장 높은 지역이다. 해발 1,800m 이상의 고산지대에서 자라는 차는 풋풋한 향과 독특한 푸른빛을 지닌다. 이러한 특징 때문에 누와라 엘리야에서 생산되는 차는 가장 훌륭한 차로 세계인들의 인정을 받고 있다.

▶ 캔디 Kandy

캔디 차는 스리랑카 중앙 지방에서 재배되며 고도는 650m에서 1,300m 사이(2,000~4,000ft)이다. 캔디에서도 닐람베(Nilambe), 한타네(Hantane), 푸셀라와(Pussellawa), 감폴라(Gampola), 헤와헤타(Hewaheta) 등지에서 주로 많이 생산되고 있다. 상대적으로 고도가 낮은 지역이지만, 이곳에서 생산되는 차는 다른 지역보다 강하고 짙은 색을 가지고 있다.

▶ 우바 Uva

우바(Uva)주는 행정 구역상 바둘라(Baddulla) 지구와 모나라갈라(Monaragala) 지구로 나뉘며, 북동 몬순과 남서 몬순의 바람이 불지만 날씨는 비교적 건조한 편이다. 우바에서 생산된 차는 밝은 오렌지빛과 은은한 장미향을 띠고 부드러운 맛을 가지고 있어 차 마니아들의 절대적인 사랑을 받고 있다. 이 맛과 향 때문에 1891년 토마스 립톤(Thomas Lipton)이 차 경매에서 우바 홍차에 사상 최고 가격을 매겨 유명해지기도 했다.

우다 푸셀라와 Uda Pussellawa

캔디와 우바(Uva) 지역 사이에 위치한 우다 푸셀라와(Uda Pussellawa)는 작고 인구가 희박한 지역으로, 거의 전적으로 차 재배에 종사하고 있다. 대표적으로 마투라타(Maturata), 라갈라(Ragala), 할그라노야(Halgranoya) 등의 지역이 포함되는데, 고도는 950~1,600m이고 기후는 대부분 습하고 안개가 짙다. 희귀한 야생 동물과 이국적인 식물이 서식하는 것으로도 아주 유명하다. 이곳에서 생산되는 차는 짙은 분홍빛을 띤다.

사바라가무와 Sabaragamuwa

해발 610m(2,000f)에서 자라는 사바라가무와 차는 짙은 황갈색과 붉은 색조를 지니고 있으며, 맛은 달콤하고 캐러멜의 느낌이 강하지만 아주 부드럽다. 잎이 길쭉하고 아주 빠르게 자라는 것이 특징이다.

루후나 Ruhuna

스리랑카 남부 지역 중심으로, 해발 600m(2,000f)를 넘지 않는 고도에서 재배하고 있다. 다른 지역에 비해 기온이 높아서 매우 맛이 진하고 독특한 향을 느낄 수 있는 것이 특징이다. 현지에서는 그냥 홍차로도 마시지만 밀크티로도 많이 마신다.

딤불라 Dimbula

해발 1,250m(4000f) 이상에서 자라는 딤불라 차는 짙은 적색으로, 부드러운 떫은맛을 가지고 있는 것이 특징이다. 맛, 색깔, 향이 잘 어우러져 있어 품질 좋은 차로 높게 평가를 받는다. 특히 9월부터 3월까지 시원하고 건조한 바람의 영향을 받아 최고 품질의 차를 생산한다고 한다.

홍차의 등급

차의 등급은 찻잎의 크기와 그 찻잎이 나뭇가지의 어느 부위에 자라느냐에 따라서 결정된다. 등급이 좋은 차에는 맨 위쪽에 나는 어린 새싹이 많이 들어 있는 반면에, 등급이 떨어지는 차에는 줄기 아래쪽에서 자라는 찻잎이 많이 사용된다. 홍차의 등급은 크게 4가지로 분류한다.

Whole Leaf
자르거나 부수지 않은 온전한 찻잎.

Broken Leaf
미세하게 자른 찻잎.

Fannings
찻잎을 자른 상태에서 비교적 긴 찻잎.

Dust
마지막에 남은 미세한 가루.

홍차 등급을 더 자세히 살펴보자. 가공 방법에 따라서, 찻잎만으로 만든 경우는 FOP, OP 등으로 등급을 구분하고, 분쇄차로 가공할 경우는 FBOP, BOP, BP, BOPF 등으로 구분한다. 그중에서 FOP는 줄기 끝부분에 갓 난 새싹으로 만든 최고급 홍차로 맛과 향이 가장 뛰어나다. OP 차는 고급스럽고 은은한 오렌지 빛깔과 아주 부드러운 맛을 지니고 있다. BOP 차는 붉은색으로 투명감이 좋으며 감칠맛을 느낄 수 있다. 현지인들은 BOPF로 만든 차를 즐겨 마시는데, 강하고 매우 맛이 진하기 때문에 밀크 티에 많이 사용되고 있다.

홍차 체험하기

▶ 헤리턴스 홍차 공장 Heritance Tea Factory

19세기에 건립된 차 공장을 최고급 호텔로 개조해서 운영하고 있는 곳이다. 미리예약하지 않으면 숙박을 할 수 없을 만큼 인기가 높은 호텔이다. 호텔이 차밭으로 둘러싸여 있어 아주 멋진 경관을 볼 수 있다. 호텔은 티 하우스와 홍차를 체험할 수 있는 홍차 공장(Organic Tea Factory)으로 구성되어 있다. 홍차 체험을 원하는 여행자는 사전에 예약해야 한다. 차밭에서는 체험에 참가하는 여행자들에게 전통 옷과 바구니를 제공해 준다. 전문가의 안내에 따라 조금 연습한 이후에 직접 차밭에서 찻잎 따는 체험을 할 수 있다. 체험이 끝나고 공장으로 이동해서 차 생산하는 과정을 견학한다.

주소 : Kandapola, Nuwara Eliya
전화 : 052-555-5000
시간 : 10:00 ~ 16:00
요금 : 7,500루피(체험 40분)
위치 : 누와라엘리야에서 약 14km 떨어진 곳에 위치.
　　　자동차로 약 30분 정도 소요.
홈페이지 : www.heritancehotels.com

● 블루 필드 홍차 공장 Blue Field Tea Gardens

누와라 엘리야에서 캔디로 가는 길목에 위치한 대규모 홍차 공장이다. 산악 지대의 대표적인 관광 코스에 포함되어 있을 정도로 현지인이나 외국인들이 가장 많이 방문하는 곳이기도 한다. 차밭, 차 공장, 티 하우스, 레스토랑 등으로 구성되어 있는 블루 필드에서는 공장 견학, 차 시음, 차 구입, 차밭 구경 등을 체험할 수 있다. 우선 이곳에 도착하면 직원 안내에 따라 공장을 견학한다. 안내원이 차를 가공하는 첫 단계부터 마지막 단계까지 과정을 설명해 준다. 견학을 마치면 바로 차를 맛볼 수 있도록 티 센터(Tea Center)로 안내하며 여행자가 원하는 차를 주문해서 무료로 맛볼 수 있다. 차를 마신 후에는 바로 옆에 있는 매점에서 원하는 등급의 차를 구입할 수 있다. 저렴하지는 않지만 최고 품질의 차를 믿고 구입할 수 있어서 좋다. 주말에는 공장 직원들이 쉬기 때문에 가공하는 과정을 볼 수 없어 평일에 가는 것이 좋다.

주소: Ramboda, Nuwara Eliya
전화: 052-492-4452
시간: 09:00~17:00
요금: 견학 무료
위치: 누와라엘리야에서 약 25km 떨어진 곳에 위치.
자동차로 약 40분 소요.
홈페이지: www.bluefieldteagardens.com

● 히델라나 홍차 공장 Hidellana Tea Factory

스리랑카 남부의 라트나푸라 지역에서 재배되는 차의 대부분이 히델라나 홍차 공장에서 가공된다. 1991년에 설립된 히델라나 홍차 공장은 최근에 외국인 관광객들에게 공개되었다. 스리랑카 남부를 방문한 여행자라면, 차밭부터 공장 견학까지 모든 과정을 히델라나 홍차 공장에서 쉽게 체험할 수 있다. 다른 홍차 공장과 달리, 체험 과정을 마친 여행자들에게 수료증을 직접 발급해 주고 있어 좋은 기념이 된다. 공장에서 8km 정도 떨어진 곳에 레이크 세레니티(Lake Serenity) 호텔도 함께 운영하고 있어 더욱 편리하다.

주소: Hidellana, Ratnapura
전화: 045-226-2997
시간: 07:00~12:00
요금: 별도문의
위치: 라트나푸라에서 약 4km 떨어진 곳에 위치.
자동차로 약 10분 소요.
홈페이지: www.rtstea.com

▶ 실론 티 박물관 Ceylon Tea Museum

캔디(Kandy)에서 3km 떨어진 한타네(Hantane)의 실론 티 박물관은 4개 층으로 구성되어 있다. 1층과 2층은 매우 오래된 기계류를 전시한 전시실과 도서관, 강당으로 이루어져 있으며 시청각 시설도 갖추고 있다. 도서관에 배치된 책이나 사진첩에서 스리랑카 홍차의 역사를 배울 수 있다. 3층에는 차 매장이 있어서 원하는 차를 구입할 수 있고, 4층은 전부 카페로 운영하고 있다. 카페에 설치된 망원경으로 아름다운 캔디 시내 모습을 바라볼 수 있는 것도 장점이다.

주소: P.O. Box 179, Hantane, Kandy
전화: 081-380-3204
시간: 화~일 08:30 ~ 15:00 (공휴일, 월요일 휴무)
요금: 어른 750루피, 아동 400루피
위치: 캔디에서 약 3km 떨어진 곳에 위치.
      자동차로 약 10분 소요.
홈페이지: www.ceylonteamuseum.com

홍차 구입하기

▶ 실론티 세일 센터 Ceylon Tea Sales Center

콜롬보 중심에 위치한 차 판매 센터로, 외국인이나 현지인들에게 잘 알려져 있다. 이곳은 스리랑카 차 위원회(Srilanka Tea Board)에서 직접 운영하고 있어서 안심하고 이용할 수 있다. 시중에 판매되는 일반 홍차뿐 아니라 해외 시장으로 수출되는 고급 홍차도 저렴한 가격에 구입할 수 있다. 브랜드별, 등급별 홍차를 한자리에서 구입할 수 있어서 외국인 관광객들에게 큰 인기를 얻고 있다.

주소 : P.O Box 574, Galle Road, Colombo 03
전화 : 011-258-7314
시간 : 09:00~17:00 (공휴일, 일요일 휴무)
위치 : 콜롬보 중앙 터미널에서 약 6km 떨어진 곳에 위치.
       자동차로 약 15분 소요.
홈페이지 : www.pureceylontea.com

| THEME TRAVEL 03 |

새콤달콤한 식신로드
열대 과일의 천국

스리랑카 여행의 즐거움 중 하나는, 한국에선 비싼 열대 과일을 배부르게 먹을 수 있다는 것이다. 과일 가격이 매우 저렴하기 때문이다. 망고를 예로 들면, 한창 수확철에는 우리 돈으로 1,000원이면 큼직한 망고를 3개까지 살 수 있다. 과일은 거리의 상점, 편의점, 노점 등에서 손쉽게 살 수 있으며, 쪼개거나 깎아 먹어야 하는 과일은 즉시 먹을 수 있도록 잘라서 비닐봉지에 넣어 준다. 한 가지 알아 둘 것은, 과일마다 수확기가 다르다는 것이다. 실컷 먹고 싶은 열대 과일이 있다면 수확 시기를 잘 확인하자.

▶ 패션 프루트 Passion fruit, 3월~8월

아메리카의 아열대 지역을 원산으로 하는 시계꽃과의 과일로, 백 가지의 향과 맛이 난다고 하여 '백향과'라고 불린다. 향기가 쉽게 퍼져 나가기 때문에 디저트나 음료수를 만들 때 즐겨 사용되지만, 반으로 쪼개서 숟가락으로 생과육을 떠먹는 것이 가장 맛있다. 과육과 씨를 함께 아삭아삭 씹어 먹으면 된다. 석류보다 비타민 C가 3배 이상, 노화를 방지하는 니아신도 5배 이상 함유돼 있어 '여신의 과일'이라고 불리기도 한다.

▶ 파인애플 Pineapple, 5~6월/12월~1월

스리랑카의 파인애플은 속살이 짙은 호박색을 띤다. 파인애플은 익은 것으로 사되, 너무 숙성한 것을 사면 발효된 맛이 나면서 식감이 떨어진다. 덜 익은 것은 섬유질이 많아 씹기 어렵고, 맛도 없다. 보통 수평으로 얇게 썰거나, 수직으로 큰 토막으로 썰어서 먹는데, 스리랑카에선 소금이나 후추를 뿌려 먹는다.

▶ 잭프루트 Jackfruit, 4월~6월/9월~10월

'과일의 왕'이라고도 불리는 잭프루트는 그 무게가 40kg에 달하는 것도 있을 만큼 거대한 과일로, 스리랑카 사람들은 간식이나 디저트로 즐겨 먹는다. 섬유질이 많은 과육은 생으로 먹기도 하지만, 카레의 재료로 사용하기도 한다. 잘 익은 잭푸르트의 씨는 소금을 쳐 구워 먹거나 소금물에 넣고 25분 정도 끓여서 먹는데, 그 맛이 아주 부드럽고 달콤하다.

망고 Mango, 5~7월

2,500여 년의 역사를 가진 스리랑카의 망고는 노르스름한 녹색부터 오렌지색, 불그스름한 색을 띠는 것까지 그 종류가 다양하다. 카로틴이 풍부하게 들어 있으며, 특유의 달콤한 맛으로 아이스크림, 디저트, 음료수, 과자의 원료로도 많이 쓰인다. 껍질이 부드럽고 빛이 나고 흠집이 없으며, 살짝 눌렀을 때 탄력 있는 것이 맛있는 망고다. 덜 익은 망고는 실온에 며칠 놔두면 익으며, 숙성된 망고는 서늘하고 그늘진 곳에 두되 하루이틀 내에 먹어야 한다.

두리안 Durian, 5월~7월

가시로 뒤덮인 두꺼운 껍질은 초록빛이 감도는 갈색을 띤다. 속에는 한 개 또는 두 개의 씨가 들어 있으며, 무게는 1~3kg 정도다. 두리안은 독특한 향을 갖고 있는데, 블루 치즈(푸른곰팡이에 의해 숙성하는 자연 치즈)의 향과 비슷해 호불호가 갈리는 과일이다. 보통 껍질을 까기가 무척 어려운데, 너무 익은 두리안은 껍질이 갈라져 있다.

람부탄 Rambutan, 5월~8월

람부탄이라는 이름에는 '머리카락(Hair)'라는 의미가 담겨 있어, '머리카락 과일(Hair fruit)'이라고 불리기도 한다. 생김새 때문인지 개미들이 올라타 거닐기 좋아하는 과일 중 하나로, 잘 숙성된 람부탄의 크기는 지름이 4~5cm 정도 된다. 생과일로 먹기도 하지만 파이나 잼, 소스, 아이스크림, 콤폿(Compote, 설탕에 졸여 차게 식힌 과일 디저트)으로 만들어 먹기도 한다. 맛있는 람부탄을 고르고 싶다면 진빨강이나 진노랑 색깔을 고르면 된다.

망고스틴 Mangosteen, 7월~9월

보라색 감처럼 생긴 망고스틴은 스리랑카에서 매우 인기 있는 과일이다. 하얀 과육은 복숭아와 포도를 섞은 달콤하면서도 오묘한 맛이다. 크기가 크고, 살짝 눌렀을 때 탄력 있는 것이 잘 익은 것이다. 크기가 작은 망고스틴은 먹을 수 있는 과육의 양이 적고, 껍질이 갈라진 것은 너무 숙성된 것이다. 망고스틴은 냉장고에서 1~2주 정도 보관이 가능하다.

▶ 바나나 Bananas, 연중

스리랑카엔 약 300종의 바나나가 있다. 스리랑카 바나나의 특징은 길이가 짧고, 맛이 달면서도 새콤하다는 점이다. 흔히 떠올리는 바나나 특유의 텁텁한 맛이 없고 매우 상큼해 후식으로 많이 먹는다. 껍질에 갈색 반점이 약간 있는 것이 가장 달고 잘 익은 바나나다. 스리랑카에선 '프라이 바나나'라고 해서, 바나나를 튀겨 먹기도 한다.

▶ 파파야 Papaya, 연중

비타민 A와 C가 풍부하고 소화가 잘 되어, 스리랑카에서 아기 이유식으로 자주 쓰이는 과일이다. 남아메리카 상인에 의해 스리랑카에 전해져 16세기부터 재배되기 시작했는데, 파파야 묘목은 굉장히 빨리 자라서 6개월 안에 첫 수확이 가능하다. 초록빛 껍질이 숙성되면서 금빛이나 불그스름한 오렌지빛으로 변하고, 과육 역시 불그스름해진다. 파파야 과즙은 화상, 벌레 물린 곳, 피부 질환의 치료에 사용되기도 한다.

▶ 킹 코코넛 King Coconut, 연중

스리랑카가 원산지인 주황색 코코넛이다. 위쪽을 조금 잘라 달콤하고 상쾌한 과즙을 마시고 난 뒤, 반으로 쪼개 부드러운 과육을 숟가락이나 껍질 조각으로 떠먹는다. 과육을 갈아 따뜻한 물과 섞은 '코코넛 밀크'를 카레에 넣기도 하고, 과육을 갈아서 빨간 칠리 고추, 라임과 섞어 가열해서 폴 삼볼(Pol Sambol)을 만들기도 한다.

| THEME TRAVEL 04 |

스리랑카인들의 삶과 종교 속으로!
축제 100배 즐기기

스리랑카의 축제는 종교를 빼놓고 말할 수 없다. 그도 그럴 것이 스리랑카는 다민족 국가로, 다양한 종교를 가진 여러 민족이 한데 어우러져 살아가기 때문이다. 인구의 약 70%가 불교 신자인 불교의 나라답게 스리랑카의 축제 대부분은 불교와 관련이 있다. 그러나 어떤 종교와 관련이 있든 없든, 소박하거나 화려하거나 모든 축제는 나름의 매력이 있으며, 스리랑카의 삶 속으로 깊숙이 들어갈 수 있는 절호의 찬스다.

▶ 타이 퐁갈 Thai Pongal

한 해 동안 농사를 도와준 신과 태양, 그리고 소들에게 감사하는 마음을 전하는 힌두교의 추수 감사 축제다. 1월 중순에 열리며, 이날 힌두교 사원에선 성대한 경배 의식이 거행된다. 쌀가루와 강황가루 사용해 사원 바닥에 그림을 그리고, 사원 앞마당에선 쌀을 넘치도록 끓이는데, 끓어 넘치는 순간 '퐁갈'이라고 외치면 끓어 넘칠 만큼 많은 복을 받는다고 알려져 있다.

▶ 두루투 페라헤라 Duruthu Perahera

석가모니의 세 번째 스리랑카 방문을 기념하는 축제다. 1월 보름날에 콜롬보 근교에 있는 켈라니야 사원에서 열려 '켈라니 페라헤라(Kelani Perahera)'로 불리기도 한다. 나흘 동안 치러지는 이 축제는 1927년에 시작되었으며, 드러머, 댄서, 곡예사, 코끼리 등이 대거 참여해 웅장하고도 화려한 축제로 유명하다. 마지막 날 밤, 약 50마리의 코끼리와 3,000여명의 사람이 동원되는 오색찬란한 거리 행진은 두루투 페라헤라의 백미다.

▶ 칼라 폴라 Kala Pola

콜롬보 도심에서 열리는 1일 거리 예술 축제로, 1993년 시작되었다. 스리랑카의 저명한 조각가와 화가들의 작품이 전시되는데, 참가하는 예술가만 약 300명에 달한다. 예술가들의 아지트로 유명한 프랑스 파리의 몽마르트르에서 영감을 얻은 축제로, 음악이 흐르는 공간에서 화가들이 초상화를 그려 주는 등 다양한 문화 행사가 진행된다. 1월 중순에서 말 사이에 열리며, 날짜는 매년 변동된다.

▶ 나밤 페라헤라 Navam Perahera

강가라마 사원에서 주관하는, 스리랑카를 대표하는 불교 축제 중 하나다. 2월 보름은 사리푸타와 목갈라나가 석가모니의 제자가 된 날로, 불교 역사상 처음으로 불교 집회가 열린 날이기도 하다. 이를 기념하기 위해 1979년 시작된 나밤 페라헤라는 댄서, 드러머, 음악가 등과 함께 100마리의 코끼리가 동원되는 매혹적인 축제로 이틀간 계속된다. 밝고 화려한 보석으로 장식한 코끼리가 붓다의 머리카락 사리를 등에 이고 시가행진을 벌이는데, 이를 보기 위해 매년 전국 각지의 사람들이 콜롬보로 모여든다.

새해 Sinhala & Tamil New Year

스리랑카의 새해로, 보통 4월 13일이나 14일이다. 스리랑카 사람들은 태양이 물고기자리에서 양자리로 이동하는 순간 새해가 시작된다고 믿는다. 즉, 점성술의 계산에 의해 새해가 시작되는 것이다. 또한 새해를 맞이하기 직전, 국가에서 공표한 길조(吉兆)의 시간마다 간단한 의식을 치르게 되는데, 앞마당에 불을 지피고, 새해 음식 '키리바스(Kiribath, 쌀과 코코넛 우유를 함께 넣고 끓인 밥)'를 만들고, 폭죽놀이를 하는 것 등이 그것이다. 귀향길 티켓은 일찍 매진되고, 사람들은 가족 단위로 음악이 울려 퍼지는 거리로 쏟아져 나와 축제 분위기를 만끽한다.

누와라 엘리야 축제 Nuwara Eliya Festival

스리랑카 중남부의 고원 도시 누와라 엘리야에서 4월 1일부터 4월 말까지 펼쳐지는 축제다. 말·자동차 경주, 골프 토너먼트와 같은 스포츠 행사와 더불어 꽃 박람회, 건강한 아이 선발대회, 학교 밴드 공연과 같은 문화 행사가 열린다. 축제 기간 중 새해를 맞게 되기 때문에, 누와라 엘리야 어디에서나 결코 가라앉을 것 같지 않은 들뜬 분위기를 느낄 수 있다.

베삭 축제 Vesak Festival

5월 보름은 석가탄신일(Buddha Day)로, 부처가 태어나 깨달음을 얻고 열반한 것을 기념하는 날이다. 불교의 나라답게 부처님의 행적을 기리는 거대한 전광판이 곳곳에 세워지고, 거리에선 행인들에게 음식과 음료를 보시한다. 이 시기에 스리랑카를 방문하는 여행자는 코코넛 기름을 사용하는 작지만 휘황찬란한 대나무 연등을 전국 어디서나 볼 수 있다.

포손 축제 Poson Festival

기원전 3세기 인도 아소카 왕의 아들인 마힌다(Mahinda) 스님이 불교를 스리랑카에 전파한 것을 기념하는 축제다. 이날 사람들은 정결하게 흰옷을 차려입고, 마힌다가 하늘에서 내려온 장소인 미힌탈레를 찾아 경건한 노래를 부르고 기도를 올린다. 날이 어두워진 뒤 거행되는 점등식이 아름답기로 유명하다. 석가탄신일에 이어 6월 보름날 행해지는 중요한 불교 축제로, 외국의 스님들과 정부의 고위급 인사들이 참여한다.

▶ 콜롬보의 아디 벨 축제 Colombo's Aadi Vel Festival

7월과 8월 사이에 열리는 스리랑카의 힌두교 축제다. 전쟁의 신 스칸다(Skanda)를 모신 거대한 황금 마차의 화려한 퍼레이드가 이뤄지는데, 그 출발점은 카티레산 사원(Kathiresan Kovil)이다. 사원은 노란빛 조명과 바나나 잎과 신선한 꽃으로 만든 화환으로 아름답게 장식되고, 그 안에서 전통 음악 공연이 펼쳐진다.

▶ 카타라가마 축제 Kataragama Festival

매년 7월과 8월 사이, 스리랑카의 남부 도시 카타라가마에서 열리는 축제다. 영험한 힌두교의 신 '카타라가마(스칸다)'에 경의를 표하는 축제로, 약 2주간 계속된다. 카타라가마는 스리랑카의 수호신으로 여겨지기 때문에, 힌두교의 축제지만 불교도, 이슬람교도, 기독교도도 함께 어우러져 축제를 즐긴다. 댄서와 공연단이 코끼리와 함께 시가행진을 하며, 칼날 위를 맨발로 걷거나 자신의 등에 쇠꼬챙이로 구멍을 내는 등의 이색적인 종교 의식을 볼 수도 있다.

▶ 에살라 페라헤라 Esala Perahera

불치사에 보관된 석가모니의 신성한 치아 사리에 경의를 표하는 축제로, 매년 7월에서 8월 사이에 거행된다. 불공(fire-ball)을 저글링하는 광대가 높은 대말을 타고 등장하고, 그 뒤를 잇는 댄서와 악사들은 춤과 연주와 볼거리로 흥을 돋운다. 금으로 수놓은 옷을 입고 엄니를 은으로 화려하게 장식한 코끼리는 등 위에 붓다의 치아 사리를 모시고 행진한다. 이 퍼레이드를 보기 위해 전국 각지에서 수만 명의 사람들이 캔디로 모여든다. 스리랑카에서 가장 유명한 축제라고 할 수 있다.

▶ 라마단 Ramadan

예언자 무함마드가 알라로부터 '코란을 읽으라.'라는 첫 계시를 받은 것을 기념하는 이슬람 축제로, 이슬람력으로 9월 한 달간 해가 뜰 때부터 질 때까지 먹거나 마시는 것이 일체 금지된다. 무슬림들은 라마단을 고행이 아닌 축제로 여기는데, 사실 축제다운 축제는 단식이 끝나면서 시작된다. 한 달간의 금식이 무사히 끝났음을 축하하면서 3일간 축제를 벌이는데, 이를 '이드 알피트르(Eid al-Fitr)'라고 부른다. 무슬림들은 이날 새 옷으로 갈아입고 집단 예배를 드린 뒤, 친척과 친구를 만나 선물을 교환하고, 가난한 이웃을 위해 사원에 헌금을 내기도 한다.

| THEME TRAVEL 05 |

럭셔리한 힐링 마사지
아유르베다

"오직 아유르베다(Ayurveda) 때문에, 단지 그 이유로 스리랑카에 가는 사람이 있을까?" 있다! 아니 많다! 유럽인들은 휴가 동안 아유르베다를 통한 힐링을 위해 스리랑카로 날아간다. '생명의 과학'을 뜻하는 아유르베다는 우주와 인간을 상호 연관지어 고찰하는 고대 인도의 전통 약초 요법이지만, 일찍이 스리랑카로 전해져 스리랑카 고유의 힐링 마사지로 자리 잡았다. 흔히 마사지라고 하지만, 현재 세계보건기구(WTO)에서 질병 예방 의학으로 권장할 만큼 그 효과를 인정받고 있다. 스리랑카에 가면 아유르베다는 꼭 한 번 경험해 보자. 전신 마사지의 가격이 부담스럽다면, 머리나 발 마사지만 받는 것도 하나의 방법이다. 그것도 부담스럽다면, 스파 전문점에서 파는 오일을 한 병 사자. 아유르베다 약초 향이 여독을 푸는 데 도움이 될 것이다.

아유르베다의 종류

아유르베다는 스리랑카 전국 어디서나 즐길 수 있는 대중 마사지지만, 약초만 100여 종이 넘고 복잡한 전통 요법이 많아 반드시 숙련된 치료사에게 받아야 한다. 치료 전, 의사를 만나 상담하는 과정에서 본인이 갖고 있는 증상과 식습관, 생활 환경에 대해 이야기하면 그에 따라 적절한 마사지 종류가 결정된다.

아비얍가 Abhyanga

전신에 약초 오일을 바르면서 신체의 주요 에너지원을 자극하는 치료법이다. 전신 마사지라고 생각하면 된다. 몸살 및 근육통 완화, 혈액 순환 개선, 콜레스테롤 수치를 낮추는 데 도움이 된다.

스웨다나 Swedhana

나무로 만든 전용 스팀기 안에 들어가 약초 오일을 빠르게 몸에 흡수시키고, 독소는 땀을 통해 배출시키는 치료법이다. 디톡스 효과가 가장 큰 치료법이지만, 임산부나 빈혈이 있거나 술을 즐기는 사람은 받아서는 안 된다.

피지칠 Pizhichil

미지근한 허브 오일을 몸에 연속적이고 리드미컬하게 붓는 치료법이다. 류마티스 관절염과 반마비, 신경 장애, 조기 노화 방지에 매우 유용하다.

시로다라 Shirodhara

토기나 청동 바가지가 달린 기구를 이용해 따뜻한 약초 오일을 이마에 일정한 속도로 떨어뜨리는 치료법이다. 두통, 불면증, 스트레스, 기억력 감퇴, 정신 장애에 효과가 있다.

대표적인 아유르베다 브랜드

아유르베다 브랜드로는 시달레파(Siddhalepa)와 스파 실론(Spa Ceylon)이 가장 유명하다. 콜롬보엔 전문 숍이 따로 마련돼 있지만, 지방에선 보통 호텔 안에 입점해 있는 경우가 많다. 스파 실론의 경우, 다양한 아유르베다 제품도 생산하고 있어 쇼핑몰에서도 쉽게 접할 수 있다.

▶ 시달레파 아유르베다 스파 Siddhalepa Ayurveda Spa

아유르베다를 체험할 수 있는 스파 전문점으로, 유명 인사들이 많이 다녀간 곳으로도 유명하다. 먼저 접수를 한 뒤, 의사와의 개별 상담을 거쳐 스파의 종류가 결정된다. 의사의 상담을 거치는 이유는 건강에 이상이 있는 사람의 경우, 특정 약초를 사용하면 상태가 악화될 수 있기 때문이다. 본인이 원하는 스파의 종류가 있으면, 상담 시에 얘기하면 된다. 아비얀가(Abhyanga)라는 전신 마사지를 선택할 경우, 그 강도를 피부 타입과 혈압에 따라 달리해야 하는데, 이곳의 치료사들은 기본 10년 이상의 경력자들이라서 믿고 맡길 만하다. 입구에 아유르베다 약초로 만든 티백, 오일, 크림, 비누 등을 판매하는 공간이 있어, 자신의 몸을 회복시켜 줄 제품들을 구입할 수 있다.

- 주소 : P.O Box 33, Wijerama Mawatha, Colombo 07
- 전화 : 011-269-8161
- 시간 : 08:00~20:00
- 요금 : 바디 마사지 3,100루피, 헤드 마사지 1,900루피, 시로다라 5,000루피 (15% VAT 미포함)
- 위치 : 콜롬보 센트럴 터미널에서 약 5km 떨어진곳에 위치. 뚝뚝으로 약 15분 소요.
- 홈페이지 : www.siddhalepa.com

▶ 스파 실론 Spa Ceylon Boutique

스리랑카에서 가장 대중적인 아유르베다 스파 브랜드다. 스리랑카 어디를 가든 곳곳에서 자주 접할 수 있는 브랜드로, 여행자들이 제대로 된 전문가에게, 제대로 된 아유르베다 치료를 받을 수 있도록 하기 위해 '스파 실론'을 런칭했다고 한다. 아유르베다가 귀한 약초를 사용하는 치료법이다 보니, 가격이 조금 비싼 편이다. 매장을 함께 운영하고 있어, 스파를 받지 않더라도 매장을 둘러보면서 자신의 증상을 호전시킬 아유르베다 제품을 구입할 수 있다. 콜롬보 지점의 경우, 유명 관광지 '더치 호스피탈' 내에 위치하고 있어 쉽게찾을 수 있다.

- 주소 : Courtyard li, Dutch Hospital, Hospital Street, Fort, Colombo 1
- 전화 : 011-244-1931
- 시간 : 10:00~23:00
- 요금 : 발 마사지(60분) 3,000루피~, 바디 마사지(60분) 7,000루피~
- 위치 : 콜롬보 센트럴 터미널에서 약 600m 떨어진 곳에 위치. 도보로 약 10분 소요.
- 홈페이지 : www.spaceylon.com

아유르베다 전문 리조트

스리랑카 남서부에는 유럽인들이 즐겨 찾는 '아유르베다 전문 리조트'가 몇 군데 있다. 보통 숙박비와 치료비를 묶어 패키지 형태로 운영하고 있으며, 요가와 명상, 마사지, 자연 약초를 달인 보약 등이 포함된 프로그램을 제공한다. 유럽인들은 기본 일주일 이상 이곳에 머무르며, 몸과 마음을 힐링한다.

▶ 바버린 비치 아유르베다 리조트
Barberyn Beach Ayurveda Resort

45년의 역사를 자랑하는 아유르베다 전문 리조트이다. 숙박비 외에, 요가와 명상, 마사지, 자연 약초를 달인 보약 등이 포함된 아유르베다 치료비는 추가로 지불해야 한다. 독일인들이 많이 투숙하는데, 한번 오면 기본 일주일에서 14일 정도 패키지의 형태로 머무른다. 식사는 육류를 뺀 스리랑카 건강식으로 준비된다.

▶ 헤리턴스 아유르베다 마하 게다라
Heritance Aurveda Maha Gedara

기본 일주일 이상 머물면서 전문적으로 아유르베다 치료를 받을 수 있는 럭셔리 호텔이다. 자연과 건물이 보기 좋게 어우러진 이 호텔은 20세기 건축계의 거장 '제프리 바와'가 설계한 것이다. 아유르베다 집중 치료는 전문 의사의 지도를 받아 진행되며, 호텔에 머무는 동안 술, 담배는 철저히 금지된다.

▶ 시달레파 아유르베다 헬스 리조트
Siddhalepa Ayurveda Health Resort

숙박과 아유르베다 마사지를 패키지로 묶어 운영하는 4성급 호텔이다. 전문의와의 상담을 거쳐, 개인에게 적합한 치료법을 추천해 준다. 식사는 스리랑카의 전통 음식 중 건강에 좋은 것들로만 준비된다. 객실은 코티지 형태이며, 몇 걸음만 걸어 나가면 바다에 몸을 담글 수 있다.

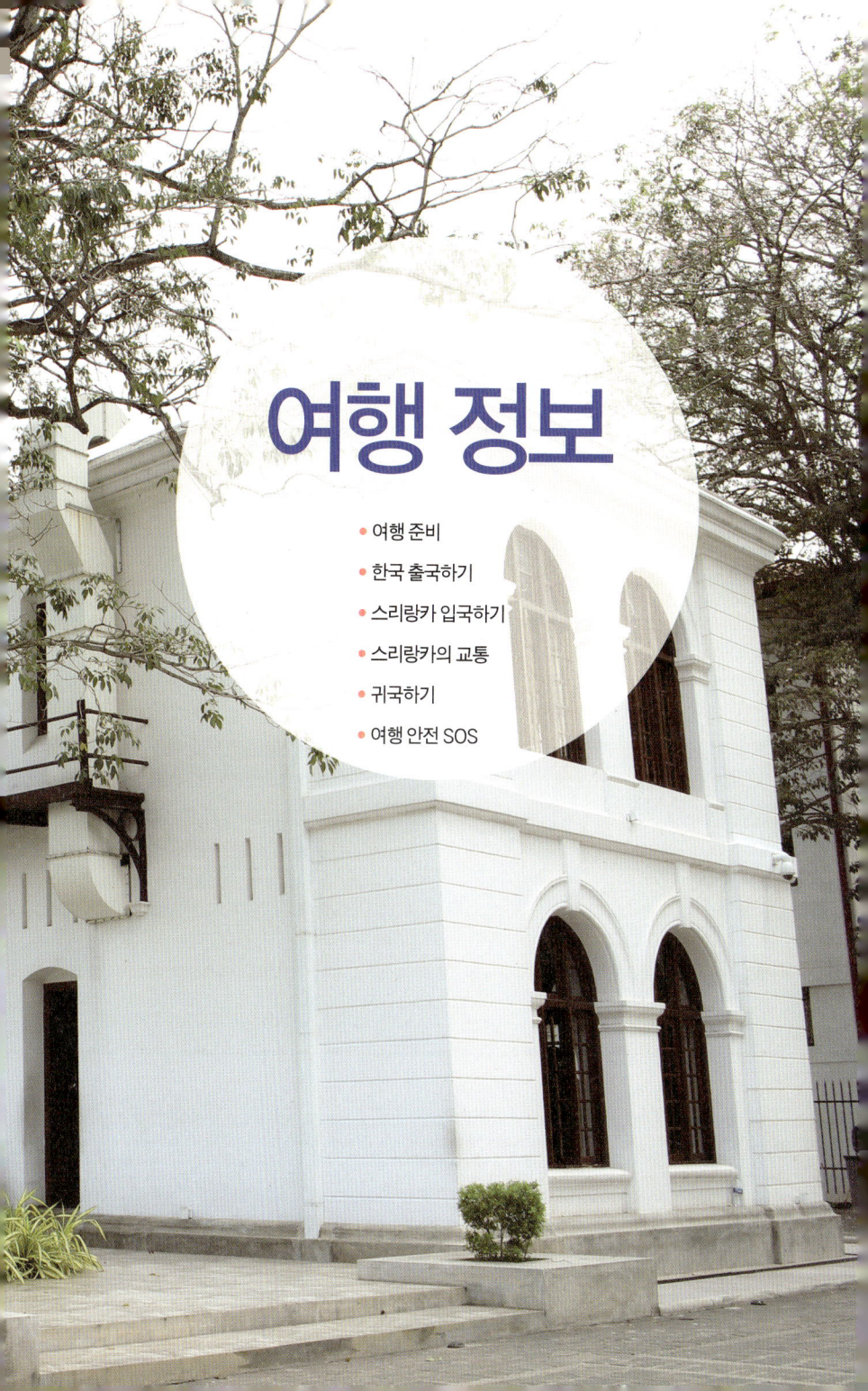

여행 정보

- 여행 준비
- 한국 출국하기
- 스리랑카 입국하기
- 스리랑카의 교통
- 귀국하기
- 여행 안전 SOS

여행 준비

여권 만들기

해외여행에서 가장 먼저 준비해야 할 것은 여권으로, 여행자의 신분과 국적을 증명해 주는 증명 서류라고 할 수 있다. 여권은 5년 또는 10년간 사용할 수 있는 복수 여권과 1년간 단 1회만 사용할 수 있는 단수 여권이 있다. 해외여행을 하려면 여권 유효 기간이 출국일 기준으로 6개월 이상 남아 있어야 한다.

여권을 새로 만들어야 할 경우, 필요한 서류를 구비해 전국의 여권 사무 대행 기관 및 재외 공관에 본인이 직접 접수하고 교부받으면 된다. 서울은 각 구청에서, 지방은 시청이나 도청에서 발급받을 수 있다. 발급 비용은 유효 기간 10년 이내의 경우 53,000원, 유효 기간 5년 이내의 경우 45,000원, 단수 여권은 20,000원이다. 처리 기간은 통상 4~5일 정도 소요되나 여권 접수 상황에 따라 변동될 수 있다는 점은 주의해야 한다. 자세한 사항은 외교부 여권 안내 홈페이지를 참조하자.

외교부 여권 안내 홈페이지 www.passport.go.kr
여권 헬프라인(민원 상담) 02-733-2114

여권 발급에 필요한 서류

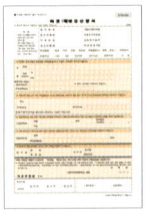

- 여권 발급 신청서(여권 발급 기관에 비치된 신청서, 또는 외교부 여권 안내 홈페이지에서 다운)
- 여권용 사진 1매(6개월 이내에 촬영한 사진. 단, 전자 여권이 아닌 경우에는 2매)
- 신분증 또는 운전면허증 원본
- 병역 관계 서류(병역 의무자에 한함)
- 미성년자의 경우, 법정 대리인의 동의서 등
- 수입인지대

여권 발급 절차

여권 신청 서류 준비 및 작성 ➡ 접수 ➡ 서류 심사 ➡ 여권 제작 ➡ 여권 교부

 Tip 여권 분실에 대비하기

해외여행 중에 여권을 분실하면 현지의 한국 대사관 혹은 영사관에서 새 여권 또는 임시 여행 증명서를 발급받아야 한다. 이때 기존 여권 정보와 사진이 필요하다. 여행을 떠나기 전에 여권 복사본과 사진 등을 미리 준비해서 가방 속에 넣어 두면, 여권을 분실했을 때 빨리 발급받을 수 있다.

비자 발급

스리랑카는 우리나라와 무비자 협정을 맺고 있지 않아서 비자를 받고 입국해야 한다. 비자는 발급 방법에 따라 온라인 비자 ETA와 도착 비자로 나뉜다. 관광을 목적으로 입국일로부터 30일간 체류하거나, 관광이 아닌 사업·일반 연수·자원 봉사 등의 목적으로 30일 이하로 체류하는 경우 ETA로 입국이 가능하다. 유학·이민·장기 체류 등 30일 이상 스리랑카에 체류하는 경우 주한 스리랑카 대사관에서 별도로 비자를 발급받아야 한다. 비자 연장이나 그 밖의 자세한 사항은 주한 스리랑카 대사관(02-735-2966)에 문의하면 된다.

도착 비자

스리랑카 현지 공항에 도착하고 나서 발급받는 비자로, 수수료는 약 40달러이다. 공항의 입국 심사 카운터 옆에 있는 'Visa On Arrival'라는 카운터로 가서 수수료를 지불하고 발급받으면 된다. 발급 시간은 보통 10~15분 정도 걸리지만 상황에 따라 변동될 수 있다. 도착 비자를 거절할지도 모른다고 걱정하는 여행객도 있는데, 사실상 별로 걱정할 필요가 없다. 여권에 문제가 있거나, 전에 비자를 거절당한 기록이 있거나, 비자가 방문 목적과 다른 경우에는 도착 비자를 거절

3단계. 신청서 선택

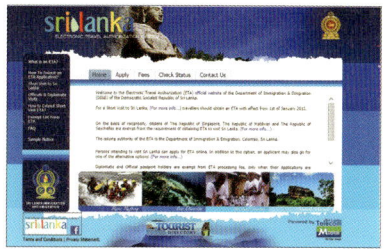

당할 수도 있지만 대부분 별문제 없이 발급받을 수 있다. 그래도 걱정을 덜고 싶다면, 한국에서 미리 비자를 받고 가는 것이 좋다.

◉ 온라인 비자

'ETA(Electronic Travel Authorization System)' 사이트에 접속해 직접 신청해서 발급받는 비자로, 수수료는 약 35달러이다. 직접 신청하지 못하는 경우에는 전문 여행사에 대행 신청을 해서 발급받을 수도 있다. 이때 수수료는 5~7만 원 정도이며, 걸리는 시간은 여행사마다 다르지만 평균 3~4일이다. 직접 신청한다면 일반적으로 ETA 허가서가 2~3일 내에 도착하지만, 현지 사정에 의해 다소 지연될 수 있으니 미리 신청하는 것이 좋다. 온라인으로 스리랑카 비자를 신청하는 절차는 아래와 같다.

스리랑카 비자 신청 사이트 www.eta.gov.lk/slvisa

1단계. ETA 사이트 접속

사이트에 접속하면 위와 같은 화면이 나온다.

2단계. 언어 선택

한국어는 없으므로 자신에게 편한 언어를 선택하면 된다.

화면 상단 탭에서 'Apply(신청서)'를 클릭하면 신청 조건이 나오는데, 하단의 'I agree(동의함)'에 체크한다. 그러면 신청서 종류를 선택하는 화면으로 넘어간다. 개인 관광 비자를 신청하고자 한다면 'Tourist ETA' 항목 아래의 'Apply for an Individual'를 클릭한다.

4단계. 신청서 작성

빨간 별표가 있는 항목들만 잘 보고 제대로 입력하면 된다. 방문 목적(Purpose of Visit)은 일반적인 관광이라면 그냥 'Sightseeing or Holidaying'을 선택하면 된다. 비자 입력 항목이 조금이라도 잘못되면 입국 거절을 당할 수도 있기 때문에 꼼꼼하게 신경 써야 한다.

5단계. 수수료 결제

신청서를 다 입력하고 'Next'를 누르면 결제 화면

으로 넘어간다. 여기서는 해외 결제가 가능한 카드가 필요하다. 카드 내용을 모두 적어 넣고 'Pay'를 누르면 신청이 접수됐다는 메시지와 함께 완료 화면으로 넘어간다. 이때 'Confirmation Code'는 적어두는 게 좋다. 그러면 나중에 비자 처리가 어떻게 됐는지 이 사이트에 방문해서 확인할 수 있다. ('Apply' 화면에서 'Check Status'를 클릭하면 된다). 비자가 승인되면 신청서에 기재한 이메일 주소로 승인 메일이 온다. 메일로 받은 비자 화면을 프린트해서 가지고가면 된다.

> **Tip** 마일리지 적립을 잊지 말자!
>
> 항공권 예약과 함께 반드시 챙겨야 할 것이 바로 마일리지 적립이다. 항공사에서 탑승 거리에 따라 마일리지를 적립해 주는데 요즘은 항공권 구입 이외에도 신용카드, 호텔 숙박, 렌터카 등 다양한 방법으로 마일리지를 적립할 수 있다. 이렇게 적립한 마일리지는 항공권 구매나 숙박 예약 등에 사용할 수 있다. 마일리지 카드는 해당 항공사 홈페이지에 회원 가입한 후 신청할 수 있다. 마일리지 카드를 만들기 전에 탑승한 항공권은 마일리지가 적립되지 않으므로 반드시 예약 전에 가입해야 한다.

항공권 예약

여행 스케줄이 확정되면 늦지 않게 항공권을 예약해서 발권해야 한다. 온라인과 오프라인에서 항공권 구매가 가능하다. 항공권을 온라인으로 구매하는 경우에 마일리지 적립, 날짜 변경 수수료, 환불 수수료, 대기 시간 등을 잘 확인하고 구매해야 한다. 특히 운임 요금이 저렴할수록 불리한 조건인 경우가 많으니 반드시 꼼꼼하게 확인해야 한다. 항공사보다 여행사나 대행사를 이용하면 항공권을 편리하게 구매할 수 있다.

최근에는 항공권을 구입하면 종이 티켓이 아닌 전자 항공권(E-ticket) 형식으로 받게 된다. 항공권에 영문 이름, 스케줄, 날짜가 정확히 기재되어 있는지 필수적으로 확인해야 한다.

여행 중 항공권을 분실한 경우에는 항공권을 구입한 여행사로 연락해서 별도의 수수료 없이 재발급받을 수 있다.

숙소 예약

> 숙소의 종류

스리랑카의 숙소는 크게 호텔과 게스트 하우스로 나눌 수 있다. 호텔은 1성급부터 5성급까지 등급이 정해져 있는 반면, 게스트 하우스는 정해진 기준이 없다. 호텔은 입구부터 경비, 안내데스크 직원을 포함하여 여러 직원들이 24시간 근무하고 있다. 식사는 뷔페식으로 아침, 점심, 저녁을 제공해 준다(선택 사항). 객실 외에도 수영장, 스파, 쇼핑센터, 환전소, 공항 픽업 서비스 등 부대시설을 이용할 수 있으며 신용카드, 달러, 현지 화폐로 모두 결제가 가능하다. 스리랑카의 호텔은 대부분 유명한 호텔 예약 사이트에 가입되어 있다. 간혹 이름은 호텔이지만 위에 언급한 호텔의 기본적인 시설이 갖춰져 있지 않는 숙소도 있으니, 예약할 때 주의를 해야 한다.

> 한국-스리랑카 노선을 운항하는 항공사

항공사	경유	홈페이지	특징
대한항공	직항	www.koreanair.com	밤에 출발하고 새벽에 도착해서 시간을 절약할 수 있다.
스리랑카항공	나리타	www.srilankanairlines.co.kr	부산-콜롬보 노선이 자리 확보하기 쉽다.
타이항공	방콕	www.thaiair.co.kr	
싱가포르항공	싱가포르	www.singaporeair.com	
캐세이퍼시픽항공	홍콩	www.cathaypacific.com/kr	스케줄이 많고 대기 시간이 짧다.
말레이시아항공	쿠알라룸푸르	www.malaysiaairlines.com	
중국동방항공	상하이(푸동)	www.easternair.co.kr	항공권이 가장 저렴하다.

게스트 하우스는 '○○ Inn', '○○ Resort', '○○ Rest', '○○ Guesthouse', '○○ Hotel' 등 다양한 이름으로 운영된다. 가격 면에서 호텔보다 저렴하지만 편안하게 휴식하는 데 어려움이 있을 수 있다. 대부분 예약은 직접 가서 하거나 전화 통화로 가능하며 온라인으로는 확인이 어렵다. 보통은 주인과 직원 1~2명만 근무하며, 결제도 대부분 현금으로만 가능하다. 냉방 시설이 제대로 되어 있지 않거나, 밤에 일하는 직원이 없거나, 모기가 많은 등 불편을 겪게 될 수 있다. 특히 늦은 밤에는 전화를 받지 않아 찾아가기 힘들거나 아예 문이 잠겨 있는 경우가 있어, 밤늦게 공항에 도착하는 여행객은 게스트 하우스보다 호텔을 예약하는 것이 좋다.

숙소 선택하기

숙소를 선택할 때는 비용도 중요하지만 부대 시설이 좋은지, 직원들이 24시간 근무하고 있는지, 경비원들이 입구에 배치되어 있는지, 홈페이지를 통해 예약 가능한지 등등을 잘 확인해야 한다. 스리랑카에서는 게스트 하우스보다 호텔에 묵는 것이 안전성 면에서 좋다.

숙소 예약은 해당 홈페이지에서 진행하는 방법과 전문 여행사를 통해 예약하는 방법이 있는데, 호텔 측에 직접 예약하는 것보다는 여행사를 통해서 예약하는 것이 가격 면에서 더 유리할 수 있다. 숙소를 예약하게 되면 '바우처'라고 하는 숙박권을 주는데 그걸 갖고 해당 숙소에 가서 체크인을 하면 된다.

현지 전문 여행사

앤드류(Andrew The Travel Company (Pvt) Ltd.)

주소 130, Level 1, Nawala Road. Narahenpita, Colombo 05
전화 (94)11-451-3466 / 4513469 / 2369836 / 37
홈페이지 www.andrewstrav.com

로열 홀리데이(Royal Holiday)

주소 70, Lucky Plaza Building 2F, St Anthonys Road, Colombo 03
전화 (94)11-257-4600
홈페이지 www.royalholidayssrilanka.com

제트윙(Jetwing Travels (Private) Limited)

주소 46/26 Nawam Mawatha, colombo 02
전화 (94)11-234-5700 (핫라인 777-265-746)
홈페이지 www.jetwingtravels.com

나와미니(Nawamini Travels (Private) Limited)

주소 364, 1/1, Kotte Road, Pita Kotte
전화 (94)11-282-3123 (핫라인 (94)71-422-9419)
홈페이지 www.nawamini.travel

주요 호텔 예약 사이트

아고다

전 세계 호텔을 예약할 수 있는 웹사이트. 호텔 가격에 도시세나 부가세 등이 포함되지 않는지 결제 전에 반드시 확인해야 한다.
홈페이지 www.agoda.com

부킹닷컴

호텔 등의 숙박 시설에 대한 온라인 예약 웹사이트. 모든 예약은 온라인에서 하고 돈은 직접 호텔에서 지급하는 방식으로 운영하고 있다.
홈페이지 www.booking.com

호텔닷컴

전 세계 할인 호텔을 예약할 수 있는 웹사이트. 간편하게 무료로 취소할 수 있다는 장점이 있다.
홈페이지 www.hotel.com

환전

여행 준비가 어느 정도 마무리되면 바로 해야 할 것이 환전이다. 스리랑카 루피는 국내에서 환전할 수 없다. 먼저 미국 달러로 환전해 가져가서,

스리랑카 현지에서 다시 환전해야 한다. 현지에서 필요할 때마다 스리랑카 루피로 환전해도 되지만, 자주 환전하면 번거롭고 수수료가 발생할 수 있으니 여행 경비로 필요한 만큼 한 번에 환전하는 것이 경제적이라고 볼 수 있다.

대부분의 여행자는 스리랑카에 입국하자마자 공항에 있는 환전소에서 환전한다. 공항 환전소는 편리하지만 시내 환전소보다는 환율을 낮게 쳐 준다. 여행 중에 추가로 환전이 필요하면 은행이나 거리의 환전소를 이용하면 되는데, 환전소에 따라 조금씩 수수료 차이는 있지만 비교적 안심하고 이용할 수 있다.

🔸 국제 현금카드 사용하기

해외여행을 하면서 현금이 필요할 때 가장 쉽고 편리하게 찾아 쓸 수 있는 방법이 바로 현금카드이다. 한국에서는 종류에 따라서 현금카드, 직불카드, 체크카드 등으로 나뉘어 있는데, 해외에서 현금을 찾는 용도로 사용하기에는 모두 비슷비슷하다고 할 수 있다. 여행을 하면서 현금이 필요할 때마다 환전소에 가지 않아도 되고 바로 가까운 ATM 기기에서 현금을 찾아 쓸 수 있어서 편리하다. 이제부터 스리랑카 여행할 때 편리하게 사용할 수 있는 현금카드에 대해서 알아보자.

씨티은행 국제 체크카드

씨티은행에서 발급하는 국제 체크카드는 가까운 은행 지점에 직접 방문해서 발급받거나 인터넷으로 신청 가능하다. 은행을 방문해서 발급받는 경우에 수수료 50,000원, 인터넷으로 신청한 경우에 수수료 25,000원이 든다. 현지에서 현금을 인출하거나 물품을 구입할 때 사용 가능하며 인출 수수료 1%와 네트워크 수수료 0.2%가 각각 발생한다. 그 밖에 ATM 수수료가 부과 될 수 있는데 수수료는 현지 사정에 따라 변동된다. 씨티은행 체크카드는 'Visa' 또는 'Plus' 로고가 붙어 있는 ATM이나 가맹점에서 사용 가능하다.

신한은행 글로벌 현금카드

신한은행에서 발급하는 현금카드는 발급 수수료가 2,000원이며 현지에서 현금 인출과 물품

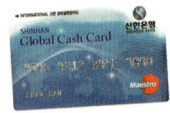

구매가 모두 가능하다. 인출 수수료는 1%+2$ 정도이며 한도는 $5,000로 지정되어 있다. 현금 인출할 때 'Master', 'Maestro', 'Cirrus' 로고가 붙은 CD/ATM 기계에서만 현금 인출이 가능하며 'Maestro', 'Cirrus' 로고가 붙은 가맹점에서 물건 구입이 가능하다.

하나은행 비바2 체크카드

해외에서 현금 인출할 때 수수료가 덜 붙는 카드로 하나은행 비바 체크카드가 많이 알려져 있다. 카드 발급은 별도 수수료 없이 가능하며 해외에서 현금을 인출하거나 물건을 구입할 때 1% 수수료가 붙는다. 단, 현지 ATM 수수료가 별도로 부과될 수 있다. 'Visa', 'Master', 'Cirrus' 로고가 붙은 CD/ATM 기계에서만 현금 인출이 가능하며 'Visa', 'Plus' 로고가 붙은 가맹점에서 물품 구입이 가능하다. 카드 한도는 $2,000로 지정되어 있다.

여행 일정 짜기

스리랑카의 어느 지역을 방문할지, 여행 목적지를 정했다면 여행을 어떻게 할 것인지 고민해보는 것이 중요하다. 이때 자유여행으로 여행을 하느냐, 패키지로 여행을 하느냐에 따라 여행 일정이 달라질 수 있다. 자유 여행은 예산과 취향에 따라 원하는 일정으로 여행을 할 수 있는 장점이 있지만, 준비 시간이 걸리고 대중교통을 이용해야 한다는 단점이 있다. 패키지 여행은 이미 준비된 일정으로 가이드를 따라 편리하게 여행할 수 있는 장점이 있지만, 개인 취향에 맞춰 코스나 숙소를 바꿀 수 없는 단점이 있다.

자유 여행을 선택하여 직접 여행 일정을 짠다면, 반드시 고려해야 할 것은 숙소의 위치와 교통수단, 항공편 시간 등이다. 자유 여행을 할 때는 대중교통을 많이 이용하게 되는데, 스리랑카는 대중교통이 잘 발달되어 있지 않아 생각보다 시간이 많이 걸리고 계획한 일정대로 이동하지 못하

는 상황이 일어날 수 있다. 특히 고대 도시 아누라다푸라, 폴론나루와, 동해안 등을 여행하는 여행객이라면 대중교통을 이용하는 데 불편이 많다는 점을 염두에 두어야 한다.

항공편 시간도 일정에 영향을 미친다. 특히 밤늦게 도착하는 경우에 대중교통이 없어서 숙소까지 택시를 타고 이동하는 상황이 발생할 수 있다. 숙소를 정할 때도 관광지 근처에 숙소를 잡아야 이동 시간과 교통비를 줄일 수 있다.

공휴일이나 관광지 휴관일 등도 미리 확인하고 일정을 짜야 한다. 스리랑카는 공휴일이 많은 나라지만 여행에는 큰 지장이 없다. 다만 보름날(포야 데이)에는 술을 판매하지 않거나, 일부 레스토랑이 영업하지 않을 수 있는 점 등을 기억하고 여행 일정을 짜면 된다.

❯ 각 도시별 이동 시간

대중교통을 이용해서 각 도시별로 이동할 때의 소요 시간을 참고하여 일정을 짜 보자. (교통 상황이나 날씨에 따라 시간이 변동될 수 있음.)

출발지	도착지	이동 시간
콜롬보	캔디	3시간 30분
콜롬보	누와라 엘리야	5시간 30분
콜롬보	아누라다푸라	5시간
콜롬보	폴론나루와	5시간 30분
콜롬보	닐라웰리 (동부 해안)	7시간
콜롬보	남부 해안	2시간
콜롬보	갈레	2시간 30분
콜롬보	함반토다	5시간
캔디	누와라엘리야	4시간
캔디	아누라다푸라	3시간 30분
캔디	폴론나루와	3시간 30분
캔디	닐라웰리 (동부 해안)	4시간 30분
아누라다푸라	폴론나루와	2시간 30분

여행 짐 꾸리기

이제 여행하기 전에 마지막으로 남은 일은 짐 꾸리기다. 공항에서 수하물로 부치는 짐은 대한항공 23kg, 싱가포르항공 30kg, 타이항공 30kg, 중국동방항공 46kg까지만 허용되며, 기내에 반입하는 짐은 7kg을 초과할 수 없다. 다음 페이지의 체크 리스트를 보고 여행에 빠진 것이 없는지 꼼꼼히 확인하도록 한다.

여행자 보험

여행자 보험은 기본적으로 여행 중에 발생할 수 있는 다양한 사고(상해, 질병, 도난, 파손, 재산 피해)를 보상받기 위해 가입하는 보험을 말한다. 여행자 보험은 단기 여행자 보험과 장기 체류 보험 등으로 구분되어 있으며 보험 약관을 꼼꼼히 살펴보고 가입하는 것이 좋다. 만약 출발 시간과 도착하는 시간이 확실치 않다면 앞뒤로 넉넉하게 가입해야 한다. 여행자 보험의 보상 범위는 해당 약관에 따르게 된다. 미리 가입하지 못했다면, 공항의 보험사 데스크에서 출발 2시간 전까지 가입 신청이 가능하니 잊지 말고 가입해야 한다.

❯ 여행자 보험 가입처

삼성화재 577-3339 / www.samsungfire.com
동부화재 577-4220 / www.dongbusos.com
현대해상 899-6782 / www.direct.hi.co.kr

🔸 여행 준비물 체크 리스트

분류	항목	체크	비고
여권과 여행 경비	여권	☐	• 여권 유효 기간이 6개월 이상 남았는지 확인한다.
	항공권	☐	
	여행 경비(현금)	☐	• 여권 분실에 대비해 여권 사본과 사진 3장도 준비한다.
	신용카드 및 현지에서 사용 가능한 현금카드	☐	
	마일리지 적립 카드	☐	• 항공권의 영문 이름이 여권상의 이름과 같은지 확인하고, 항공권 사본도 별도로 챙긴다.
	여행자 보험	☐	
의류	티셔츠	☐	
	반바지, 긴 바지	☐	
	외투	☐	• 산악 지대에서는 기온이 12~16℃까지 떨어질 수 있으니 가을 외투나 재킷 정도는 챙겨 간다.
	모자, 선글라스, 쿨토시	☐	
	수영복	☐	
	속옷, 양말	☐	
	슬리퍼	☐	
세면 도구	치약, 치솔	☐	
	샴푸, 린스	☐	• 호텔에는 대부분 기본적인 세면 도구가 배치되어 있다. 하지만 게스트 하우스 등에는 없는 경우가 있으니 챙겨 간다.
	비누, 바디샤워, 샤워볼	☐	
	면도기	☐	
	빗	☐	• 스리랑카에서 물티슈는 비싼 편이다. 여유 있게 챙긴다.
	화장품, 선크림	☐	
	수건, 물티슈	☐	
의약품	감기약, 해열진통제, 소화제	☐	• 음식이나 물로 인한 배탈에 대비해 필요한 의약품을 챙긴다.
	모기약	☐	
기타	카메라, 메모리 카드, 충전기	☐	
	휴대폰	☐	• 메모리 카드나 충전기를 반드시 챙긴다.
	관광가이드 북	☐	
	양산	☐	• 현지 음식에 적응할 수 없는 상황을 대비해 필요한 음식을 넉넉하게 챙겨 간다.
	보조 가방	☐	
	지퍼백	☐	
	한국 식품 (라면, 고추장 등)	☐	

한국 출국하기

공항 도착

인천 국제공항으로 갈 때는 여러 가지 교통수단을 이용할 수 있다. 공항 리무진은 인천 공항으로 가는 가장 대표적인 수단이다. 서울, 경기는 물론이고 각 지방에서도 공항 리무진이 운행되고 있으며 자세한 내용은 홈페이지(www.airportlimousine.co.kr)를 참고하면 된다.

다음으로 편리하게 이용할 수 있는 교통수단은 공항 철도다. 공항 철도는 직통 열차와 일반 열차로 나누어져 있으며, 서울역에서 출발해서 인천 공항까지 운행한다. 자세한 내용은 공항 철도 홈페이지(www.arex.or.kr)를 참고하자.

인천 공항은 워낙 규모가 크고 많은 항공 노선이 있기 때문에 여행자들은 적어도 2시간 전에 공항에 도착해야 한다.

탑승 수속

인천 공항의 경우, 출국장은 공항 청사 3층에 위치하고 있다. 공항에 도착하자마자 모니터에서 항공사와 탑승 수속 카운터를 확인하고 해당 카운터에 간다. 담당 직원에게 여권과 전자 항공권을 제시하고, 탑승권(Boarding Pass)을 받고 수하물을 부친다. 이때 탑승권에 표시되어 있는 탑승 게이트 번호와 시간, 좌석 번호 등을 확인한다. 참고로 탑승권과 함께 받는 수화물 태그는 나중에 스리랑카에 도착해서 짐을 찾을 때 필요하므로 잘 보관해야 한다. 탑승 수속 절차를 마치면 바로 출국장으로 이동한다.

출국 심사장

❯ 세관 신고

출국 심사장으로 이동하자마자 세관 신고를 하는 곳이 있다. 여행 시 사용하고 다시 가져올 고가품이나 미화 1만 달러 이상의 현금을 가지고 출국할 경우에는 반드시 세관에 신고하고 휴대 물품 반출 신고서(확인서)를 받아야 나중에 귀국할 때 불이익을 받지 않는다.

❯ 보안 검색

보안 직원의 안내에 따라 휴대하고 있는 가방과 소지품을 모두 보안 검색대에 올린다. 여권과 탑승권은 심사에서 제외된다. 기내에 반입하면 안 되는 소지품이 발견되면 모두 압수되므로 주의해야 한다.

❯ 출국 심사

출국 심사를 받기 위해 심사대 앞에서 줄을 서서 기다려야 한다. 본인 차례가 되면 여권과 항공권을 직원에게 제시하고 잠시 기다리면 된다. 심사를 위해 안경, 모자 등은 반드시 벗어야 한다. 심사가 끝나면 여권과 항공권을 돌려받고 심사대를 통과하면 된다.

면세점 이용하기

출국 심사를 마치고 나오면 바로 면세점이 보인다. 여행을 마치고 다시 입국할 때는 면세점을 이용할 수 없으므로 출국 전에 이용해야 한다. 공항 면세점은 인터넷이나 시내 면세점에 비해 할인율이 크지 않지만 사고 싶은 물건을 그 자리에서 보고 구입할 수 있는 장점이 있다. 각 매장마다 영업 시간이 다르므로 매장별 영업 시간을 확인해야 한다.

시내 면세점 이용하기

공항에 일찍 도착해도 해외 여행객들이 워낙 많다 보니 출국 심사에 시간이 오래 걸려, 면세점을 찬찬히 둘러볼 시간이 없을 때가 많다. 그래서 여유 있게 면세점을 미리 방문해 직접 물건을 살펴보고 구매할 수 있도록 한 곳이 시내 면세점이다. 서울 시내에는 면세점이 곳곳에 자리 잡고 있다. 시내 면세점을 이용할 때는 여권과 항공사에서 발권한 전자 항공권을 반드시 지참해야 한다.

신라면세점 서울점
서울 중구 동호로 249
롯데면세점 본점
서울 중구 남대문로 81 롯데백화점 본점 9F
롯데면세점 코엑스점
서울 강남 봉은사로 524 코엑스 인터컨티넨탈서울

인터넷 면세점 이용하기

시간적 여유가 없는 여행자들이 가장 편리하게 이용할 수 있는 방법이 인터넷 면세점이다. 물건을 직접 보고 구매할 수 없고, 고가의 명품 브랜드를 판매하지 않는다는 단점이 있지만, 공항이나 시내 면세점보다 할인이 많은 편이다. 쇼핑하는 방법은 일반 쇼핑몰과 동일하다. 인터넷 면세점 사이트에 회원 가입을 하고 원하는 제품을 구매하면 되는데, 구매할 때 출국 날짜, 공항, 항공편 등을 기재해야 하는 것이 차이점이라고 볼 수 있다. 일단 인터넷 면세점을 통해 구입한 제품들은 출국 당일, 공항에서 출국 심사가 끝난 후에 면세점 인도장에서 받을 수 있다.

롯데인터넷면세점 www.lottedfs.com
신라인터넷면세점 www.shilladfs.com
동화인터넷면세점 www.dutyfree24.com
신세계인터넷면세점 www.ssgdfs.com

기내에서 면세품 구입하기

면세품을 구입할 수 있는 마지막 기회다. 기내식 서비스가 끝난 이후에 면세품 판매를 시작한다. 좌석 주머니에 비치된 기내지에서 정보를 확인하고 뒷장에 첨부된 주문서를 작성해 승무원에게 제출하면 된다. 결제는 현금이나 신용카드로 가능하다.

> **Tip 면세품 구입 시 주의할 점**
>
> 면세 한도액을 잘 확인하자. 출국할 때 내국인은 $3,000 이내의 면세품을 구입할 수 있지만, 입국 시 내·외국인 면세 한도액은 $600까지 지정되어 있다. 쉽게 말하면 구매는 $3,000까지 가능하지만 그중 면세가 되는 금액은 $600이다.
>
> 또한 주류, 담배, 향수에 대해서는 특별히 면세 수량의 범위가 지정되어 있다. 한도 수량을 초과하면 반드시 세관에 신고해야 하며 신고하지 않으면 처벌 대상이 될 수 있다.
>
> 스리랑카는 담배 반입을 금지하고 있으므로, 면세점에서 담배를 사 가지고 갈 수 없다는 점도 주의해야 한다.

비행기 탑승

출국의 마지막 단계인 비행기 탑승을 위해서는 해당 탑승 게이트로 이동해야 한다. 출국 시간 30분 전부터 탑승이 시작되므로, 미리 게이트 앞에서 대기하고 있다가 탑승이 시작되면 줄을 서서 탑승권을 보여 주면 된다. 간혹 면세점에서 쇼핑하다가 탑승 시간을 놓치는 경우가 있는데, 탑승 시간을 미리 확인하고 늦지 않도록 주의해야 한다.

스리랑카 입국하기

기내에서 출입국 신고서 작성

스리랑카 입국 심사 전에 반드시 출입국 신고서를 작성해야 한다. 스리랑카 착륙 전에 해당 승무원이 기내에서 신고서를 나누어 주는데 미리 작성해서 가지고 있으면 편리하다. 기내에서 못 받은 경우에는 스리랑카 공항에 비치되어 있는 신고서로 작성하면 된다.

공항 도착

스리랑카에는 콜롬보 근처에 위치한 반다라나이케(Bandaranaike) 국제공항과 남부에 위치한 마탈라(Mattala) 국제공항이 있다. 하지만 한국에서 출발하는 항공기는 모두 반다라나이케 국제공항으로 도착하니, 이곳만 알아 두면 된다. 반다라나이케 국제공항은 별로 넓지 않다. 도착하면 비행기에서 내려 입국 심사장으로 이동하면 된다.

반다라나이케 국제공항
(94)11-226-4444 / www.airport.lk

입국 심사장

❱ 입국 심사

입국 심사대의 외국인 전용 카운터(Foreign Passport) 앞에 줄을 선 다음에 차례가 오면 여권과 출입국 신고서를 제출한다. 간혹 외국인과 현지인들이 같은 줄에 서서 기다리는 경우도 있다. 담당 직원이 꼼꼼히 심사를 하는데 이때 모자와 선글라스를 벗는다. 심사가 끝나면 여권은 도장을 찍어 돌려주고, 입국 신고서는 해당 직원이 보관한다.

입국 신고서 작성 요령

❶ 탑승권에 표시되어 있는 항공편 번호를 기재. (예: KE0473)
❷ 여권 번호 기재.
❸ 국적 기재. (예: SOUTH KOREAN)
❹ 여권에 있는 이름을 영어 대문자로 작성.
❺ 이중 국적을 가지고 있는지 여부. (NO로 표시.)
❻ 주소 기재. (숙소를 정하지 않고 간 경우에 아는 호텔 이름을 적는다.)
❼ 동반 자녀가 있는지 여부. (자녀를 동반하는 경우에 별도 신고서를 작성.)
❽ 출발 기준 기재. (예: INCHON)
❾ 방문 목적 기재. (관광은 Holiday에 표시.)
❿ 날짜는 일/월/연 순서로 쓴다.

※ 'For office use only' 칸은 기재하지 말 것.

입국장

▶ 관광 안내 센터
세관을 통과하자마자 오른쪽에 스리랑카 관광청에서 운영하고 있는 관광 안내 센터가 있다. 여행에 관한 다양한 리플릿, 안내문, 지도 등을 여기서 무료로 제공받을 수 있으며, 한국에서 미리 확인하지 못한 것도 여기서 다 확인할 수 있다. 상담원들이 영어를 유창하게 할 수 있으니 편하게 이용하면 된다.

▶ 면세점 이용하기
다른 나라와 달리 입국장에도 작은 면세점이 하나 자리를 잡고 있다. 오른쪽에서는 전자 제품을 판매하고 있으며 왼쪽에는 술, 화장품, 음료, 초콜릿 등을 판매하는 대형 매장이 있다. 현지인들이 많이 이용하는 편이다.

▶ 수하물 찾기
입국 심사를 끝내고 나와서 에스컬레이터로 한 층 내려가면 바로 수하물 찾는 곳이 보인다. 공항이 별로 넓지 않아서 짐 찾기는 어렵지 않다. 자신이 타고 온 항공편의 수하물 찾는 곳을 모니터에서 확인하고 해당 위치로 가서 수하물을 찾으면 된다. 수하물 찾을 때 짐을 옮겨 준다는 사람들이 있는데(주황색 조끼 입은 직원) 원치 않는 경우에 거절해도 된다.

▶ 환전소
세관에서 밖으로 나오면 맨 먼저 여러 은행 간판이 붙어 있는 은행 환전소가 보인다. 은행마다 환율에는 차이가 없으므로 아무 환전소나 가서 담당 직원에게 여권과 달러를 내고 환전하면 된다. 나중에 시내에서 환전할 수도 있지만 그때그때 필요한 경비를 미리 환전해 놓으면 여행하는 데 도움이 될 수 있다.

> **Tip 수하물을 못 찾았을 때!**
> 만약 수하물이 안 보이거나 늦게 나올 경우에는 수하물 분실 신고소(Baggage Claim)로 가서, 짐 부칠 때 받은 수하물 태그 제시하고 신고하면 된다. 신고소는 수하물 찾는 곳 바로 옆에 있어서 찾기 쉽다.

▶ 세관 통과
수화물을 찾으면 그 다음 차례가 바로 세관을 통관하는 것이다. 세관은 외국인과 현지인이 나가는 통로가 따로 구분되어 있다. 외국인이면 별도 심사 없이 보내 주는 경우가 대부분이다. 만약 신고 물품이 있을 경우에 별도로 신고해야 한다. 세관을 통과하면 바로 입국장으로, 은행 환전소와 손님들을 마중하러 나온 사람들이 대기하고 있는 모습이 보인다.

공항 출구

공항에는 출구가 하나밖에 없는데, 밖으로 나오면 손님을 태우러 온 차량 때문에 매우 복잡하다. 여기서 바로 시내로 이동하는 교통수단을 이용하면 된다.

> **Tip 공항 택시 타기**
> 공항 밖으로 나오면 택시 기사들이 저렴하게 택시를 타라면서 호객하는 경우가 많은데 주의해야 한다. 가능하면 공항에 등록되어 있는 공항 택시를 이용하는 것이 여러 면에서 편리할 수 있다.

스리랑카의 교통

스리랑카의 대표적인 대중교통은 기차, 버스, 택시, 그리고 뚝뚝(Tuk Tuk)이다. 그 밖에 대중교통은 아니지만, 편리한 교통수단으로 렌터카를 추가할 수 있다. 시내에서는 뚝뚝으로 이동하는 것이 가장 편리하고 저렴하다. 현지인들이 즐겨 이용하는 시내버스를 탈 수도 있지만, 스리랑카는 정류장이 제대로 설치되어 있지 않아 외국인이 버스를 이용하기가 쉽지 않다. 또한 택시는 길에서 쉽게 잡히지 않고, 전화를 해서 불러야 하는 콜택시이기 때문에 이용 빈도가 낮다. 시외로 나갈 땐 기차나 버스를 이용하게 되는데, 스리랑카는 도로 사정이 좋지 않아, 멀지 않은 거리인데도 꽤 많은 시간이 걸리는 편이다.

기차

콜롬보 포트 역

스리랑카에서 기차는 버스에 비해 노선이 많지 않다. 콜롬보 포트 역(Fort Railway Station)을 중심으로 동부, 북부, 남부로 가는 노선이 있는데, 지역에 따라 기차가 하루에 한 번 다니기도, 하루에 열 번 다니기도 한다. 여행자들이 가장 선호하는 구간은 캔디- 누와라 엘리야- 엘라로 이어지는 중부 산악 노선으로, 넘실대는 푸른 차밭이 한없이 펼쳐지는 경이로운 풍경을 감상할 수 있다. 버스를 이용하면 볼 수 없는 경치이므로, 이 구간은 반드시 기차를 이용하는 게 좋다. 스리랑카의 기차는 식민지 시절부터 사용해온 낡은 기차로, 무척 더디지만 낭만이 있다. 스리랑카의 전통 주전부리 '와데(Vade)'나 과일을 파는 상인들, 외국인을 반겨 주는 현지인들 속에 섞여 여행의 기분을 만끽할 수 있다. 기차는 1등석, 2등석, 3등석으로 나뉘는데, 좌석제가 아니기 때문에 표가 있어도 자리가 보장되진 않는다. 빈자리에 앉으면 거기가 내 자리가 된다.

❷ 좌석의 종류

1등석 침대칸
장거리로 운행하는 야간열차에는 침대칸이 있다. 주로 야간에 먼 거리를 이동하는 기차로, 밤에 출발하고 새벽에 도착한다. 현지인들에게는 예약률이 매우 높지만, 여행 일정이 짧은 여행자들은 이동 시간이 오래 걸려 선호하지 않는다.

1등석 관람칸
기차 맨 뒤에 유리창을 통해 경치를 관람할 수 있게 만들어 놓은 칸이다. 1등석은 좌석이 많지 않기 때문에 사전에 예약을 하지 않으면 표를 구하기가 어렵다. 주로 콜롬보-캔디 구간이나 캔디-나누오야, 캔디-하푸탈레 구간의 노선을 이용하는 여행객들이 많이 이용한다.

1등석 에어컨칸
기차에 에어컨 시설이 설치되어 있는 칸을 말한다. 스리랑카 기차에는 대부분 에어컨 대신 선풍기가 설치되어 있다. 미리 예약하는 경우에만 좌석을 구매할 수 있다.

2등석 칸
기차의 좌석은 대부분 2등석이다. 좌석이 정해져 있지 않으며, 먼저 타서 자리를 잡는 사람이 임자가 된다. 저렴해서 여행자들이 많이 이용하며 사전에 예약이 가능하다.

3등석 칸
스리랑카 서민들이나 2등급 좌석을 확보하지 못한 여행자들이 많이 이용하는 칸이다. 매우 저렴하지만 주말이나 출퇴근 시간이 겹치면 입석 승객이 많아 매우 북적거린다.

주요 지역별 운행 시간 및 요금

운행 구간	첫차	막차	이동 시간	요금(카운터)
콜롬보 - 캔디	05:55	17:45	3시간	1등석 800루피 2등석 190루피 3등석 105루피
콜롬보 - 바둘라	05:55	17:45	9시간	1등석 1,250루피 2등석 450루피 3등석 285루피
콜롬보 - 아누라다푸라	05:45	20:30	4시간 30분	1등석 1,000루피 2등석 370루피 3등석 240루피
콜롬보 - 폴론나루와	06:05	19:00	6시간 30분	1등석 1,250루피 2등석 420루피 3등석 265루피
캔디 - 나누오야	08:40	11:10	4시간 30분	1등석 1,000루피 2등석 150루피 3등석 80루피
콜롬보 - 갈레	06:35	17:55	3시간 30분	1등석 340루피 2등석 180루피 3등석 100루피

▶ 기차표 예매하기

기차표는 탑승일 45일 전부터 예약이 가능하다. 예약은 방문 예약이나 전화 예약으로 이루어진다. 방문 예약인 경우에는 전화하고 방문하는 것이 가장 확실하다. 1등석과 지정석은 사전에 예약하지 않으면 당일 표를 구매할 수 없다. 여행을 시작하기 전에 미리 해당 여행사나 호텔을 통해 알아보는 것도 좋은 방법이다. 2등석과 3등석은 당일 구매도 가능하지만 가끔 표가 매진되는 경우가 있으니 가능하면 미리 예약하거나 구매하는 것이 좋다.
전화로 예약할 때, 통신사가 다이얼로그(Dialog)인 경우에는 444번을 누르고, 모비텔(Mobitel)인 경우에는 365번을 누르고 예약하면 된다. 탑승 30일 전부터 전화로 Intercity/AC Intercity 기차를 예매할 수 있다. 표를 예매하면 승차권 요금, 예매 수수료, 세금이 포함된 총액이 휴대전화에 선불 충전된 금액에서 결제된다. 예약 후에 취소나 환불이 어렵기 때문에 신중하게 생각해서 예매해야 한다. 최대 5명까지 예약이 가능하다.

▶ 전화로 예약 가능한 구간

- 콜롬보 - 캔디
- 콜롬보 - 바둘라
- 콜롬보 - 자프나
- 콜롬보 - 바티칼로아
- 콜롬보 - 트링코말리
- 콜롬보 - 마타라
- 라자다니(Rajadhani) : 콜롬보-캔디/바둘라/마타라

▶ 예약이 가능한 기차역

역 이름	전화번호	근무 시간 (예약 카운터)
콜롬보 포트	011-243-2908	06:00~12:00 12:30~14:00
캔디	081-222-2271	08:00~16:00
바둘라	055-222-2271	동일
아누라다푸라	025-222-2271	동일
와우니아	024-222-2271	동일
자프나	021-222-2271	동일

캔디 버스 터미널

버스

버스의 종류

스리랑카 여행을 하기에 가장 좋은 교통수단은 버스다. 버스는 일반적으로 국영 버스와 사설 버스로 나뉘고, 냉방 유무에 따라 일반 버스와 에어컨 버스로 나뉜다. 국영 버스와 사설 버스의 차이는 국가에서 운영하느냐, 개인이 운영하느냐의 차이이고 운임이나 서비스에 큰 차이는 없다.

일반 버스는 보통 쉰 명 이상이 탈 수 있는 대형 버스로 냉방이 되지 않아 창문이나 버스 문을 활짝 열고 달리며, 시내나 복잡한 구간에서 매연으로 불편을 겪는 경우가 많다. 에어컨 버스는 봉고차 크기의 소형차로 냉방이 되기 때문에 버스 요금이 조금 더 비싸다. 최근엔 에어컨이 장착된 대형 버스가 하나둘 나오고 있는데, 앞 유리에 'A/C'라고 적혀 있으니 참고하면 된다.

시내버스와 장거리 버스

시내버스는 새벽 5시부터 밤 10시까지 운행하고 있다. 버스 요금은 거리에 따라 달라지는데, 일반 버스는 10~100루피로 가까운 거리를 이동할 수 있다.

장거리 버스의 경우, 한국처럼 출발지에서 목적지까지 한 번에 가는 것이 아니고, 도중에 사람들을 계속 내려 주고 태워서 시간이 좀 지체되는 면이 있다. 버스표를 따로 살 필요 없이, 버스에 탄 뒤 차장에게 직접 구입하면 된다. 요금은 100~600루피 사이로 매우 저렴해서, 우리돈 몇천 원이면 웬만한 곳은 다 갈 수 있다. 콜롬보 센트럴 터미널에서 심야 버스도 운행되는데, 모든 도시로 운행하지는 않으며 일부 도시로 새벽까지 운행한다.

뚝뚝

뚝뚝(Tuk Tuk, Three Wheel)은 오토바이를 개조해 만든 삼륜 택시로, 보통 시내에서 이동할 때 많이 이용한다. 뚝뚝은 어디서나 타고 내릴 수 있으며, 하루 동안 대절해서 다닐 수도 있어 여행자들이 가장 선호하는 교통수단이다. 미터기를 달고 있는 뚝뚝(Metered Taxi)도 있지만, 타기 전에 흥정을 통해 운임을 정하고 이용하는 게 일반적이라서 바가지를 씌우는 경우도 많다. 승객이 현지인일 경우, 기본 요금(1km)은 50루피, 추가로 1km 지날 때마다 30루피를 더한다. 그러나 승객이 외국인일 경우 요금을 조금 올려 받는데, 1km에 100루피, 2km에 150루피 정도로 흥정하면 적당하다. 하루 동안 대절하는 비용(기사 포함)은 약 2,000루피다.

미터 택시

스리랑카에서는 택시를 길에서 잡을 수 없고, 택시 회사에 직접 전화를 해서 불러야 한다. 즉, 콜택시만 존재하는 것이다. 호텔에서 출발할 경우 호텔 택시를 이용할 수 있으나, 요금이 일반 콜택시에 비해 매우 비싼 편이다. 콜택시를 부르면 약 10~15분 정도 소요되며, 요금은 미터제이기 때문에 별도의 흥정은 필요 없다. 스리랑카에서 가장 규모가 큰 콜택시 회사인 캥거루 캡스(Kanagroo Caps)와 버짓 택시(Budget Taxi) 등이 유명하며, 공항 픽업에서부터 시내 관광, 도시 간 이동 시에 이용할 수 있다.

캥거루 캡스(Kanagroo Cabs)

전화 112-588-588
홈페이지 www.2588588.com(온라인 예약 가능)

시내 요금

종류	승용차
기본 요금	72루피(1km)
추가 요금	1km당 72루피
대기 요금	1분당 5루피
전화번호	112-588-588

장거리 요금

출발	도착	요금(편도)
국제공항	콜롬보 센트럴 터미널	2,300루피
국제공항	캔디	7,500루피
국제공항	네곰보	600~800루피
국제공항	아누라다푸라	12,300루피
국제공항	시기리야	10,600루피
국제공항	폴론나루와	14,300루피
국제공항	남해안(히카두와)	10,400루피
국제공항	누와라 엘리야	11,200루피

버짓 택시(Budget Taxi)

홈페이지 www.budgettaxilk.com

종류	미니카 (2인승)	승용차 (3인승)	봉고차 (6인승)	툭툭 (2인승)
기본 요금	100루피 (2km)	300루피 (5km)	500루피 (8km)	50루피 (1km)
추가 요금	1km당 45루피	1km당 60루피	1km당 60루피	1km당 30루피
대기 요금	1분당 5루피	동일	동일	동일
전화번호	117-299-299			

렌터카

렌터카 업체는 차량만 대여하기도 하고, 운전사까지 함께 고용하는 일종의 택시 서비스도 운영한다. 국제 운전면허증이 있다면, 공항에서 렌터카를 빌려 직접 운전을 하면서 여행을 할 수도 있지만 알아 둘 점이 있다. 스리랑카는 중앙선이 무색할 만큼 중앙선을 넘어 추월하는 경우가 잦고, 전반적으로 운전을 거칠게 하므로 웬만한 운전 실력을 가진 사람이 아니고서는 직접 운전하는 것이 쉽지 않다. 게다가 스리랑카에서 차량 사고가 나면, 본인 과실이 없더라도 쌍방 과실로 처리되는 경우가 많아 상대방으로부터 보상을 기대하기 어렵다. 또한 영국식 교통 체계를 사용해, 운전자 좌석이 오른쪽에 있고 중앙선을 오른쪽으로 끼고 주행하게 되어 있어 섣불리 차량을 빌리면 그때부터 고행이 시작될 수 있다.

따라서 비용이 조금 들더라도 안전하게 운전기사까지 함께 고용하는 것이 좋다. 일반적으로 운전기사들은 그 지역 지리에 정통해서 신속하게 여러 관광지를 둘러볼 수 있다. 운전사가 포함된 택시 서비스는, 콜롬보 공항이나 콜롬보 시내 여행사에서 어렵지 않게 이용할 수 있다.

공항의 렌터카 부스

귀국하기

공항 도착

여행 일정을 마치면, 처음 스리랑카에 도착했을 때 공항에서 시내로 나오면서 이용했던 교통편을 거꾸로 이용하면 된다. 택시나 호텔 차량을 이용하는 것이 편리하며, 출국하기 2시간 전에는 공항에 도착해야 한다. 반다라나이케 국제공항은 입장장과 출국장이 조금 떨어져 있다. 공항 입구에서 여권과 항공권을 보여 주고 안으로 이동하면 된다. 스리랑카는 공항 입구와 공항 안에서 두 번 보안 검사를 한다.

탑승 수속

해당 항공사의 카운터에 가서 여권과 전자 항공권을 제시한다. 여기서 수하물을 부치고 탑승권을 받으면 탑승 수속이 끝난다.

출국 심사

항공사 수속을 마치면 출국 심사 카운터로 이동한다. 중간에 공항 직원이 탑승권과 여권을 한 번 확인한다. 예전에는 외국인도 출국 신고서를 작성했는데 지금은 별도로 신고서를 작성하지 않고 바로 심사 카운터로 가면 된다. 출국 심사를 받고 한 층 올라가면 바로 공항 면세점이 보인다.

비행기 탑승

남는 시간에 면세점에서 쇼핑을 하다가 탑승 게이트로 이동한다. 보통은 출발 30분 전부터 탑승을 시작하니, 미리 탑승 시간과 게이트 번호를 확인하고 늦지 않게 게이트에 도착해야 한다. 게이트에서 다시 한 번 소지품 검사를 하는데 검사를 마치면 승무원에게 탑승권을 제시하고 확인을 받고 대기 장소로 이동해서 기다리면 된다.

한국 입국

한국에 입국하면 입국 심사 카운터에서 입국 심사를 받고 짐을 찾으면 된다. 특히 기내에서 받은 세관 신고서를 미리 작성해서 가지고 있으면 세관을 통과할 때 편리하다. 면세 한도 $600이 넘으면 자진해서 세관 신고를 해야 한다. 신고를 하지 않거나, 반입 금지된 물품들을 반입하는 경우에는 처벌 대상이 될 수 있으므로 꼼꼼히 확인하고 신고서를 정확히 작성해야 한다. 세관을 통과하면 쉽게 입국장을 찾을 수 있다.

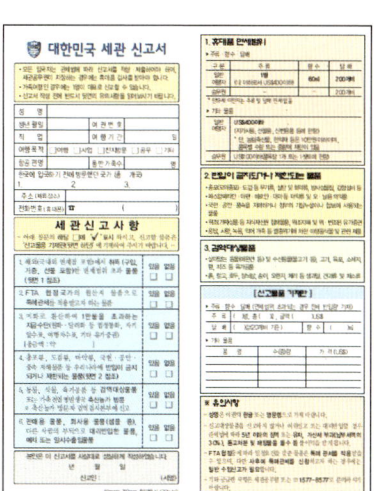

여행 안전 SOS

긴급 연락처

스리랑카 여행 중에 긴급 상황이 발생한 경우 아래 번호로 전화를 걸어 도움을 요청하면 된다. 콜센터 직원들은 대부분 영어가 능통해서 여행자가 원하는 내용을 영어로 전달받을 수 있다.

▶ 신고 전화
- 경찰 011-243-3333 / 119
- 화재 011-242-2222 / 111
- 앰뷸런스 011-237-744 / 110
- 사고신고 011-269-1111
- 인포메이션 센터 1919

▶ 주 스리랑카 대한민국 대사관
- 주소 No 98, Dharmapala Mawatha, Colombo 07
- 전화 011-269-9036~8
- 팩스 011-269-6699
- 메일 korembsl@mofa.go.kr (공관 공용 메일), consulsl@mofa.go.kr (영사과 민원 메일)
- 홈페이지 lka.mofa.go.kr
- 근무시간 08:30~16:30 (점심 시간 12:00~13:30)

※ 근무 시간 외에 긴급한 용무(사건, 사고)가 있을 시, 긴급 전화(077-736-4431)를 이용.

여권 분실

스리랑카 여행 중에 여권을 분실하거나 도난당하면 인근 경찰에 신고해서 분실 및 도난 증명서(Police Report)를 발급받아야 한다. 시간적인 여유가 있는 경우 새 여권을 발급받을 수 있지만 그렇지 않을 경우 임시 여행 증명서를 발급받아야 한다. 여행 증명서는 주 스리랑카 대사관에서 발급받을 수 있다.

여권 및 여행 증명서 발급 절차
- 인근 경찰서에 여권 분실 신고를 한 후 분실 및 도난증명서(Police Report) 발급.
- 발급받은 분실 및 도난 증명서를 지참하고 대사관에 여권 분실 신고.
- 여권 발급을 기다릴 시간적 여유가 없을 때는 여행 증명서 신청. (구비 서류: 신청서, 사진 2매, 구여권 사본, 이티켓 사본)
- 여권 발급을 기다릴 시간적 여유가 있을 때는 여권 발급 신청. (구비 서류: 신청서, 사진 2매, 구여권 사본)

소지품 분실

스리랑카에서 가방이나 지갑을 분실하거나 도난당한 경우 가장 먼저 가까운 경찰서에 신고해야 한다. 신용카드가 분실된 경우 한국에 있는 카드 회사에 전화해서 카드를 정지시킨다. 여행자 보험에 가입한 여행객이라면 나중에 보험 회사에서 보상을 받기 위해서는 반드시 현지 경찰서에서 분실 및 도난 증명서를 발급받아야 한다.

▶ 신용카드 분실 신고
- 롯데카드 1588-8300 (해외: 82-2-2280-2400)
- 비씨카드 1588-4515 (해외: 82-2-330-5701)
- 삼성카드 1588-8900 (해외: 82-2-2000-8100)
- 신한카드 1544-7200 (해외: 82-2-1544-7000)
- 씨티카드 1544-1000 (해외: 82-2-2004-1004)
- 우리카드 1588-9955 (해외: 82-2-2169-5001)
- 하나카드 1800-1111 (해외: 82-2-3489-1000)
- 현대카드 1577-6200 (해외: 82-2-3015-9000)
- 국민카드 1588-1688 (해외: 82-2-6300-7300)

▶ 숙소에서의 분실 및 도난
호텔에 묵을 때는 귀중품, 지갑, 카메라 등을 반드시 금고에 보관해야 한다. 게스트 하우스나 작은 숙소에서 머무르는 여행객들은 여행 가방을 잘 잠가야 한다. 호텔에서 물품이 분실되거나 도난당한 경우에 안내 데스크 직원에게 먼저 알리고 경찰에 신고해야 한다. 호텔이 아닌 게스트 하우스나 작은 숙소라면 숙소 주인에게 도움을 받아 경찰에 신고해야 한다. 여행자 보험에 가입한 여행객들은 분실되거나 도난당한 물품에 대한 보상을 받기 위해 분실 및 도난 증명서를 현지 경찰서에서 발급받도록 한다.

질병 & 부상

스리랑카에는 종종 전염병이 돌기도 하므로 위생에 유의해야 한다. 여행 중에 이상한 병의 증세가 나타난 경우 급히 의료 기관을 방문해야 한다. 지역별로 무료 병원들이 있지만 시설이 열악하거나 대기 시간이 많이 걸려 여행자들이 이용하기에는 불편함이 크다. 만약 부상을 당한 경우에 110로 전화를 해서 도움을 요청한다.

◉ 외국인이 많이 이용하는 콜롬보의 종합 병원

나왈로카 병원(Nawaloka Hospital)
주소 No 23, Deshananwa H. K. Dharmadasa Mawatha, Colombo 02
전화 011-230-4446

아시리 병원(Asiri Hospital)
주소 No 181, Kirula Road, Colombo 05
전화 011-250-0608

찾아보기
INDEX

- Sightseeing
- Shopping
- Restaurant & Cafe
- Hotel & Resort

Sightseeing

갈 비하라	134
갈레 국립 박물관	233
갈레 도서관	234
갈레 등대	235
갈레 요새	235
갈레 페이스 그린	65
갈포타 석장경	132
강가라마야 사원	74
거울 벽	139
고고학 박물관	166
과일 시장	194
국립 미술관	73
국립 박물관	72
국립 해양 박물관	234
그랜드 모스크	81
그레고리 호수	192
나타 데발라야 사원	166
네곰보 석호	100
네곰보 어시장	98
네곰보 해변	99
네덜란드 개신교회	233
네덜란드 박물관	70
누와라 엘리야 시티 투어	194
누와라 엘리야 우체국	192
누와라 엘리야 중앙 시장	194
니산카 라타 만다파야	131
닐라벨리 해변	154
다나 살라와	115
다나자 보석 박물관	208
담불라 석굴 사원	137
더치 호스피탈	66
데히왈라 동물원	82
독립 기념관	77
디바 구하와 석굴 사원	210
디야카와 워터 스포츠 센터	250
라이언 플랫폼	140
라자 코끼리 박물관	165
라트나푸라 보석 장터	208
라트나푸라 시장	209
란카틸라카 비하라	133
란콧 비하라	132
러버스 립	151
로하 프라사다	109
루완웰리세야 대탑	109
마두마 반다라 동상	165
마하세야 대탑	115
마히양가나야 불탑 사원	185
마힌다 스님의 석굴	117
문스톤	112
물·돌·테라스 정원	139
물의 공원	80
미란 모스크	234
미리사바티야 다고바	113
미인도	139
미힌탈레	114
민네리야 국립 공원	141
바타다게	130
반다라나이케 기념관 & 국제 회의장	77
베다족 마을	186
베루왈라 해변	249
베이라 호수	76
베이커 폭포	198
벤토타 강 보트 사파리	250
벤토타 해변	249
보리수	219
분달라 국립 공원	222
불치사	163
불치사 박물관	163
비하라마하데비 공원	72
빅토리아 공원	193
사마디 불상	111
사트마할 프라사다	132
사푸말 재단 갤러리	79
삼보디 사원	74
석굴 좌상	134
성 루시아 대성당	67
성 마리아 성당	152
성 마리아 성당	100
성 피터 교회	80
세계 무역 센터	66

세계 불교 박물관	167	좌상	134
세상의 끝	198	카타라가마 사원	218
스리 마하 보리수	108	카티레산 사원	68
스리 파다	210	칸 시계탑	68
스와미 록	150	칸데 엘라 호수	197
스틸트 피싱	237	칼리 사원	153
시기리야	138	캔디 국립 박물관	167
시기리야 왕궁	140	캔디 왕궁	162
시마 말라카 사원	75	캔디 중앙 시장	168
시바 데발레	129	캔디 호수	162
신하라자 포레스트 국립 공원	211	캔디안 댄스	168
실론 워터 스포츠 센터	236	켈라니야 사원	81
싱하 포쿠나	115	코네스와람 사원	151
아누라다푸라 고고학 박물관	108	콜롬보 시청	73
아라다나 갈라	116	콜롬보 시티 투어	82
아리야팔라 가면 박물관	251	쿠마라 포쿠나	129
아바야기리 다고바	111	쿠탐 포쿠나	110
아바야기리 박물관	112	쿼드랭글	130
아우카나 대불	76	키리 비하라	133
아우카나 대불	117	키리 비하라	219
아타다게	131	투파라마 다고바	110
알루비하라 석굴 사원	170	투파라마 사원	130
암바스탈라 대탑	116	트링코말리 해변	150
암베웰라 목장	197	티방카 이미지 하우스	136
야데히물라 거리	237	팃사 호수	220
얄라 국립 공원	221	팃사마하라마 사원	220
연꽃 연못	135	파라크라마 바후 1세 입상	136
열반상	135	파라크라마 바후의 회의장	128
우나와투나 해변	236	파라크라마 호수	127
우다왈라웨 국립 공원	212	파시쿠다 해변	149
우다왈라웨 코끼리 고아원	212	페라데니야 식물원	170
울벤달 교회	67	페타 수상 시장	71
원주민 문화유산 박물관	186	페타 시장	69
이수루무니야 보물관	114	포세이돈 다이빙 스테이션	253
이수루무니야 사원	113	포트 프레드릭	152
인두루와 바다거북 보호 센터	251	포트굴 비하라	136
입상	135	폴론나루와 고고학 박물관	127
자미 울 알파르 사원	71	폴론나루와 왕궁	128
제타바나 다고바	107	피전 아일랜드 국립공원	154
제타바나 박물관	107	핀나왈라 코끼리 고아원	169
제프리 바와 박물관	78	하타다게	131

학갈라 식물원	196
호튼 플레인스 국립공원	198
홍차 공장 견학	195
히델라나 홍차 공장 견학	209
히카두와 해변	253

Shopping

노리다케 시티 스토어	87
노리다케 공장 아웃렛	174
단코투와	87
더 스리	239
독립 광장 아케이드	84
디에스아이	87
락샬라	85
락샬라	172
리버티 플라자	86
믈레즈나 티 센터	173
바타	87
베어풋	84
사프론 로브스	239
사프론 로브스	255
실론티 세일 센터	86
아예샤 패션 & 크래프트	254
오델	86
오파니마 쥬얼리 숍	173
이시니 주얼리 숍	173
채팔론 티 센터	254
캔디 시티 센터	171
캔디안 예술 & 공예품 센터	172
캔디안 예술 협회 & 문화 센터	171
케이케이	238
코 랑카	84
코끼리 똥 페이퍼 숍	174
크레스킷 블러바드	85
하우스 오브 패션	85

Restaurant & Cafe

골든 그릴 레스토랑	257
그랜드 인디언	199
그랜드 커피 바	199
그랜드 타이	200
내추럴 커피	175
노르딕 하우스	259
다인 모어	89
더 갤러리 카페	90
더 빌라 카페	257
더 포트 프린터스	241
더 헤리티지 카페	242
돌체 비타	101
디다스 아라나	142
라자 보준	88
리프레시	225
리프레시 비치 레스토랑	258
마마스	260
마창	260
말리 씨푸드 레스토랑	257
망고 망고	118
망고 트리	88
맨해튼 피시 마켓	91
믈레즈나 티 라운지	175
미니스트리 오브 크랩	90
밀라노	200
바리스타 라바짜	243
바이브레이션 뮤직 바	260
시 피시 레스토랑	91
시데비 패밀리 레스토랑	119
아예샤 레스토랑	256
엠파이어 카페	176
오리지널 로켓 버거	243
워커스	118
일 젤라토 카페	240
잭 트리	89
제이엘에이치 비치 레스토랑 & 바	259
카세롤 레스토랑	119
카페 아로마 인	176
칸두리	256

캔디안 아츠 레지던시	177
캘로리언 레스토랑	225
크레이프-알러지	240
타운하우스 바이 앤 코	89
페들러스 인 젤라토	242
페들러스 인 카페	241
페레라 &선즈	258
화이트 하우스	177

Hotel & Resort

갈레 페이스 호텔	92
갈레 포트 호텔	244
그랜드 호텔	201
글로리아 그랜드 호텔	244
누와라 엘리야 골웨이 포레스트 로지	203
누와라웨와 레이크사이드	120
님 빌라스	227
더 그랜드 캔디안 호텔	180
더 레이크 하우스 호텔	143
더 레이크 호텔	144
더 사파리 호텔	227
더 서프 호텔	264
더 킹스버리 호텔	93
더 팜스 호텔	262
데잔 비치 카바나스	264
디다스 아라나	144
디어 파크 호텔	145
라자라타 호텔	120
란디야 호텔	121
랜드홀리 럭셔리 리조트	180
레이크 세레니티 부티크 호텔	213
로얄 힐즈	203
리프레시 호텔	267

마운트 브리즈 호텔	93
마하웰리 리치 호텔	181
만다라 로젠 호텔	226
말루 말루 리조트 앤 스파	155
바버린 비치 아유르베다 리조트	261
비반타 바이 타지	264
수두 아랄리야 호텔	143
시 뷰 비치 호텔	245
시나몬 시타델	181
시달레파 아유르베다 헬스 리조트	265
시트러스 호텔	266
아랄리야 그린 힐즈	202
아바니 벤토타 리조트 & 스파	263
아벤라 비치 호텔	266
아연이네	93
오조 호텔	92
오조 호텔	178
오크레이 서머 힐즈 브리즈	203
워커스 파라디소	121
입실론 투어리스트 리조트	262
제트윙 세인트 앤드류스	202
지리테일 호텔	145
찬드리카 호텔	226
카페 아로마 인	178
코럴 샌즈 호텔	266
퀸즈 호텔	179
클럽 벤토타	263
키탈라 리조트	227
킹피셔 호텔	245
타프로반 비치 하우스	245
틸랑카 호텔	181
판다누스 비치 리조트 & 스파	265
페들러스 인 호스텔	244
헤리턴스 아유르베다 마하 게다라	261
호텔 스위스	179
히카 트랜즈 바이 시나몬	267

여행을 즐기는 가장 빠른 방법

ENJOY TRAVEL

인조이
스리랑카
SRI LANKA

빛걸음따라 · 김시온 지음

휴대용 여행 가이드북

넥서스BOOKS

인조이 **스리랑카**
휴대용 여행 가이드북

스리랑카 전도

콜롬보

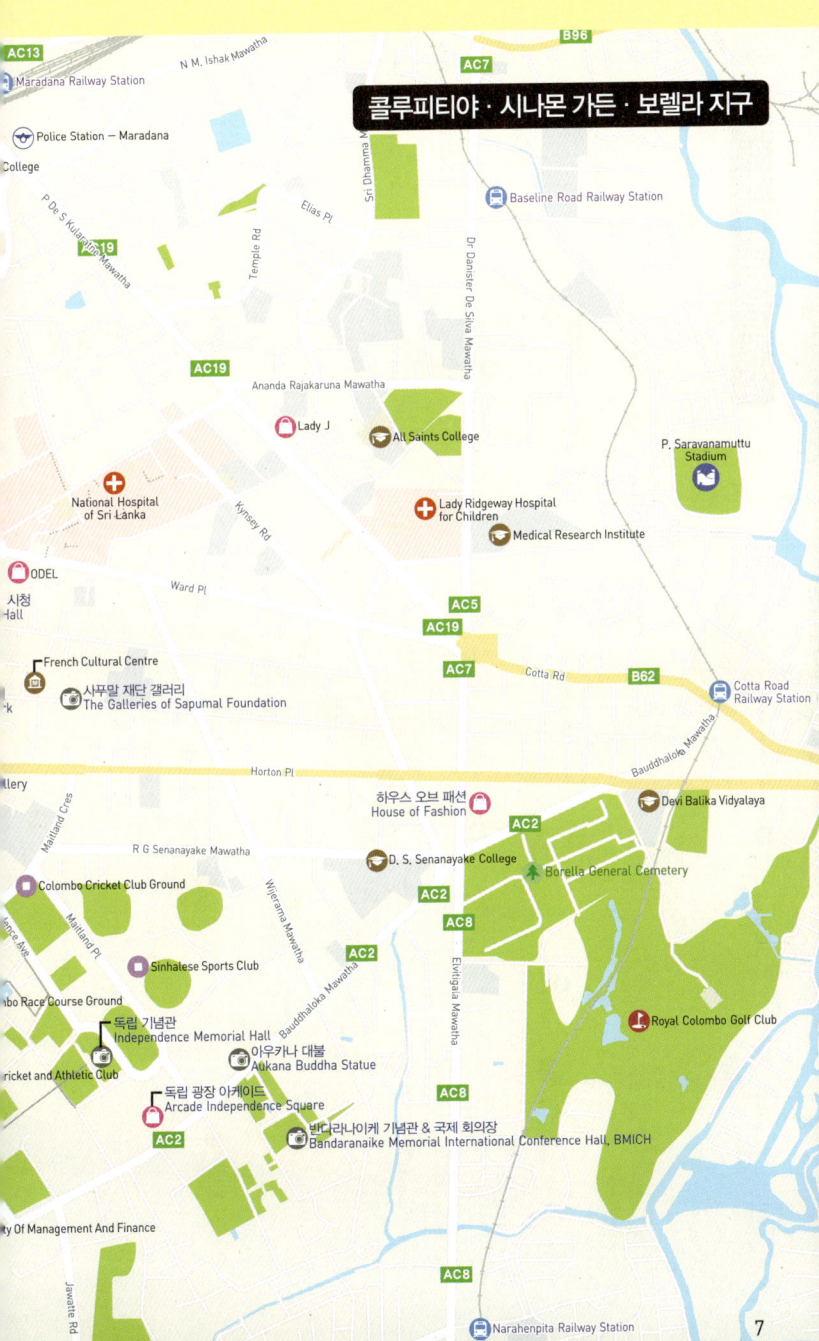

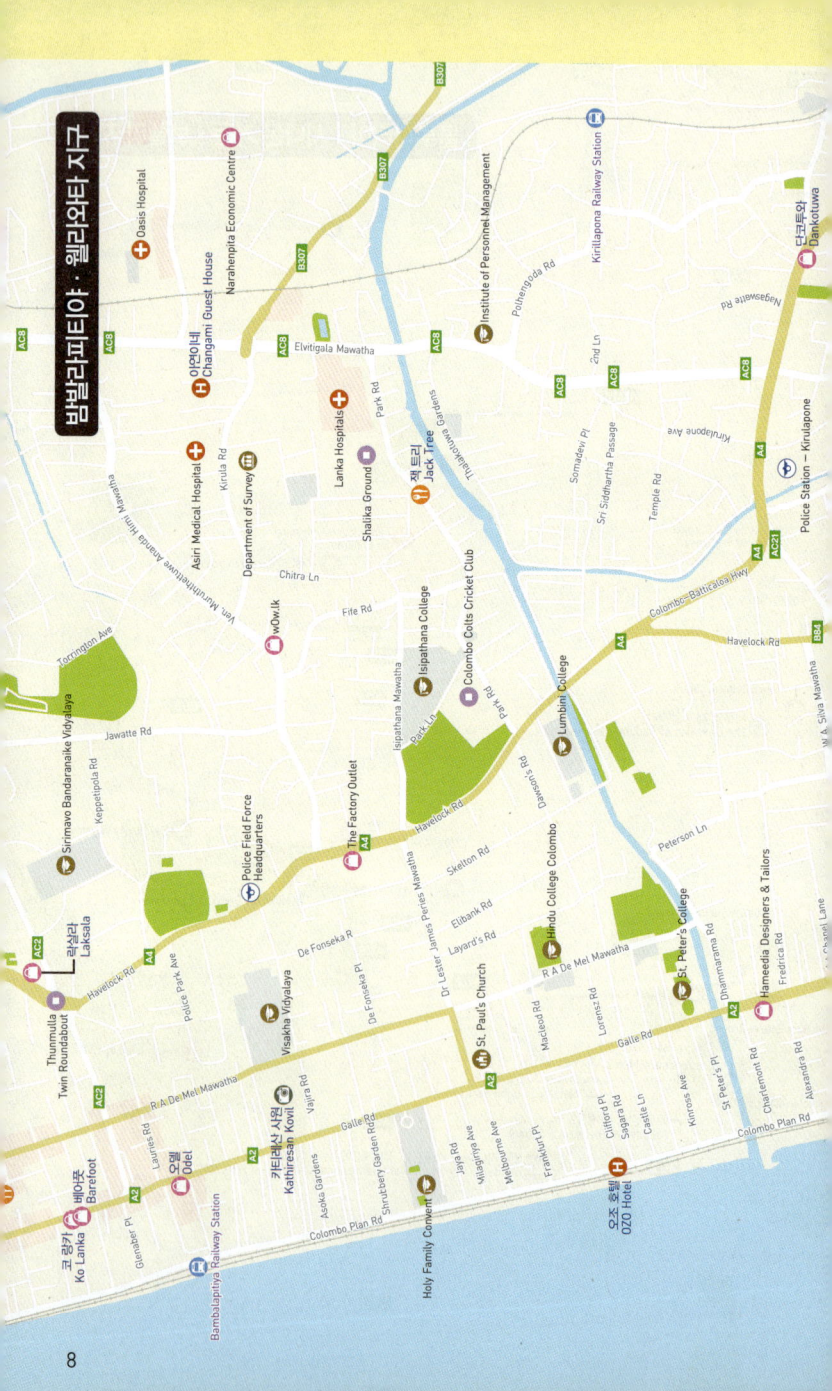

네곰보

아누라다푸라

동부 해안

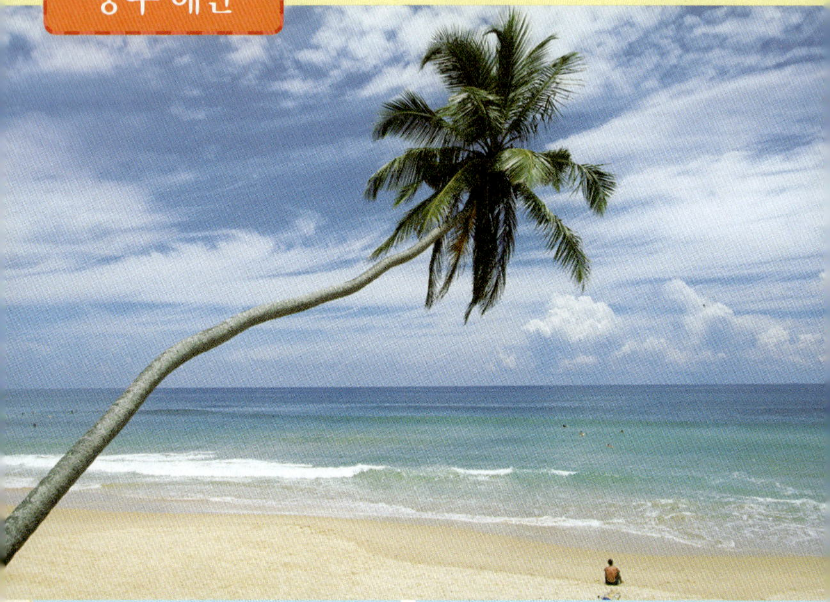

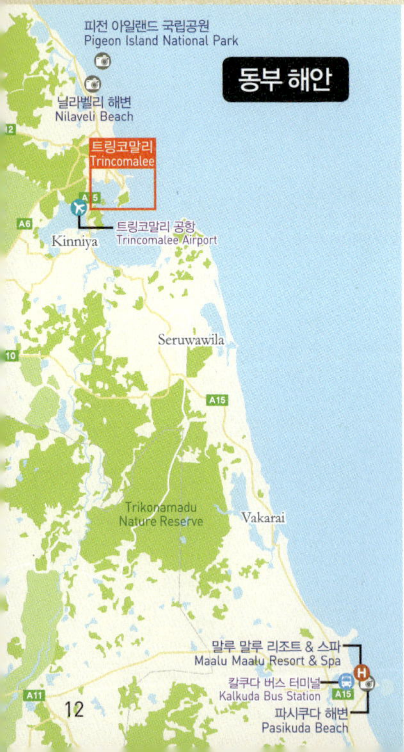
동부 해안
피전 아일랜드 국립공원
Pigeon Island National Park
닐라벨리 해변
Nilaveli Beach
트링코말리
Trincomalee
트링코말리 공항
Trincomalee Airport
Kinniya
A6
A15
Seruwawila
Trikonamadu
Nature Reserve
Vakarai
말루 말루 리조트 & 스파
Maalu Maalu Resort & Spa
칼쿠다 버스 터미널
Kalkuda Bus Station
파시쿠다 해변
Pasikuda Beach
A11

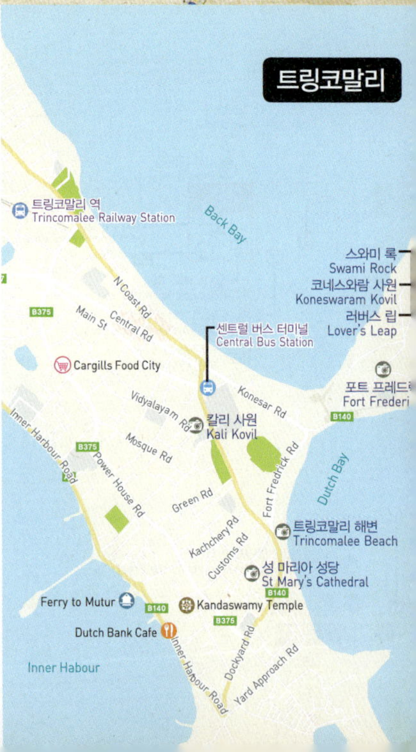
트링코말리
트링코말리 역
Trincomalee Railway Station
Back Bay
스와미 록
Swami Rock
코네스와람 사원
Koneswaram Kovil
러버스 립
Lover's Leap
N Coast Rd
Main St
Central Rd
B375
센트럴 버스 터미널
Central Bus Station
Cargills Food City
포트 프레드
Fort Frederi
Konesar Rd
B140
Vidyalayam Rd
칼리 사원
Kali Kovil
Mosque Rd
Inner Harbour Road
Power House Rd
Fort Fredrick Rd
Dutch Bay
Green Rd
Kachchery Rd
Customs Rd
트링코말리 해변
Trincomalee Beach
성 마리아 성당
St Mary's Cathedral
Ferry to Mutur
Kandaswamy Temple
Dutch Bank Cafe
Inner Habour
Dockyard Rd
Yard Approach Rd

캔디

캔디 전도

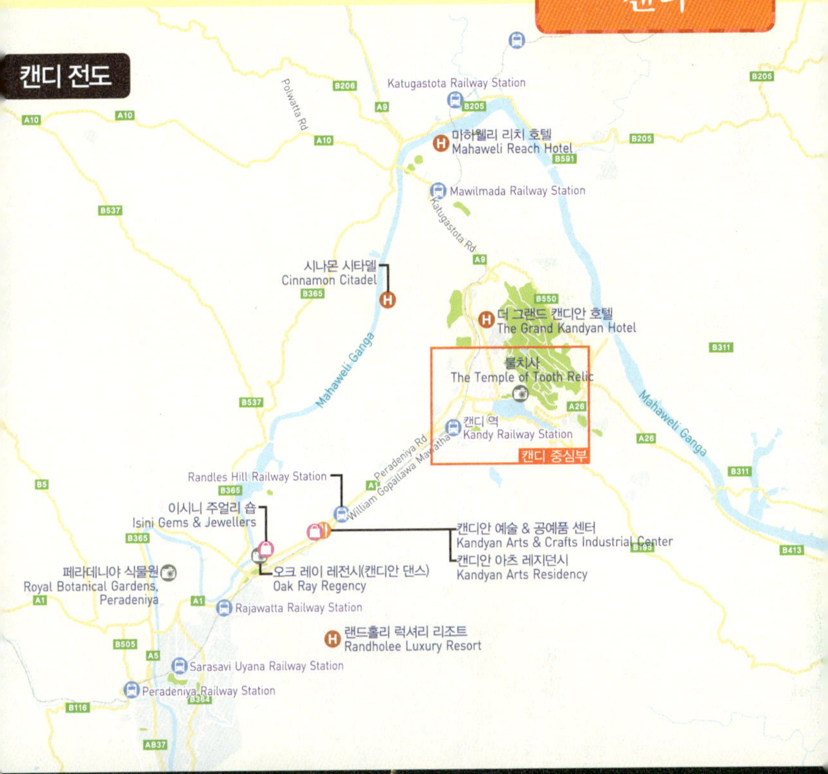

- Katugastota Railway Station
- 미하웰리 리치 호텔 / Mahaweli Reach Hotel
- Mawilmada Railway Station
- 시나몬 시타델 / Cinnamon Citadel
- 더 그랜드 캔디안 호텔 / The Grand Kandyan Hotel
- 불치사 / The Temple of Tooth Relic
- 캔디 역 / Kandy Railway Station
- 캔디 중심부
- Randles Hill Railway Station
- 이시니 주얼리 숍 / Isini Gems & Jewellers
- 캔디안 예술 & 공예품 센터 / Kandyan Arts & Crafts Industrial Center
- 캔디안 아츠 레지던시 / Kandyan Arts Residency
- 페라데니야 식물원 / Royal Botanical Gardens, Peradeniya
- 오크 레이 레전시(캔디안 댄스) / Oak Ray Regency
- Rajawatta Railway Station
- 랜드홀리 럭셔리 리조트 / Randholee Luxury Resort
- Sarasavi Uyana Railway Station
- Peradeniya Railway Station

13

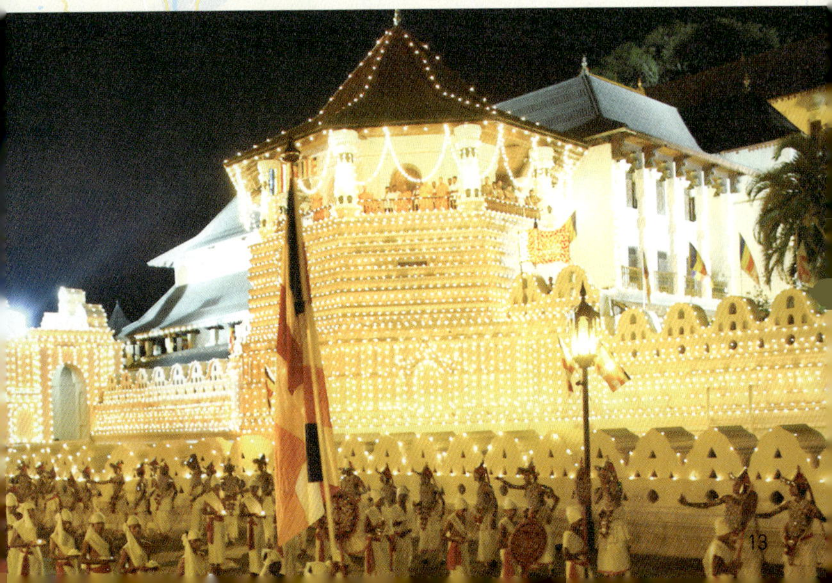

누와라 엘리야

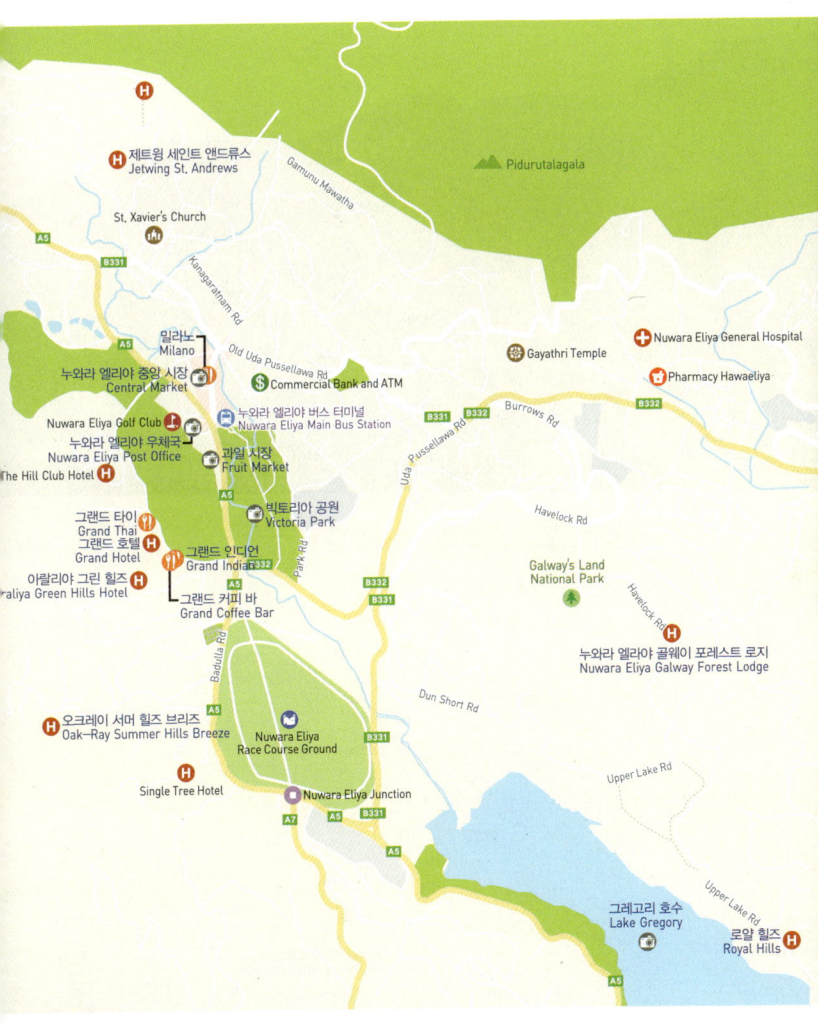

라트나푸라

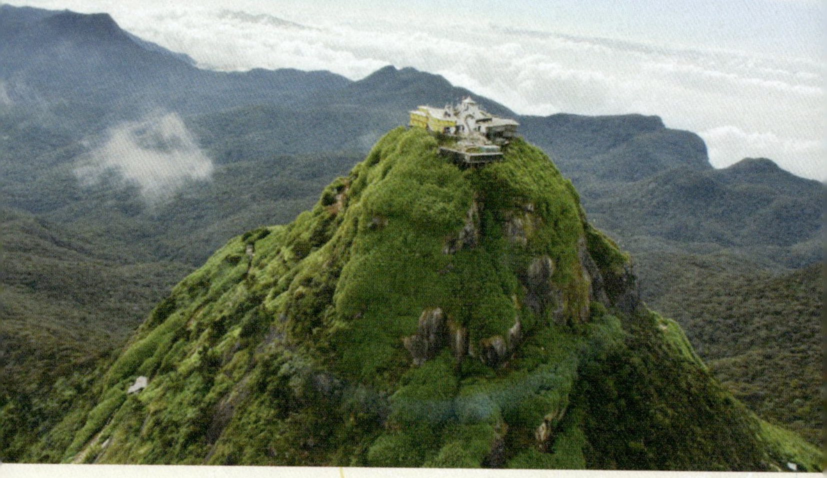

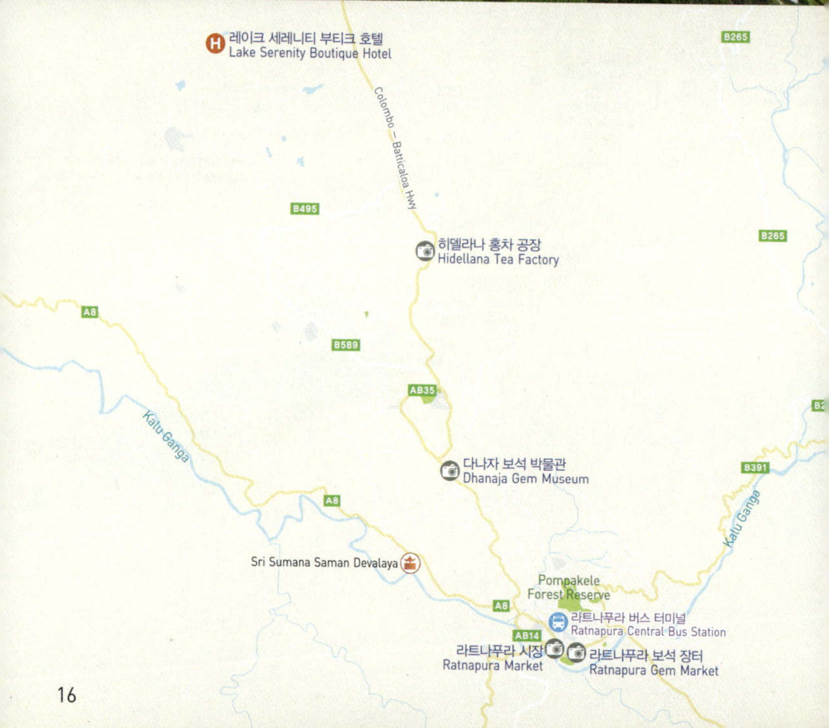

레이크 세레니티 부티크 호텔
Lake Serenity Boutique Hotel
B265
Colombo – Batticaloa Hwy
B495
히델라나 홍차 공장
Hidellana Tea Factory
B265
A8
B589
AB35
Katu Ganga
다나자 보석 박물관
Dhanaja Gem Museum
B391
A8
Katu Ganga
Sri Sumana Saman Devalaya
Pompakele
Forest Reserve
A8
라트나푸라 버스 터미널
Ratnapura Central Bus Station
AB14
라트나푸라 시장
Ratnapura Market
라트나푸라 보석 장터
Ratnapura Gem Market

카타라가마

갈레

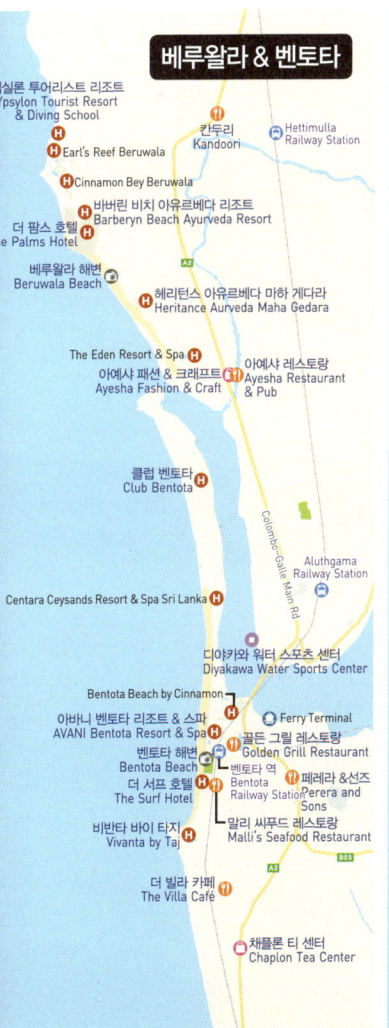

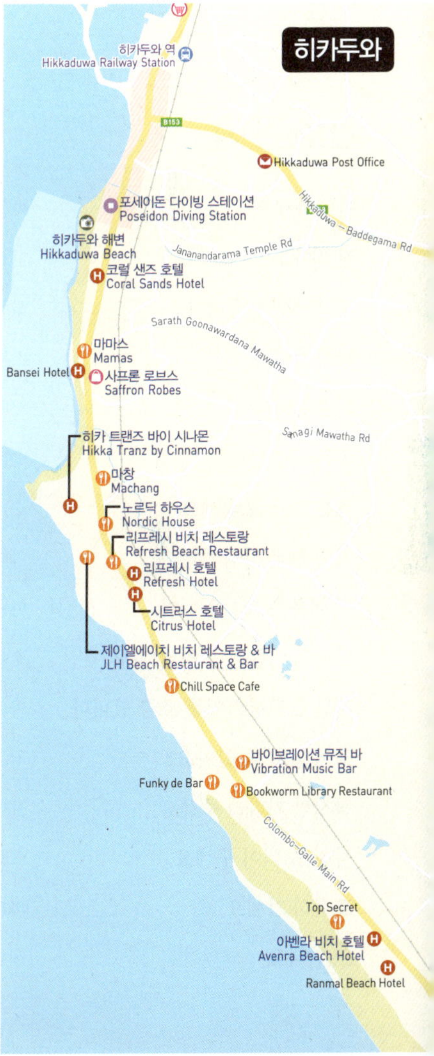

스리랑카어 회화

간단한 인사

안녕하세요!	아유보완
잘 지내요?	고호마더
만나서 반갑습니다.	하무위머 사뚜닥
감사합니다.	스뚜디이
죄송합니다.	사마웬너
좋은 아침입니다.	수버 우데사낙
좋은 하루 보내세요.	수버 다와삭
저는 한국 사람입니다.	마머 코리얀
제 이름은 ○○입니다.	마게 나머 ○○
당신의 이름은 무엇입니까?	오야게 나머 모각더?
저는 스리랑카어를 조금 합니다.	마터 싱할라 보딱 풀루완
영어를 할 줄 알아요?	잉그리시 풀루완더?
잠시만 기다려 주세요.	보딱 인너
사진 좀 찍어 주세요.	포토(Photo) 에깍 가하라 덴너
조심히 가세요.	파리싸민 얀너
또 만나요.	내워터 하무웨무

식당에서

자리 있어요?	이더 티예나와더?
메뉴판 주세요.	메뉴(Menu) 에꺼 덴너
밥에 기본 반찬이 있어요?	라이스 앤 커리(Rice & curry) 티예나와더?
다른 것 또 뭐 있나요?	웬너 모나와더 티엔네?
볶음밥 2인분 주세요.	프라이드 라이스(Fried rice) 데각 덴너
맥주 있어요?	비여르(Beer) 티예너와더?
맵지 않게 해 주세요.	쌔러 아두웬 덴너 / 미리스 보딱 단너
소금 조금 넣어 주세요.	루누 보딱 단너
정말 맛있어요.	고딱 라싸이
얼마예요?	기여더?
카드로 계산할 수 있어요?	카드(Card) 풀루완더?
계산서 주세요.	빌(Bil) 에꺼 덴너
화장실이 어디에요?	토일럿(Toilet) 에꺼 꼬헤더?

길 묻기

여기가 어디입니까?	메터너 고혜더?
○○ 어디에 있습니까?	○○ 꼬헤더 디엔네?
○○는 어떻게 갑니까?	○○더 꼬호머더 얀네?
많이 멉니까?	고딱 두라이더?
길 알려 주세요.	파러 기여러 데너?
~까지 얼마나 멀어요?	~더 고짜라 두라이더?

택시에서

호텔에 가고 싶어요.	호텔(Hotel) 에거터 얀너 오너
이 주소로 가 주세요.	메 애드러스(Adress) 에거터 얀너
○○ 까지 얼마예요?	○○ 터 끼여더?
비싸요.	가너 웨디이
멀어요?	두라이더?
가까워요?	랑가이더?
조금 깎아 주세요.	보딱 아두그란너
천천히 가 주세요.	히민 얀너
빨리 가 주세요.	익머너터 얀너
우회전해 주세요.	다꾸너터 하라완너
좌회전해 주세요.	와마터 하라완너
직진해 주세요.	게린머 얀너
여기서 멈춰 주세요.	메터너 나터러 그란너
에어컨 틀어주세요.	에시 에꺼 단너
음악을 꺼 주세요.	세트에꺼 오프 그란너

쇼핑할 때

시장이 어디에 있어요?	폴러 고헤더 티엔네?
○○ 있습니까?	○○ 티예나와더?
이것 얼마예요?	메꺼 끼여더?

얼마예요?	끼여더?
정말 비싸요.	고딱 밀라이
깎아 주세요.	보딱 아두그럴라 덴너
많이 주세요.	고딱 덴너
더 주세요.	타워 덴너
봉투 주세요.	백(Bag) 에깍 덴너
바꿔 줄 수 있어요?	마루 그런너 풀루완더?
카드 결제가 되나요?	카드(Card) 풀루완더?
계산이 잘못됐어요.	가너 웨러디이
영수증 주세요.	빌(Bill) 에꺼 덴너

매표소

표 한 장에 얼마예요?	티컷(Ticket) 에깍 끼여더?
어른 얼마예요?	러꾸 아여터 끼여더?
어린이 얼마예요?	포디 아여터 끼여더?
외국인이 얼마예요?	비터라터 아여터 끼여더?
표 한 장 주세요.	티컷(Ticket) 에깍 덴너
표 두 장 주세요.	티컷(Ticket) 데깍 덴너
몇 시에 문을 열어요?	끼여터더 아린네?
몇 시에 문을 닫아요?	끼여터더 와한네?
달러로 계산할 수 있어요?	덜러(Dollar) 풀루완더?
카드로 결제할 수 있어요?	카드(Card) 풀루완더?

스리랑카 루피로 계산할게요.	루피알 월린 게완남
계산이 잘못됐어요.	가너 웨러디이
지도 하나 주세요.	맵(Map) 에깍 덴너

호텔에서

방이 있어요?	룸 티예너와더?
방이 얼마예요?	룸 에깍 끼여더?
방 하나 주세요.	룸 에깍 덴너
방을 보고 싶어요.	카머러여 바란너 오너
더블룸으로 할게요.	더블룸 에깍 덴너
체크아웃 시간은 몇 시예요?	체크아웃 웬네 끼여터더?
지금 체크아웃할게요.	덴 체크아웃 웬남
하루 묵을 예정이에요.	에꺼 다와삭 인너와
이틀 묵을 예정이에요.	다와스 데깍 인너와
짐을 맡아 주실 수 있나요?	배그 에꺼 티야간너 풀루완더?
아침 식사 포함되어 있어요?	우데 께머 엑꺼더?
아침 식사 포함해서 얼마예요?	우데 께머 엑꺼 끼여더?
계산 나중에 할게요.	빌러 파쎄 게완남
뜨거운 물이 나와요?	우누 와뚜라 엔너와더?
뜨거운 물이 안 나와요.	우누 와뚜라 엔네 네해
방에서 냄새 나요.	룸 에꺼 간다이

방으로 갖다 주세요.	룸 에꺼터 게낫 덴너
방 열쇠 주세요.	야뚜러 덴너
열쇠를 잃어버렸어요.	야뚜러 내띠우나

긴급 상황

○○ 아파요.	○○ 리데나와
의사가 필요해요.	독터(Doctor) 게넥 오너
도와주세요.	우다우 그란너
도와줄 수 있으세요?	우다우 그란너 풀루완더?
병원이 어디에 있어요?	호스피탈(Hospital) 에꺼 고헤더 티엔네?
약국이 어디에 있어요?	파마시야 고헤더 티엔네?
경찰서는 어디에 있어요?	폴리시야 고헤더 티엔네?
전화 한 통 할 수 있어요?	콜(Call) 에깍 간너 풀루완더?
대사관에 전화하고 싶어요.	엠버시여터 카타 그런너 오너
영어를 못해요.	잉그리시 베해
서두르세요.	익만 그런너
전화하세요.	콜(Call) 그런너

기초 단어

인칭

나	마머	당신	오야
우리	아빼	당신들	오야라
그들	에야라	그 사람	에야

자주 쓰는 동사

가다	야너와	오다	에너와
하다	그러나와	마시다	보너와
먹다	까나와	보다	발라나와
알다	단나와	주다	데너와
말하다	끼여나와	열다	아리너와
닫다	와하나와		

자주 쓰는 형용사

맛있다	라싸이	멀다	두라이
가깝다	랑가이	덥다	라스네이
춥다	시탈라이	뜨겁다	우누이
비싸다	밀라이	싸다	라바이
냄새나다	간다이	피곤하다	마한시이
맵다	새라이	짜다	루누 웨디이
행복하다	사투뚜이		

시간

시간	웰라워	오늘	아더
내일	헤터	모레	아닛다
어제	이예	이번 주	메 사티예
지난 주	기여 사티예	지금	댄
나중에	파쎄	조금 있다가	보따긴
빨리	익머너터	천천히	헤민

기타

네	오우	아니오	네해
맞아요	하리	언제	까와다
어디	꼬헤다	어떻게	꼬호마다
누가	까우다	무엇	모깍다
왜	애이	이것	메꺼
저것	아라꺼	할 수 있다	풀루완
할 수 없다	배헤	필요하다	오너
필요 없다	에파		

용어

스리랑카	랑카와	스리랑카어	싱할라 빠샤와
한국	코리야워	한국어	코리얀 빠샤워
영어	잉그리시	호텔	호텔 에꺼
약국	파마시야	병원	호스피텔 에꺼

약	베헷	화장실	토이렛 에꺼
은행	뱅꾸워	식당	레스투란드 에꺼
경찰서	폴리시여	텔레비전	티비 에꺼
선풍기	팬 에꺼	숟가락	핸더
포크	게룹뿌와	접시	디시야
뚝뚝	트리월 에꺼	자전거	바이씨클러여
버스	바스 에꺼	버스 정류장	바스 홀트 에꺼
길	파러	영수증	빌 에꺼
물	와뚜러	병에든식수	와뚜러 보털러야
얼음	아이스	차	테
음료	비머	과일 주스	발라뚜루 비머
우유	끼리	볶음밥	프라이드 라이스
바나나	게셀	코코넛	폴
망고	암버	파파야	가스라부
밥	받	닭고기	구꿀 마스
소고기	하락 마스	돼지고기	우루 마스
해물	씨 푸드	라임	데히
소금	루누	설탕	시니
술	아라꾸	맥주	비어르
안주	바잇		

단위

1개	에깍	2개	데깍
3개	뚜낙	4개	하터락
5개	바학	6개	하약
7개	하탁	8개	아탁
9개	나머약	10개	다하약

화폐

10루피	루피얄 다하이
20루피	루피얄 위써이
50루피	루피얄 바나하이
100루피	루피얄 씨여이
500루피	루피얄 반씨여이
1000루피	루피얄 다하이
2000루피	루피얄 데다하이
5000루피	루피얄 반다하이
돈	살리
동전	까시
거스름돈	이뚜루 살리
잔돈	보디 살리 / 마루 살리

인조이 시리즈가 당신의 여행과 함께합니다

ENJOY your TRAVEL

세계여행

1. ENJOY 도쿄
2. ENJOY 오사카
3. ENJOY 베트남
4. ENJOY 미얀마
5. ENJOY 이탈리아
6. ENJOY 방콕
7. ENJOY 호주
8. ENJOY 싱가포르
9. ENJOY 유럽
10. ENJOY 규슈
11. ENJOY 파리
12. ENJOY 프라하
13. ENJOY 홋카이도
14. ENJOY 뉴욕
15. ENJOY 홍콩
16. ENJOY 두바이
17. ENJOY 타이완
18. ENJOY 발리
19. ENJOY 필리핀
20. ENJOY 런던
21. ENJOY 님미
22. ENJOY 하와이
23. ENJOY 상하이
24. ENJOY 터키
25. ENJOY 말레이시아
26. ENJOY 푸껫
27. ENJOY 스페인·포르투갈
28. ENJOY 오키나와
29. ENJOY 미국 서부
30. ENJOY 동유럽
31. ENJOY 괌
32. ENJOY 중국
33. ENJOY 인도
34. ENJOY 크로아티아
35. ENJOY 뉴질랜드
36. ENJOY 칭다오
37. ENJOY 스리랑카
38. ENJOY 러시아
39. ENJOY 다낭·호이안·후에

국내여행

1. 이번엔! 강원도
2. 이번엔! 제주
3. 이번엔! 남해안
4. 이번엔! 서울
5. 이번엔! 경주
6. 이번엔! 부산
7. 이번엔! 울릉도·독도

넥서스BOOKS

인도양의 진주, 스리랑카

세계 문화유산으로 지정된 신비로운 고대 도시,
석가모니의 숨결이 살아 있는 불교 성지,
눈부신 비취빛 바다와 야생 코끼리들이 사는 열대 우림,
그리고 홍차 향기 가득한 고원으로 떠나는 여행!